不知历史者，无以图未来

中国古代改革家丛书

胡服骑射
赵武灵王

寒江独钓◎著

中国铁道出版社有限公司
CHINA RAILWAY PUBLISHING HOUSE CO., LTD.

图书在版编目（CIP）数据

胡服骑射：赵武灵王 / 寒江独钓著 . — 北京：
中国铁道出版社，2016.11（2022.1重印）
ISBN 978-7-113-22100-3

Ⅰ . ①胡… Ⅱ . ①寒… Ⅲ . ①赵武灵王－传记
Ⅳ . ① K827=31

中国版本图书馆 CIP 数据核字（2016）第 169826 号

书　　名：**胡服骑射：赵武灵王**	
作　　者：寒江独钓　著	
责任编辑：田　军	电　　话：（010）51873012
编辑助理：曾山月	电子信箱：tiedaolt@163.com
装帧设计：天下装帧设计	
责任印制：赵星辰	

出版发行：中国铁道出版社有限公司（北京市西城区右安门西街8号 邮编100054）

印　　刷：永清县晔盛亚胶印有限公司

版　　次：2016年11月第1版　2022年1月第2次印刷

开　　本：710mm×1000mm　1/16　印张：15　插页：1　字数：240 千

书　　号：ISBN 978-7-113-22100-3

定　　价：45.00元

赵武灵王，名赵雍，继位前被称为公子雍。

在他十五岁时，其父赵肃候去世，公子雍继位赵国君主，然而他要面对的却是来自周边五国心怀不轨的吊唁大军，稍有不慎就会令赵国土崩瓦解。

公子雍临危不乱，在托孤重臣肥义和赵豹等人的帮助下，他决定采取针锋相对的强硬应对措施，抱着鱼死网破的态度，摆开决战的架势来迎接这些居心叵测的吊唁使者。一场你死我活的葬礼最终被化险为夷，年少的公子雍——未来的赵武灵王正式走上历史舞台。

务实的公子雍没有立即称王，他低调地宣布自己为"赵侯"，他从赵国的实际出发，通过以"胡服骑射"为代表的一系列改革措施，对赵国的政治、军事、经济、文化领域进行了一次大改革，使赵国消除了内在隐患，在人力、物力、财力上得以优化配置。

赵侯雍在位期间融合了林胡，消化了楼烦，赶走了东胡，夺得他们的大片好牧场，成为北方的霸主。此后他多年征战，成功削弱心腹大患中山国的实力，消除了赵国分裂的外在威胁，使赵国从表面到精神真正统一起来。经过赵侯雍对赵国国家结构的整体改造，对赵国国家性格的重新塑造，赵国一跃成为当时的超级强国，建立起高度中央集权体制，与秦国共同成为战国后期争霸战的主角。此外，赵侯雍插手其他国家的内政，亲自迎立了燕昭王与秦昭王两位国王，在各诸侯国政治体系中成为举足轻重的一代霸主。

为了有足够的精力开疆拓土，赵侯雍将他的权力一分为二，自己仅保留军事指挥权，其余的都交给他的小儿子——太子何打理，自称"主父"。随着时间的推移，赵主父越发感觉到权力受到限制。在彻底攻灭中山国后，他想要夺回王位，重做赵王。犹疑不定的掂量、扶植赵章的举动，使他深陷不擅长的勾心斗角。此时，他的儿子赵王何已经羽翼丰满，这场政治博弈赵主父不幸失败了。可叹一代枭雄赵主父孤身一人被困沙丘宫，最后变成一具饿殍。如果赵主父当时能逆转乾坤，七国争雄笑到最后的很难说不是赵国。

赵雍死后谥号为"武灵王"。"武"为褒义，而"灵"为贬义，东汉蔡邕在《独断》中解释："克定祸乱曰武，乱而不损曰灵"。赵君称王，自"武灵王"谥号始。

赵雍生平大事年表

公元前 340 年　赵雍出生。

公元前 326 年　赵肃侯去世，年仅 15 岁的赵雍即位。

公元前 325 年　魏惠王携太子嗣，韩宣王携太子仓先后到邯郸祝贺赵雍登基。

公元前 324 年　赵雍乔装打扮游历中山国。

公元前 322 年　赵雍开始有计划地蚕食"三胡"之地。

公元前 321 年　赵雍娶韩女为夫人。

公元前 320 年　齐威王死，赵国日渐崛起。

公元前 320 年秋　赵雍的第一个儿子赵章出生。

公元前 318 年秋　公孙衍游说赵雍，引发五国伐秦的壮举。

公元前 317 年　秦国宗室名将樗里子在修鱼大败赵魏韩三国联军，斩首八万，赵雍痛定思痛，改变了盲目出击的策略，再次明确了"北进""收三胡"的国策。

公元前 316 年　燕王哙受蛊惑把王位禅让给燕相子之，引发内乱，导致齐、赵、秦插手燕国内政。

公元前 312 年　赵雍与秦惠王联手大破齐军，扶燕国公子职登基，是为燕昭王。

公元前 311 年起　赵雍微服考察"三胡之地"和中山国，探索强国之路。

公元前 311 年　秦赵连横，赵国获得难得的强国机遇；同年秦惠王病亡。

公元前 310 年　赵雍首次在骑兵部队中试用"胡服"，又率铁骑驰骋中山国，威震敌胆；同年赵雍开始专宠吴孟姚，封其为"吴娃"。

公元前309年　赵雍在全国官员和军队中推行"胡服骑射"。

公元前307年　赵雍向全国正式推行"胡服骑射"的改革大举；同年秦武王举鼎而亡，赵雍在信宫大会天下诸侯，威望与日俱增。

公元前306年初春　楚国联合齐国举重兵灭掉越国；同年夏，赵国大举进攻中山国，中山王献出四座城池后双方握手言和；在赵雍和燕昭王的强力推动下，秦国迎公子稷为"秦王"，史称"秦昭襄王"。

公元前302年　赵雍向北部已经被吞并的"三胡之地"大量移民，稳固边疆。

公元前301年　吴娃病故，赵雍废太子赵章，改立赵何为太子。

公元前300年　赵雍频频用兵，大肆侵占中山国土，将中山国完全裹在赵国境内并开始在北部边疆修建赵长城。

公元前299年春　赵雍举重兵进攻中山国，扶植中山国的傀儡政权为他效力。

公元前299年夏初　赵雍在邯郸举行大朝会，将王位正式传给太子赵何，并任肥义为相国，李兑为太傅，共同辅佐幼主处理政务，自称"主父"。

公元前299年夏秋季节　赵雍乔装成使臣出访秦国，与秦昭襄王、宣太后会面。

公元前298年　赵雍向秦国施加压力，迫使宣太后任命楼缓为秦相，以便为赵国谋得更多的利益。

公元前296年　楚怀王死；赵雍率兵夺取云中、雁门二郡，大量的"三胡"骑士加入到赵国的军队中，赵国的军事力量进入鼎盛时期。

公元前296年夏　赵国一举吞并中山国，中山亡国，赵雍完成了数代祖先的遗愿。

公元前295年夏　沙丘宫发生兵变，赵雍被困宫中，活活饿死，死后谥号为"武灵王"。"武"为褒义，而"灵"为贬义。赵国称王，自"武灵王"谥号始。

书中主要官名注释

公子：先秦时期称诸侯的儿子为公子，女儿亦称女公子；秦后成为对他人的称谓，敬辞，多用于男性，现代汉语不常用。

寡人：秦始皇之前的君主自称，春秋战国时期常用，在其后皇帝一般都以朕自称。

侯：东周时期爵称，位于公、侯、伯、子、男五等爵位的第二等。

王：春秋以前只有周天子可以称"王"，战国时各诸侯国实力增强，其国君相继称王。

相国：战国时各诸侯国都设相国或相邦，也称丞相，为百官之长，管理国家军国大事，相当于现在的国家总理兼国防部长，不过不同诸侯国、不同时期权力各有大小。

博闻师：赵国官职，国君的智囊，相当于现在的顾问、专家等。

左右司过：赵国纠察群臣过失的官吏，相当于现在的纪委。

后：本书中指帝王的正妻。

君：战国时对据有土地的各级统治者的通称，比如义渠君；相当于现在的省级干部。

里正：战国时的一里之长，基层官职，主要负责掌管户口、纳税，相当于现在的村长。

大良造：又称大上造，是秦孝公时期秦国国内最高官职，掌握军政大权。

庶长：秦王之下最有实权的军政大臣，相当于现在的军政一把手。

太傅：中国古代职官，始于西周，为国王的辅佐大臣与皇帝的老师。

Contents

目录

第一章　少年国君 /1

第二章　托孤重臣的背影 /7

第三章　来的都是客 /13

第四章　五国联军 /21

第五章　奢华的葬礼 /29

第六章　舍我其谁 /36

第七章　朝堂宏论 /47

第八章　暗访中山国 /53

第九章　生死边缘 /63

第十章　将计就计 /70

第十一章　定军兵 /76

第十二章　螭虡公主 /85

第十三章　楼烦之行 /90

第十四章　齐威王之死 /96

第十五章　痛苦的领悟 /101

第十六章　扶燕联秦 /111

第十七章　美人莹莹兮 /121

第十八章　胡服骑射 /129

第十九章　信宫会盟 /139

第二十章　战中山 /144

第二十一章　主父让位 /149

第二十二章　威震咸阳 /155

第二十三章　肥义之忧 /164

第二十四章　相约之奴溪 /175

第二十五章　来日大难 /183

第二十六章　公子成的阴谋 /190

第二十七章　连环计 /196

第二十八章　虎狼贲的荣誉 /209

第二十九章　遗恨沙丘宫 /220

第一章　少年国君

公元前 326 年，正值七月，赵国大地连续迎来两场暴雨，荒野里雨水溢满，放眼望去，到处是一幅水乡泽国的景象。然而就在这水波荡漾的荒郊古道边，却又处处生机盎然，田里的庄稼正在拔节，路边的野草正在疯长，就连驿道边的古柳也比往年青翠得多。

泥泞的驿道上，三三两两的更卒随处可见，他们都满身是泥，肩上扛着锄头，铁锨，有的还提着柳条筐。这些更卒是每个赵国傅籍的男子除服正卒、戍边两种徭役外，每年须在所在地服一到三个月的无偿劳役，从事地方的土木工程、造桥修路、治理河渠、转输漕谷等劳动。因役人轮番服役，所以叫作"更"，役人就叫作"更卒"了。那些不愿或不能亲自服役的人，可出钱雇人代役。显然，驿道上的这些更卒都是没钱的穷人了。

这些更卒走到一个十字路口的时候，都会在一个挂着蓝色大旗的数十米长的大草棚前停下来，然后在草棚下两个穿着大袍、峨冠博带的老者手里领一个小竹牌。有了这个特制的竹牌，就可以证明自己服了一天的徭役，竹牌积累下来达到一定的数量就算完成了当年的徭役。

此时，草棚下尚有两百多个穿着铠甲的士兵，他们中的一部分人正忙着清理脚下的淤泥，另一部分士兵则目不转睛地看着眼前的更卒。在这些士兵当中，有一个身材高大但是面庞又很稚嫩的军官最引人注目，他右手握着一根铁戟，腰间插着一柄短刀，身上还斜背着一柄长剑，这个士兵显然身份高贵，无论铠甲还是腰间的配饰都与其他士兵有明显不同。

这位少年军官神情间自有一股豪气，他看着面前浑身泥水的更卒笑道："水中挖泥筑堤，整修道路，当虑便捷，这些更卒穿着长袍，宽衣大带，劳作中沾泥带水，怎能挥锄抢锹？"

"那依公子雍看，应当如何？"一个佩着重剑的士兵笑着回应。

"这些更卒如果换作我统领，自然都穿一底裤，光着脚，裸着膀子，跳进泥水中劳作，收工后清洗一番即可，不但能早日完工，还能免得衣物受损，岂不是美哉！"被称为公子雍的军官认真地回答道。

身边的士兵哄堂大笑，一个持戈的士兵坦言道："如此这般，岂不有伤风化，他国商人和使者途经赵国，必定认为赵国民间财力不堪，百姓连像样的衣物都没有。"

"属下自然理会公子雍的妙想，恐怕外人会误认为我赵国缺少教化，野蛮鄙俗，和那塞上的胡人裸着膀子喝酒吃肉一般。"一个身上背着弓箭的士兵正色说道。

"子奴，稍安勿躁，我岂不知赵国均慷慨之士，风流绝伦，冠绝当今，我邯郸城遍地雅客，更是引领众国风骚。但是目睹这更卒之役，我却忽有心得，虽然有悖于时潮，但是于此情此景却可针砭入药。"公子雍对背着弓箭的士兵坦然应答。

子奴立即探身施礼："公子雍总是能想我等所不想，快刀斩乱麻，属下佩服！"

"只要公子雍一句话，子犹就是脱光了跳到泥水里都行，哈哈！"持戈的士兵哈哈大笑。

"我胡貉自然也不会比你们脱得慢！"佩重剑的士兵也笑着说。

众士兵再次爆发出豪爽的笑声，七嘴八舌地发表各自的意见。更卒们不明白怎么回事，看着这些士兵直发呆。这群士兵的盔甲似乎有些异样，均呈黑蓝色，不知道谁悄悄说了句："虎狼贲！"顿时，在场的更卒无不侧目相看，艳羡中带着无比的敬仰。

就在此时，远处传来几声暴吼的马鸣，一辆兵车飞奔而来，马蹄过处，激起泥点无数。一个驭手紧握缰绳站在兵车上，旁边的一个屯长右手高举一个令牌，嘴里大声疾呼："公子雍何在？赵肃侯有令，公子雍即刻回宫。"

两百多个士兵呼啦啦跑出草棚，站在路边，公子雍迎上一步，站立当前。

驭手拉住缰绳，兵车裹挟着泥水停住。屯长施礼，对公子雍说："赵肃侯有令，请公子雍即刻回宫。"

公子雍接过令牌，问道："何事如此急迫？"

屯长靠近公子雍的耳边，小声说了一句话。公子雍脸色大变，他举起长戟，下达了命令："全体集合，随我回宫！"

兵车先行离去。两百多个士兵立刻分成两队，在公子雍的带领下，跟在兵车的后面，疾步前行。一阵阵甲胄"哗啦啦"的响声传遍四周，各种兵器在雨后闪着寒光，格外醒目。赵国士兵特有的跑步频率和步态有一种铿然前往的气势，这群士兵人数虽然不多，却有一股势不可挡的劲头，脚下的烂泥被他们踢得四处翻飞。顷刻间，他们就飞奔出数箭之地，冲着邯郸城的方向而去，转过山弯消失不见了……

公子雍率着"虎狼贲"一口气奔出了三十多里，接近了赵国邯郸城，这是一座古朴、刚毅的都城，也叫"赵王城"，亦称"赵国宫城"。赵王城由东城、西城、北城三个小城组成，平面似"品"字形，占地辽阔。外城是高3至8米蜿蜒起伏的夯土城墙，城里住着大量的居民和军队，也有客栈和各类作坊等。内城有布局严整、星罗棋布的建筑基台。

战国时期，中国的木结构建筑尚未达到建高层的水平，当时的君王为了显示威风，就在高大的土台上造建筑，土台的每一层外围都筑有精美的木结构回廊。此处的基台上有面积较大的数十处宫殿，其中最大的一座被称为"龙台"，是当时赵国君主赵肃侯执政的地方，也是公子雍出生的地方。没错，公子雍就是赵肃侯的儿子，也是赵国的太子。

邯郸城下，放眼望去，尽是万顷苍绿；抬头看，尽是雄武宽厚的邯郸城墙。城门内外和城墙上站立的赵国士兵分明多出了许多，他们一脸严肃。公子雍的心中竟然产生了更多的不安，他做梦都没有想到的事情就这样突如其来了。

兵车早已奔到城门，对镇守城门的带队军官说了几句。不一会，就

见公子雍一行人跑步来到，守门军官立刻挥手放行。已经跑得面色如潮的公子雍等人稍稍放慢了速度穿过城门，跨过街道，辗转来到龙台外。

公子雍站在宫门口，缓了缓神，深呼吸了几口，然后独自一人走进宫门。

宫门外，两百多个士兵分列两旁，他们喘着粗气，脸颊上尽是汗水，虽然盔甲有些松懈，但是站姿不乱，斗志依然。守卫着"龙台"宫殿的一群士兵默默地看着这些站列在殿门两侧的公子雍卫队，眼神中满是仰慕。

这群被称为"虎狼贲"的卫队都是公子雍精挑细选出来的，每一个都是以一当十的优秀士兵，这是三年前赵肃侯特别恩准公子雍建立的亲信卫队。这些士兵待遇优厚，在眉山脚下有自己的独立军营，且不受任何将领统辖。

公子雍勇猛过人，武艺高超，善于击剑和兵车厮杀。此外，公子雍自幼就腹有百万雄兵，经常对着沙盘沉思，而且能与赵国的大将军谈兵论战。在战国时期众多的诸侯国公子中，公子雍大名鼎鼎，慷慨豪放，意气风发，因此从各国来投奔他的义士非常多。经过千挑万选，这些从各国慕名而来的勇猛之士，就组成了这支令赵人倾佩的"虎狼贲"，胡貉就是从鲁国来的击剑高手，子犹是从宋国来的戈战名士，而子奴则是来自楚国的神箭手。

公子雍一直视"虎狼贲"为自己的倚天长剑，常常请有经验的阵仗军官操练，而且多次亲身带队加入对中山国的小规模作战，斩敌颇多。无论徒步厮杀，还是战车冲锋，"虎狼贲"都是罕有敌手，剑锋所指，往往率先力透重围。三年下来，"虎狼贲"日益壮大，人数基本保持在两百二三十人。

这样的卫队，也只有公子雍这样的少年奇才造就得出来。公子雍时年仅仅只有十五岁，年纪虽小，却已经久经沙场，善出奇兵，因此非常得赵肃侯的欣赏和信任，早早便立他为太子。就在刚才，公子雍接到了父王的急令，从送信兵的口中得知父王病情突然加重，召他紧急回宫。

公子雍走进赵肃侯居住的宫殿，跪倒在父亲的榻前。赵肃侯缓缓睁开眼，示意他坐在自己身边。公子雍膝行跪坐，被病折磨已久的父亲早已经没有了往日的神采。公子雍的侧旁，二十多个文臣武将也跪坐着，等着赵肃侯最后的遗训。

"寡人这一生，东征西讨，扩我版图，许多事还没做完，今日似乎走到了尽头，可惜雍儿正年少，为父放不下你啊！"也许是回光返照，赵肃侯说这些话的时候竟然很流畅。

公子雍想对答，赵肃侯却摆摆手打断他，继续说道："多年来，赵国历经战乱，都城几遭侵扰，四周诸国虎视眈眈，更有心腹大患中山国时刻威胁国本。我赵国先祖团结、耐苦、善战、无畏生死，也只有如此才能在强敌中生存。雍儿当谨记时刻防备来自中山国的威胁，不要把自己的后背留给敌人。想那齐国偏安齐鲁大地，最大的好处就是后防无患，这是它的国家位置所决定的先天之利，这让齐国人才济济、军事强盛、士卒善战、国人一心，他国之忧无足畏惧。雍儿要任用贤才，扫清障碍，建立稳固的后防，才能壮大我赵国，才能争霸中原。"

公子雍点头领悟，赵肃侯手指着西方又说道："雍儿，那秦国不可小视，日后乱我赵国者必然会有秦人。虽然我赵民自幼就有习武之风，全民敬贤士，赵卒也以骁勇善战闻达于诸侯，但是我赵卒临战，勇不畏危是靠传统，而那秦卒好战乐杀是靠利诱，尤其是商鞅之法实施后，秦卒贪军功，在战场上血性厮杀，勇猛超群。雍儿应当对此多做准备，免得措手不及。"

公子雍含着眼泪应承着，身后的文臣武将也泪雨纷飞。

赵肃侯歇了一会，继续说道："雍儿少年英武，志向远大，为父欣慰，但处事不可太刚，亦不可过于迷恋武力，须知文武之道，相辅相成，刚不可久，柔不可守，刚柔相济，才能保万年基业。为父最担心你做事求快，脱缰而行，不计后果，埋下隐患。此后一定要切记，遇事三思而后行！"

"父王说的话，孩儿定当谨记心头，时刻不忘！"公子雍说道。

"宗室的问题，雍儿切不可大意，你的叔父公子成……"赵肃侯欲言又止，只是用眼睛盯着公子雍。公子雍立刻心领神会地点了点头。

赵肃侯让大臣肥义和相国赵豹靠近榻旁，叮嘱了一番，又对其他三位博闻师（赵国官职，相当于国家智囊、顾问，类似于张仪、苏秦这样的人才），三位左右司过（纠察群臣过失的官吏）也各有托付。众臣子知道赵肃侯已是烛光之火，随时都有可能崩去，看着赵肃侯无不透漏出浓浓的悲哀。

赵肃侯闭着眼睛迷离了一会，又睁开眼睛："雍儿，你尚未大婚，又沉于军阵搏击，对女子心态不甚了解，将来要多多防备后宫干政！古往今来，有多少英雄没有死在战场，却死在女人设计的圈套中。雍儿切记为父今天的忠告，你可以赏赐给你的女人任何东西，但是她们向你求赏的东西不要轻易给，她们内心真正想要的往往是你的命数……"

肥义大哭："赵肃侯，我等老臣必不辜负您的一番心血，我们会尽心尽力辅佐公子雍，生而为主，死而报主！今日立下誓言，此生绝不负公子雍。"

肥义、赵豹等八位托孤重臣与公子雍齐刷刷磕头跪拜，赵肃侯看了看公子雍，眼神逐渐溃散……

赵肃侯临终之际放心不下公子雍，一再嘱咐他切记的诸多事项，也许是造化弄人，也许是阴差阳错，公子雍在其后的政治、军事生涯中，有些事均被他的父亲言中，然公子雍恰恰做出了足以伤及自身的选择。

当夜，赵肃侯崩。在肥义等八位托孤重臣的拥护下，公子雍继位，称"赵侯"，也叫做"赵侯雍"。赵国派使臣把赵肃侯去世的消息上报给周天子周显王，并晓谕其他诸侯国。

赵国上下如丧考妣，悲切之情处处可见。为了厚葬赵肃侯，赵侯雍下令为自己的父王修建一座雄伟绝伦的寿寝。在入葬之前，赵肃侯的遗体就暂时安放在邯郸城内一座清凉山居的大殿内，殿外不但有一千铁甲兵严密守护，还有"虎狼贲"的身影。

第二章　托孤重臣的背影

赵肃侯死了！他的故去令赵人心伤，但是却令其他的诸侯国欣喜若狂。按照礼制，周天子的使臣很快来到赵国，其他诸侯国也纷纷派出使者出使赵国表示慰问。虽然各国交战频繁，但是，这些礼仪是不能丢的，否则就会被天下人耻笑。

赵肃侯生前英雄一世，与魏、楚、秦、燕、齐等国连年恶战而不处下风，实力和地盘越加扩大，俨然成为北方的新霸主。赵肃侯这位强有力的统帅，在他统治赵国的二十四年间，亲率赵国大军东征西讨，数番生死大战，愣是在群狼环绕的危险之地开疆裂土，成为显赫一方的强国。虽然周边数国多次发难，但是赵肃侯凭借超强的领袖魅力和高超的军事打击艺术令赵国生存了下来。

赵国与魏国相邻，双方多次发生战争。魏惠王后期，赵肃侯听从苏秦之言，连续发动合纵攻势，打击魏国，使魏国的百年霸业受到严重削弱，不足以阻挡赵国的南进势头，为赵国向中原发展清除了一个最强大的障碍。

如今，赵肃侯撒手人寰，他刚满十五岁的儿子公子雍继位，年少无知的小儿能成什么气候？此时瓜分赵国真是天赐良机！赵国境内，各国的间谍、死士、商人、旅客以及驻留的使臣等早已将赵国的举动传回国内。

此刻，表面上派出使者慰问赵国的其他各国诸侯一个个如狼似虎，心怀叵测，对举国悲痛中的赵国虎视眈眈。曾遭受赵肃侯重创的魏惠王在朝堂上哈哈大笑，指着邯郸城的方向发誓要踏平赵国，并派出使者出

使楚、秦、燕、齐四大强国。这些使者不辞辛苦，日夜兼程，赶赴四国的都城。在四国都城的朝堂上，使者们言辞激昂，嬉笑怒骂，谈笑间完全将赵国视为无主之物，双方商讨着如何灭了赵国，然后分配各自的战争所得。

使者们一一列出了魏惠王的慷慨允诺，这让四国颇为心动，一个强大的军事联盟旋即诞生了。魏、楚、齐、秦、燕五国悄悄组成了五国联盟，准备各率精兵万人，惟魏惠王马首是瞻，以参加赵肃侯葬礼为名，分五路大军向赵国边境进军。潜伏在他国的赵国探子很快发现了这个五国盟约，将这个惊人的消息迅速传回赵国。

赵肃侯故去，举国发殇，百姓和军队无不心怀感伤。五国联军犯边的消息传来，赵国朝堂先是略带惊恐，继而无比愤怒，他们痛恨五国完全不顾道义，趁火打劫的卑鄙行为。面对突如其来的家国危机，赵国上下竟然爆发出豪迈的斗志。老百姓也帮助加固城池，抢修被雨水冲垮的道路。随着五国大军的行进、会师，赵国边境处风云际会，剑拔弩张，一场实力悬殊的惨烈之战即将拉开序幕。赵国军民莫不为他们的新国君及自己的未来命运，暗暗攥一把冷汗。一个少不更事的孩子，懵里懵懂地接管了走过七十七年风雨历程的赵国江山的公子雍将如何面对接下来的艰难处境？

对于少年国主赵侯雍说，父亲的葬礼实在是凶险，搞不好赵国就会被五国联军灭掉。多年的短兵格斗和战场厮杀让他懂得，只有胜利者才配谈生存，论尊卑！赵侯雍不分昼夜地和托孤重臣商讨国家大事。在相国赵豹和重臣肥义的帮助下，赵侯雍决定采取针锋相对的强硬应对措施、抱着鱼死网破的态度，摆开决战的架势来迎接这些居心叵测的吊唁使者。

赵侯雍下达了他亲政后的第一个军事命令——赵国全境戒严，代郡、太原郡、上党郡和邯郸的赵军一级战备，准备随时战斗。兵械库全部打开，所有成年男子全部分发兵器，超过车轮高的男孩都被集中起来作为预备部队。虽然形势紧迫，但是赵国人却众志成城，举国上下到处都是练习刺杀、军阵的士兵以及老百姓。

赵侯雍端坐在"寰宇镇图"前，这是一个逼真的列国沙盘，有山川、河流、平原、驰道等，各诸侯国的疆域和态势一目了然。赵肃侯生前十分喜爱这幅"寰宇镇图"，也因此影响到赵侯雍。

从沙盘上看，韩国恰好位于秦、魏两国之间；宋国恰好位于齐、楚两国之间，放开眼界，可以看出赵、韩、宋三国形成"品"字型结构，将秦、魏、楚、齐四个国家置于两面受敌或者三面受敌的被动局面。如果能联合韩宋两国牵制敌军，那么赵国就可以缓解五国带来的军事压力。

肥义素来对天下态势颇有研究，赵肃侯生前，他就曾进言与韩宋两国交好，形成三足之力，因为某些原因没有成功。在与赵侯雍不分昼夜的探讨下，肥义发现新主虽然年幼，却有雄才大略，极富战略眼光。他对赵侯雍脱口而出的赵、韩、宋三国联盟的构想佩服得五体投地，大加赞赏；其他几位托孤大臣也表示赞同。

托孤大臣中的两个博闻师孙绸、尚牍主动提出担任使者，要带着赵国的国书分别出使韩宋两国，期望达成协议。临行前，赵侯雍在大殿外再次召见两位使者，又额外赐予了奇珍异宝数箱，叮嘱一番，命令使者务必完成使命。两位使者跪倒在大殿外，指天发誓，若不能缔结合约，绝不生还。

两个使者率队离开了邯郸城，赵侯雍等人回到大殿内，八位托孤大臣走了两位，赵侯雍感受到了风雨欲来的那种压抑。

肥义进言："今五国联军犯赵，如果能与韩宋两国联盟，那么秦、魏、齐三国定会寝食难安，我们就有了回旋的余地。可是，那燕国和楚国却是这盘棋中致命的杀子，如果不能扼杀，我赵国还是难免亡国……"

相国赵豹跪坐在左席，神情有些黯然，这几日他忙于筹措兵器和军粮，已经疲惫不堪，有些困顿。忽然身旁另一位托孤重臣博闻师陆琊伸手推了推他，赵豹回过神来，原来赵侯雍正在向他征询意见。

赵豹先前曾经出使过楚国和燕国，对楚王和燕王比较了解。他先是向赵侯雍施礼请罪，然后才道出腹中的良策——贿越攻楚、贿楼烦王牵

制燕国和中山国。

真是一语道破天机，赵侯雍立刻感到柳暗花明。

如果能重赂越王无疆，使之攻楚，先把这个与赵国不搭界的楚国的注意力转移到它的老对手越国身上去，这五国联军就去除了实力最强大的楚军了。五国联军的威胁也就破解了一半，剩下的燕国、中山国就容易对付了。

楼烦王爱财，喜欢美女，众所周知，他也有一个优点，就是承诺的事情肯定会做到。如果能取得游牧民族楼烦王的鼎力支持，那么燕国和中山国也就不足为虑了。

燕国是五国联盟中比较弱的一个。早几年在楼烦王的强力攻击下，燕易王就比较紧张，稍有不慎就被来去如风的楼烦王骑兵打得苦不堪言。此外，燕易王十分担心赵国与楼烦夹击燕国，所以一听到可以借吊唁之际剪除赵国，便兴致而来，彻底灭了赵国，以免养虎为患。

中山国虽然不是一流的强国，但由于楔入赵国的版图内，将赵国的领土几乎一分为二，随时都可以令赵国首尾不能两顾，着实是个深扎在肉里的"木刺"，令赵国备受煎熬。此外，中山国经常受齐国的指使从背后攻击赵国的都城邯郸，对赵国的威胁甚至比外部的五国联军更大。如果相国赵豹的计谋能成，那么，赵国不但可以破解五国联军之威，更可趁机宣示新主赵侯雍的强者地位和王者风范。

赵豹请命出使越国，除了携带多种宝物之外，还提出要将赵肃侯生前最喜爱的"夜曲盘龙珠"献给越王。赵侯雍犹豫了片刻，便命令宦人去母后宫里取来"夜曲盘龙珠"交给赵豹。赵豹诚惶诚恐地收下宝珠，随即提笔起草国书，表达了赵国希望与越国百年结好的愿望。赵侯雍仔细地查看了国书内容后，重重地加盖上国印，卷起来放入竹筒中交给赵豹。

赵豹跪在地上连磕三个头："赵侯，时间紧迫，老臣就不耽搁了，这就去国库领了献给越王的财宝，装了箱，天黑前出城，早日到越国，以解赵国危急。"

赵侯雍忙扶起赵豹："左相不必拘礼，子雍年幼，虽然热血方刚，但尚有诸事不明，全依仗众位大臣扶持；今去越国千山万水，左相年高，怎么能受得了舟车劳顿啊！"

"赵侯放心，老臣此去，定叫楚国军队回师，不把楚国折腾得焦头烂额，老臣绝不回邯郸。"赵豹给赵侯雍磕了头，又对大殿内的其他大臣施了个礼，昂首而出。

走到大殿门口时，赵豹忽然回首："对付楼烦王，还有哪个比文武双全的陆琊更适合的？陆琊，你此时还不请命吗？"言毕，出殿而去，留下一个微微驼背的身影……

陆琊忙跪倒在案前："赵侯，微臣请命，去楼烦一行，凭我这三寸不烂之舌和赵国的积威，一定让楼烦王相助我赵国。这楼烦一族说到根上，也曾是周天子所封的诸侯，时为"子爵"。因为地处偏远，游牧为生，靠天吃饭，因天时变化国力时强时弱，最终竟不被诸侯列国认可。臣已有打算，此去楼烦，以赵侯您的名义，与楼烦王结交，成为兄弟，相约共同守护周天子。并请赵侯奏明周天子，为楼烦王护佑西北有功请赏。想那楼烦一族被各诸侯国蔑视数代，今有周天子垂青，楼烦王一定会抓住这次机会重新亮相的。这区区燕国和中山国，就请赵侯和诸位同僚等我好消息吧！"

赵侯雍掩饰不住少年的率直，当堂大笑，众大臣也跟着露出笑容，苦闷了多日的悲伤气氛一扫而空。

赵侯雍走过来扶起陆琊，谦虚地说："陆叔叔，我父亲在世时，最喜欢和你说说笑笑，谈古论今，每次都有心得；如今我继承父位，还望陆叔叔多多指点，让我有所得。"

陆琊连忙跪倒："赵侯，您虽然年幼，但识大局，顾大体，做事果断，眼界超然，将来必将成为一方霸主，陆琊此生能辅佐两任赵侯也是我的福气，臣必定完成使命，将燕国和中山国死死拖住，不使其一兵一卒犯我赵国。"

赵侯雍环顾大殿内的几位大臣："子雍年少，能力欠佳，继此大任，有失衡量之处多矣，若没有你们运筹帷幄，我是难以面对这五国联军之威了。"

"赵侯此言差矣。"肥义起身说，"我等做臣子的，跟着贤君能有一番作为也不枉这一身才学，先侯大智大勇，对我等信任若斯，担此托孤大任，即便溅血五步也不能报先侯之恩；何况赵侯您更是罕见的少年英才，文韬武略在当世难有匹敌，虽然年少，但是见识却比我等垂暮老朽高明甚多。我等必将不辜负先侯的重托，辅佐"大王"您成就霸业。"

殿内的五位托孤大臣相继跪倒，连同殿内的其他官员、宦人、宫女等都跪倒在地，山呼"大王、大王"。

赵侯雍愣了一下，他没有回应，反而心有所思地想着事情。众人喊完"大王"之后，不见赵侯雍发话，都不敢起身，更不敢抬头。

过了一会儿，赵侯雍大声说道："各位爱卿起来吧！"

等到众人都起来之后，赵侯雍说道："我仔细想了一下，现在赵国处在风雨飘摇之中，五国联军来犯，目的都是为了成就各自的霸名。我年少继位，威望不足，实力不够，如果现在称"王"，必将被其他强国重点防范和戒备，稍有不慎，就会被联合起来攻击。我决定，依然称"侯"，在我有生之年或者赵国实力不足之前，绝不称"王"。众爱卿谨记。"

肥义看了看其他官员，走前一步："先侯果然慧眼有加，在众多公子中选中子雍，并委以重任，恩赐"虎狼贲"卫队，这等待遇当世罕见。今继国君大位，能处高位不忘形，居至尊不得意，自居"侯"，不称"王"，难得！难得！赵侯，您心有大略，图的是天下！肥义佩服，心服口服！哈哈哈……"

大殿内笑声不断，在众人的簇拥下，赵侯雍成功地得到了托孤大臣们的忠心爱戴。

随后，陆琊和肥义等人商议给楼烦王准备礼物；赵侯雍则带着随行的宦人和宫女离开大殿，他要去母后的寝宫，内宫明月台传来消息，母后因为"夜曲盘龙珠"的事大发雷霆了。

第三章　来的都是客

　　赵侯雍来到内宫明月台拜见母后。只见母后宫里人头攒动，除了宫内当值人员之外，还有其他宫里的人。进了门之后，赵侯雍看到他的四个弟弟都在，还有一个身材中等、面色苦愁的男人正坐在他的母后身边。这个男人不是别人，正是赵侯雍的叔父公子成。

　　赵侯雍站在门口，屋里的人连忙下跪施礼，他的几个弟弟也不例外。公子成慢吞吞地站起身来，拱着手拜见国君。

　　"都起来吧！"赵侯雍示意在场的人，然后径直走到母后身旁。母后随即向旁边让了一下，把中间主位让给赵侯雍。

　　赵侯雍跪坐，母后一挥手，让伺候的人都下去了。屋内剩下的可都是赵氏族人了。

　　"雍儿，如今你已是赵侯，大事小情均可以自己拿主意，母后不该多言，可是有几句话还是要说与你听听。你父王英勇一世，活着的时候哪个诸侯国敢小觑我们，如今遭致五国联军的共讨，连你父王赏赐给我的"夜曲盘龙珠"也要献出去，实在是令你父王蒙羞。刚才你的叔父和你的几个弟弟对我说，作为宗室成员要为社稷着想，都想为国分忧。你们前面忙成那样，你的弟弟们还年幼，也帮不上大忙，但是你的叔叔可是咱自家人啊！公子成年富力强，经验老到，堪称国家栋梁，危难关头，你可别只重用外臣，寒了自家亲人的心啊！"母后言辞切切地对赵侯雍说道。

　　赵侯雍忙道："母后放心，我哪能不懂这个道理呢？只是近日来忙于父王的寿寝大事和派遣使臣之事耽搁了。叔父的事情我早已考虑好了，五国联军来犯，他们前一批的使臣还没走，下一批使臣又要进邯郸城了。侄儿正想拜请叔父为国家分忧，请叔父出面接待这些使臣，一来探听各国的虚实和动静，二来也令他们知晓我赵国宗室一体，没有嫌隙。这样也不至于被他国钻了空子，挑拨我赵国宗室内乱，以致祸起萧墙！还望叔父成全！"

说完，赵侯雍起身施礼，公子成脸皮再厚，也不敢怠慢这位少年国主。他连忙让到一旁，不敢受礼，然后跪倒在地："国君，不可多礼！虽然我是你的叔父，但是国有国法，我是臣子，自然要为国君分忧。国君尽管吩咐就是，我这两年久不上朝堂，怕是荒疏了政业，只能尽一份薄力罢了。各国使臣那边，您就放心吧！有臣在，定能汤水不洒，粒米不 。该打听的都给您打听出来，不该露的丁点不会露。"

赵侯雍大喜："叔父快快请起，对付这些使者我还真有点不知所措，有您这根定海神针，我这颗心就算踏实了。待父王葬礼结束之后，寡人定会论功行赏，希望叔父为群臣做个表率。"

公子成笑了，连声称喏。

又寒暄了一会，母后显得有些疲惫了，让公子成等人退去，她要和赵侯雍再说几句。

"雍儿，母亲本不想干涉你朝政，可是公子成来者不善啊！昨日你的二弟子藩悄悄来告诉我：公子成在宗室成员里很活跃，拉拢了不少人，有些将官也和他走得很近；此外他和其他诸侯国的使臣也在秘密往来。子藩没有直接面告你，担心你误会他。母亲本想今天找个时间和你说说，孰料公子成却带着你的四个弟弟来讨事做，你三弟四弟五弟年纪小，不明就里。子藩自小机灵，虽然自幼在公子成那里习武修文，但是心还是咱自己家的，这也是你父王生前埋下的一招活棋，就是为了看住公子成。这件事只有我和你父王，还有子藩知道，连子藩的亲娘都不清楚，你可别忘了子藩的恩义。其他三个弟弟还年幼，你得多提炼着点，别让他们走偏了。"

赵侯雍心里有数了。以前他对二弟子藩不太满意，认为他和公子成走得太近了。如今看来，父王在世时，就知道公子成是个不甘寂寞的人，借着公子成掌管宗室之事，顺势把子藩交由他看管指导，悄悄落下一个暗子。如果公子成不造反，那就相安无事；如果公子成心有不轨，那么子藩就是一柄利刃。

"刚才雍儿让公子成接待各国使臣，真是遂了他的意了，这样也好，让他站在明面上，他即便做什么手脚雍儿也可以看得清楚了。"母后心有不甘地说道。

赵侯雍淡淡一笑："母后放心，儿臣自有主意。这也是我和赵豹、肥义两位大臣商量的结果。公子成的举动我们略知一二，只是不曾想他竟然拉拢了一些将官，这倒是不得不防。待我派人细查一下，再做决定吧！"

母后抚摸着赵侯雍的头："雍儿长大了，你父王果然没有看错你，这才多长的时间啊，你对朝政也能这般驾驭了。还有一事，你不能掉以轻心，我听说你的'虎狼贲'这些日子在守护你父亲的棺椁，那里不需要他们，他们任何时刻，都应该守在你的身边保护你才对。你父亲为你组建了这支卫队，我想是有他的道理的。"

赵侯雍若有所思。陪着母后用过晚膳，赵侯雍离开明月台，径直回到自己的寝殿央宫。

央宫十分宽敞，占地面积很大，有很多闲置的房间。赵侯雍命令内官连夜辟出一些房间做"虎狼贲"的军营和库房。临睡前，赵侯雍又派身边最亲信的宦人丁骞手持令牌调"虎狼贲"进央宫护驾。

黎明时分，赵侯雍醒来。他起身走到几案前，用宫女早已准备好的湿面巾擦了几下脸，便穿戴衣物，拿起佩剑走出殿门。

天空还未明朗，光线较暗。央宫门外的空地上，"虎狼贲"卫队早已连夜赶来，此时已经集结完毕。赵侯雍一挥手，众多士兵分散开来，拿着戈、矛、戟、剑、弓箭等武器三三两两地操练起来。

赵侯雍舞了一会儿剑之后，便找了三个持利剑的士兵对抗起来。他以一敌三，丝毫不落下风，脚步敏捷，始终抢在对手之前发动攻击。三个士兵几次想绕到赵侯雍的背后攻击，但是赵侯雍总是能找到最佳的角度，一剑封死对手的进攻路线。可以看出，赵侯雍是个使剑的高手，手

腕翻转间，力度不是很大，却能瞬间危及对手的性命，这让对手不得不全力以赴应对。两盏茶过后，双方都汗流浃背，又厮杀了一阵，天已大亮，赵侯雍这才示意停战。

赵侯雍喊过子奴，交代了几句。子奴心领神会，他集合起"虎狼贲"之后，带着众人到央宫内新增设的军膳堂用餐。

赵侯雍回到宫内，洗漱、更衣，简单地用了早点，然后直奔朝堂。一路上，"虎狼贲"如影跟随，将赵侯雍守护在中间。

时间飞逝，转眼间半个多月过去了。这期间很多个国家的使者来往于赵国，急于表现自我的公子成——接待着他们，双方互相试探着虚实。此时，赵肃侯的寿寝正昼夜施工，下葬的日子越来越近了。

五国联军的兵马也渐渐抵达赵国边境附近，他们刻意放慢行军速度，造成威慑，期待大军还未到，就给赵国带来阴影。一场明争暗斗的大战即将到来。

赵国封闭了边境处的所有道路，各个方向都增派了重兵把守。魏惠王本想大兵直接攻入赵国，但是发现局势已经有了微妙的变化。

本来楚王已派公孙鳌率领一万大军奔赴赵国，在赵国边境处会师魏军。但是，越国突然横插一手，袭击了号称拥有"百万兵甲"的楚国东部边郡。五万越军攻入楚国边境，占据了大片土地，掠夺走许多粮食，还俘虏了数千楚军士兵。楚王大怒，亲率十万大军回击越国的挑衅。对于魏惠王牵头进行的"五国伐赵"，楚王只好命令公孙将军相机行事。可是越王不仅没有撤兵，赔礼道歉，反而增兵十万，大有和楚国一战到底的架势。

五国联军还没汇合，楚越两国之间已经水火不融了，双方激烈地交战，谩骂，各有死伤。到最后，楚越两国均下达了举国征兵的命令，双方不是鱼死就是网破了。这一切自然是赵豹的杰作了，他利用越王的贪婪和高超的谋略激起越王一统长江以南的雄心壮志，将楚国拖入战争的泥潭中。这么一来，五国联军的事情，楚国自然就无暇顾及了。在魏惠王的数次恳求和赠送楚国军粮的情况下，公孙鳌的一万大军才没有被楚王调回楚国作战。

不仅如此，韩、宋两国纷纷增兵边境，秦国、齐国顿时感受到如芒在背，也紧急调遣军队，部署在边境地区，防止韩、宋两国趁乱偷袭。虽然赵肃侯已去，但是赵国展现出来的咄咄逼人的气势却更加高涨。

五国联盟伐赵出现了裂痕。楚国实际上已经退出了这场名义上的"吊唁之举"。齐国、秦国因为边境形势危机，都拿不准是否继续增兵赵国，因此也小心翼翼。魏惠王得不到楚、齐、秦的强援也不敢冒进，他只好寄希望于燕国、中山国。

孰料，那个游牧民族头领楼烦王却率领凶悍的骑兵四处出击，打得燕国苦不堪言。而且赵国北部边境的一万军队也前出数十里，占据有利地势，随时可以出击燕国。在楼烦王的攻击下，燕国再也无暇顾及对赵国的趁火打劫了。除了先前派出的一万军队之外，燕国如临大敌，派大军把守重镇，防止楼烦王深入到燕国腹地烧杀抢掠。

把赵国疆域一分为二的中山国更是焦头烂额，楼烦王的骑兵神出鬼没，来去无踪，许多哨卡和兵站都被一一清除，而且还兵临城下，直接威胁到国本。幸好楼烦王只是骚扰作战，再加上中山国附近的军队援救及时，才没有太大损失。但是楼烦王的蛮兵射在城门楼上的那些长箭，让中山国国君感到一阵阵后背发凉。他私下揣测，赵侯雍一定是给了那个楼烦王很多好处，才让他这么卖命。本以为能趁着五国联军伐赵抢些地盘，看形势，不仅占不到便宜，说不定还要吃亏。中山国国君只好命令全国军队严密防守，不要出击，静观其变。

在去掉了北方的燕国、中山国两个生力军后，魏、秦、齐集团对赵、韩、宋集团就没有什么优势了。眼看着一盘必杀棋出现了这些变故，魏惠王也直挠头，有点进退两难了，看来这个赵国的那些老臣们还真不简单啊！

事已至此，为了颜面，堂堂的魏惠王当然不能退缩，他依旧按照原定计划将五国联军集合在一起，并调集十万铁甲大军作为后援，部署在边境的后方，随时增援。

魏惠王决定用这"五国联军"试一试赵国的虚实，只要赵国按耐不住性子先动了刀兵，他就有把齐国、秦国、楚国、燕国都拖下水的后招了。

公子成这些日子收获颇多，不仅是财物，有些国家的使者暗中许诺给他很多政治好处，譬如齐国使者提议借五国联军之威废掉赵侯雍，另行拥立公子成为新国君这样的毒计。公子成表面上严厉地呵斥了齐国使者，暗地里却喜不胜收，只是觉得自己的羽翼不够强大，而且又担心这些使者的话靠不住，没有轻举妄动。

每次向赵侯雍汇报时，公子成都要斟酌一番，既要让国君感到压力，也要体现出自己的功劳。这一日，公子成上朝递上五国使者带来的"吊唁"国书，里面的文字写得冠冕堂皇，大意是赵肃侯亡故，各诸侯国君伤感其枭雄悲风，英年早逝，涕嘘难抑，故遣使吊唁，以寄托赵肃侯在天之灵，并寄希望于新君赵侯雍，修筑国家之间的友好关系，大家和睦共处，共同佑护周天子……

看罢国书，赵侯雍笑了，并命丁骞当众诵读。朝堂之上无不义愤填膺，直斥其他诸侯国的不仁不义。公子成进言，边境守军应该严防以待，随时做好一决高下的准备。一些臣子也积极附议，响应公子成，请求赵侯雍务必拒敌于国门之外。

以肥义为首的一些老成持重的臣子坚决反对开战，建议以谈判为主，在边境处设立遥祭台，赵国派出重臣会同五国的"吊唁大军"在边境为赵肃侯举行拜祭仪式。

朝堂上争执不休，公子成和肥义身为两派的代表更是激昂。赵侯雍一语不发，静看着朝臣争吵。最后，大家都不吵了，等着赵侯雍发令。

赵侯雍却令人宣所有在邯郸的各国使臣上朝觐见，他要当众公布自己的决定。

很快，各国使臣来到朝堂，这是赵侯雍第一次在他国使臣前露面。高冠博带的众使臣走进朝堂，远远便望见高坐在金台上的赵侯雍。只见赵侯雍身形高大，一张标准的国字脸，英眉剑目，器宇轩昂，虽然还没有蓄须，但是很有国君的威严。《东周列国志》里记载，赵侯雍"身长八尺八寸，龙颜鸟喙，广鬓虬髯，面黑有光，胸开三尺，气雄万夫，志吞四海。"可见赵侯雍生得一副豪杰之貌。

众使臣施礼完毕，赵侯雍令人赐座。魏国使臣率先发言，直斥赵侯雍待客不周，不尊重魏国国君，视周礼于不顾，不像是一个国君所为。

肥义等人起身正要呵斥魏使，腰间悬剑、身材高大的赵侯雍忽然站起身来，走下金台，扶起跪坐的魏使说："寡人有几句话要说与魏使听，请随我来！"

说完，赵侯雍走向朝堂的侧旁，魏使犹豫了片刻，跟在赵侯雍的身后走进了侧殿。

赵侯雍与魏使同坐在一个几案旁。赵侯雍道："寡人素闻魏惠王雄才大略，南据楚国，东抗强齐，实乃当朝风云人物。寡人佩服之至，早有交往之意。今魏使前来，恰好可以传我心意，若能独得魏惠王鼎力支持，魏赵一体，试问天下还有哪个国家敢与我们对敌！"

魏使猛地一惊，他仔细地看着赵侯雍并揣摩了一会他的话。这个年仅十五岁的少年国君并不是听闻的那样只会舞枪弄棒，反倒是耳聪目明，说话不疾不徐，极富雄才大略。

赵侯雍又道："魏惠王和我父亲多次交兵，固有所恶；然寡人锐意北进，不期望与魏国为敌，所以请魏使回去一定把寡人的意思转达给魏惠王！魏赵两国间土地窄小，犬牙交错，即便相争，也不过是舌头般大小的地块。反倒是魏赵两国的周边，幅员辽阔，稍稍扩充，即可获地万顷，何乐而不为？魏赵两国原本一家，我们背靠背作战，最后得利的肯定是我们。"

魏国这些年实力下降，也是和赵国争雄失败所致。如果真如赵侯雍所言，魏赵联盟，那么对抗齐、楚、宋国就不是问题了。这么大的问题，魏使不敢自行做决定，他只能说几句场面话，既不能失了魏国尊严，也不能辱了自己的使命。

该说的都说了，赵侯雍站起身来，和魏使一同回到朝堂。满朝堂的人都不知道赵侯雍意欲何为，都焦急地等着结果。肥义也是满脸疑惑，公子成更不必说了。

待众人重新入座之后，赵侯雍下达了一个令人瞠目结舌的命令：为了表示赵国对其他各国的敬意，三十日后，五国吊唁者均可按指定路线进入赵国，在邯郸城外参加赵肃侯的葬礼，沿途有赵国军民迎送，但是

因为五国来人太多，赵国国力有限，五国吊唁者的饮食露营所需均要自行解决。

这些话说完，整个朝堂鸦雀无声。大家各怀心事，连肥义也用询问的目光看着赵侯雍。赵侯雍却潇洒地宣布——退朝！

赵侯雍走后，朝堂上沸沸扬扬，所有人事前预料的事情都落空了。各国使臣把魏使围在中间追问到底魏赵两国达成了什么协议？魏使忙说只是礼节上的客套，并没有什么协议。众人不信，非要魏使说个清楚……

喧闹了半晌，众人终于散去，华丽的邯郸城一夜之间变得山雨欲来，风声鹤唳！此时命悬一线的赵国安危，全都系于这个十五岁的少年国主身上。各国使臣怀着心事连夜启程，他们急切地回国面见大王，要把赵肃侯的最新决定带给国君。

赵国军民也百思不得其解，为什么赵侯雍要引狼入室？

不过，令赵国军民聊以自慰的是，在此危机四伏的关键时刻，帷幕重重的宫廷深处，赵国没有发生前几任君王交接时公子争位的萧墙之乱。不幸中的赵雍，应该感到些许的安慰；危局中的赵国百姓，也能领略几分幸运！

虽然体格高大，但是赵侯雍稚嫩的脸庞掩饰不住他的年龄。他父亲留给他的文官武将在悲壮凝重的气氛中审视着赵侯雍。肥义很清楚，这是赵侯雍首次力排众议、一锤定音、沉着应对黑云压城的内外时局的关键时刻。不管是福是祸，一个新的强有力的国君都要诞生了。

第四章　五国联军

九月中，正是艳阳高照，农作物成熟之时，也是赵侯雍允诺的五国联军可以进入赵国吊唁的日子。赵国与魏国边境的交界处，严阵以待的赵军有序地撤出了防线，放五国联军通行。

虽然是集合在一起的五万精兵，但是各为其主，除了魏军之外的其他四国带队的将领已经受到国君的提醒，提防赵国使诈，并留意赵国沿途的军事部署，随时飞鸽传书，有紧急情况必须和同行的使臣商议，切勿自作主张。一路同行的有五国国君重新派出的使臣，这些使臣都是各国的实力派人物，早已名声赫赫，经验老到，他们更加谨慎。

尽管魏惠王一再澄清和赵侯雍没有任何协议，但是其他四国并不信任他。魏军走在队伍的最前面，其后是秦军、齐军、燕军，楚军则很低调地走在队尾。每个国家的盔甲、兵器、兵车、随军物资都有很大的区别，远远一看就能分辨得十分清楚。

除了作战部队之外，在行军行列中还有隶属于后勤编制的"革车"。革车主要用于后勤补给，也叫重车、辎车。每两辆兵车还配有保管、打柴挑水、饲养人员、炊事人员若干。这些后勤人员是不包括在一万精兵之内的，所以这些队伍就更加庞大了。

为了重新赢得四国国君的信任、瓜分赵国，魏惠王给带队将军魏无屈下了死命令，这一次吊唁赵肃侯，一定要树立魏国的威风，如果有隙可乘，那么就和赵国开战，而且一定要把其他四国也拖下水。为了掌控全局，魏惠王这次派出的一万"吊唁大军"可是闻名天下的魏国铁甲军，也叫"魏武卒"。

魏武卒装备精良，所有的士兵皆以重装步兵为主。魏武卒身上皆披三重甲（内外三层护甲），右手执一支长两米、重达二十五斤的铁戈、铁戟或者其他长武器，腰悬锋利的青铜剑，左手持一面重达十几斤的铜盾，一筒五十支长箭和一张铁胎硬弓，同时携带三天军粮。魏武卒浑身上下连甲带装备，总重至少六十余斤，几乎是武装到了牙齿。

　　而且，魏武卒士兵必须能在半天内连续急行军一百里后还能立即投入激战。当时的一百里相当于今天的四十一公里，差不多就是奥运会的马拉松项目，但是跑马拉松只穿短裤背心，魏武卒士兵带着一身的装备跑完后还要立即投入战斗，如此强悍的魏武卒，放眼天下，谁敢争锋？

　　此外，在弓箭方面，魏武卒士兵必须可以用铁胎硬弓一气连发三箭，否则视为不合格。铁胎硬弓弓弦之力极大，一箭射出，能破开数重铜甲，当然拉弓射箭需要多大的力量就不难想象了。尽管在当时的诸侯国，甚至是在军队中，都有猛士可以拉开此弓炫耀一下，但这在魏武卒中却是人人都可以拉开的基本功，这样的军队战斗力何等惊人？而且，魏武卒的选拔原则是能选出多少就是多少，绝不滥竽充数。所以说，魏武卒里面个个都是体能超群、精于格斗的雄兵，是步军中的兵王，不负中国历史上"单兵战斗力第一"的称号，而由此组成的部队，带兵的将领甚至都不需要任何的战术，需要的只是带头冲锋而已。

　　当魏武卒发动冲锋时，犹如决堤的长江之水，浩浩荡荡，摧枯拉朽，兵锋过处，一片狼藉。这也是魏惠王可以号令诸侯、称霸中原的倚天长剑。

　　魏武卒的编制让各诸侯国几乎无法模仿，因为除了魏武卒之外，再也没有什么地方，再也没有别的诸侯国使用完全由步兵组建的兵团，不是没有条件，不是没有能人，主要是在以战车为王的战国时代，谁也没有这个胆量尝试一下用步兵冲锋。只有魏国敢冒天下先，组建武卒，从而一枝独秀，步战天下无敌。

　　魏武卒的编制，五人为伍，设伍长一人；二伍为什，设什长一人；五什为屯，设屯长一人；二屯为百，设百将一人；五百人，设五百主一人；一千人，设二五百主一人。其中，"二五百主"也称"千人"，也就是以一千人为基本的作战单位，类似于现在的一个团。需要打战的时候再灵活编制，设将军一人指挥。这种编制，充分体现了魏武卒的指挥系统在作战中的灵活性，能达到如脑使臂，如臂使手，如手使指一样。即便是战败了，也可以迅速地组建军阵——不管各队士兵是否相识，在这种各级将官存在的情况下，都是可以迅速地组合起来。而且，魏武卒的单兵技艺、阵法操练、编队冲锋以及联络记号等都有独到之处。

入选魏武卒的士兵，生活好，待遇高，国家不但免除其全家的徭赋租税，还奖田宅房产，这种待遇，不用说那时的诸侯国，恐怕在今天也超过了许多国家特种兵的待遇。部队的纪律也是十分严格的，一切行动必须坚决听从指挥，否则严惩不贷。魏武卒不仅讲求重罚，更注重重赏，根据不同的军功给予不同奖励。对立有大功的不仅升职提拔，对其家属和子女也予以重赏，这让魏武卒士兵无不勇往直前。

此外，和其他诸侯国的军队不一样的是，魏武卒几乎从一组建，就是由实战中积累经验训练出来的军队，甚至连主帅都是九死一生，更不用说阵亡的士兵数量了，恐怕在阴间都可以组建一个强大的军团了！

魏武卒后面大约三里处，是黑衣黑甲的秦国军队，有数千持各式兵器的步兵，也有近百辆威风凛凛的兵车。其中，走在秦军队伍中间位置的三百重甲士兵最为引人注目，这群士兵目光尖锐，气宇轩昂，武器和装备更是与众不同。

这三百名重甲士兵就是诞生只有两三年，却已经名震天下的"铁鹰锐士"了。

秦惠文王之前，秦国以铁鹰剑士名闻天下，全军也只有堪堪百余人，都是超一流的格斗专家。秦惠文王时，司马错做上将军后，在保留铁鹰剑士简拔制的同时，创立了"铁鹰锐士制"。

铁鹰锐士的简拔方法极为苛刻：首先是体魄关。司马错仿效魏武卒选拔的标准，又额外增添了全副甲胄、一口阔身短剑、一把精铁匕首与一面牛皮硬木盾牌，总重约在八十余斤。全副武装的选拔者长途奔袭一百里而且能立即投入作战的士兵才算过体能关，方能进入后续的各种较武。步战较武要在秦国新军的步军中名列一流，车战较武要在秦军新

军的车兵中名列一流。个人简拔过关后，还要过以各种阵式结阵而战的阵战关，过各种兵器的较武关。如此都能顺利过关者，才能成为铁鹰锐士，几乎个个都是无敌勇士！稍微差一点的，则只能成为大秦锐士。秦国新军二十万，大秦锐士最多时近两万，但铁鹰锐士在最鼎盛时期却仅仅只有一千六百人，足见铁鹰锐士的超凡所在。

当铁鹰锐士在收复河西的大战中横空出世后，即被天下诸侯惊呼为"锐士难敌"。所以，秦国当仁不让地排在魏国军队的后面行军。

虽然大秦锐士兵车、步战都能胜任，但是平时多以步行为主。步兵是秦国军队构成中的主体。秦商鞅变法后，步兵发展迅猛，因为步兵灵活性大，能适应各种地形、气候和战斗形式，尤其利于在险阻复杂环境下行动，其步兵军种和装备都很复杂。秦军有重装步兵和轻装步兵两种。重装步兵多数身穿金属铠甲，手持戈、矛、钺、铍等长柄兵器，担负着同敌军重兵集团格斗的任务。轻装步兵一般不穿铠甲，持弓、弩等远射武器，配合重装步兵杀伤格斗距离之外的敌军。步兵中百将以上的各级军官，其主要职责是指挥部队作战，安全和自卫甚为重要，所以只穿甲带剑，不持长柄兵器。屯长以下的小吏，既指挥战士作战，又亲自率领战士冲锋格斗，所以既佩剑又持长柄兵器，并和其所率的战士一样，有的穿甲，有的不穿甲。不论进攻、防御或在攻城、守险、迂回、包围、伏击、奇袭等各种作战形式中，步兵往往承担主要的作战任务，并最终解决战斗，在值勤、警戒、巡逻等各种勤务中，也往往以步兵为主。

秦国战车皆为木制、单辕，驾四马，两掺两服。车上有甲士三人，御手居中，车左居左，车右居右，一律着金属铠甲。御手因以双手驾御车马，目标明显而无还击之力，故防护十分严密，其铠甲的披膊长及手腕，把臂全部罩住，手上有护手甲，颈部有颈甲，腿部缚有胫缴。战车上装备两套柄长为三米的矛、钺和两套弓箭，有的还配有盾和带发射架的弩。战斗时远则以弩箭射击，近则以矛钺格斗。战国时期的作战主要是车战，往往以兵车数量的多少来衡量一个国家的实力。常说的带甲十万，通常就是说驰车千驷，革车千乘，共计 10 万官兵。车属徒兵一般为八人，其装备与一般步兵相同，其任务是密切与战车协同，既掩护战车的安全，又利于在战车的掩护下扩大战果。在车、步协同作战中，步兵一般居于主导地位。步兵的弱点是快速性、稳固性不如车兵，与兵车配合才能如虎添翼。所以秦军特别强调以步兵为主的车、步协同作战。

秦国的兵役制也很简单，男子十七岁都要"傅籍"，以后根据战争需要，随时可征集入伍，到六十岁才能免役。秦时还常谪发已科罪犯或徒隶等为兵，称为"谪戍"。秦朝的军训制度较为严格。秦律规定，射手发弩不中，御手不会驾车，骑士的马匹课试最劣者均要受罚，有关督训官吏及负责选募者也要受罚。军队的武器、铠甲、粮食、马匹，均由国家统一提供。国家设有专门的武库。秦国在京城设有太仓，在荥阳建有敖仓，贮备了大批粮食，战时有专官负责补给。此外秦国还制订了《厩苑律》等，对马匹的放牧、调教、管理均有规定。这些表明秦国的军事实力正一步步逼近魏国。

严格的军事管理制度，完善的奖惩体系，秦国将士上阵奋勇杀敌耻于逃跑，兵锋所向无坚不摧。秦国军阵组织严密，兵种分布得当，守时固若金汤，攻如水银吐泻。先进的武器装备，军械制造精良，武器搭配合理，战场之上威力无穷。同时，秦国沃野千里，生产力发达，也为秦国作战提供了充足的物资基础和后勤保障。这些原因让秦国日渐崛起。

此次，魏惠王号召五国联军吊唁赵肃侯，正合秦惠文王之意。秦惠文王有意摸一摸各诸侯国军队的作战实力，看一看秦军和他们还有哪些差距。

秦军之后，是擅长军阵和个人格斗的齐军。齐军保持着一种奇怪的队形前进，不仅对周边环境警惕性十足，而且似乎对燕军也很提防。齐燕两国曾经交恶，如此也不多怪。

燕军和齐军拉开了足有十里的距离，和楚军走得很近。这是因为燕楚两国距离遥远，国家又不接壤，很少发生征战，所以没有相互间的那种敌意。楚国因为和越国正在激战，不想惹怒赵国，因此很低调。所以燕楚两军一时间好得像亲兄弟似的。

五国联军在驰道上行军，速度不疾不徐，各兵种保持着队列和随时可以结成军阵的架势，一旦有危险，随时可以投入作战。奇怪的是，一路上除了赵国百姓在路边观看、小孩子跟着队伍跑动外，五国联军看不到任何赵军的迹象。难道赵国任由这五万精兵长驱直入其腹地吗？

　　五国联军的探子一个个地撒出去，又一个个回来复命：前方和周边没有发现任何赵军的踪影。越是这样，危险系数就越大。

　　邯郸城距离魏国边境很近，五国联军黎明出发，中午短暂休息片刻，傍晚时分在野外宿营，明天中午就可以抵达邯郸了。五国军队各自扎下营盘，放出守卫和流动哨，开始埋锅造饭。饭毕，士兵们轮流休息等候天明。

　　夜半时分，极远处的黑暗里忽然亮起一团火光，紧接着这火光扩散，犹如一条火龙瞬间蔓延开来，向着不同的方向延伸，一阵阵低沉的吼声和马的嘶鸣传来，大地在震动……

　　五国联军惊醒，短暂的迟疑之后，士兵们立刻拿起武器，绕着自己的军营，摆出铁桶形的对敌阵势。他们发现，在五国联军营盘的外面，一个更大的火环将他们围在中间，那分明是点燃的火把；低沉的吼声无疑是集结中准备冲锋的士兵发出的声音。五国联军中都是久经沙场的有经验的士兵，根据大地震动的频率和力量，他们知道自己已经被至少二十多万军队和千辆战车层层包围了。

　　看来赵国是以逸待劳，早已做好夜晚袭营的准备了。包围圈在缩小，火光越来越近，远处战车绕营飞奔的隆隆声响越来越大，火光下的赵国士兵已经可以看出身影。那端着武器、整齐前进的赵军在两箭之地外站住，兵车在步兵前面一一排好阵势，一场大战即将爆发。

　　势单力孤，虽然五国联军都是精兵，但是赵兵明显有二十万以上，这场大战必败无疑。虽然五国士兵早已心惊胆战，但他们临危不乱，弯弓搭箭，手握武器，等着将官发号施令。

　　魏无屈手心冒汗，魏武卒作战向来都是两军对垒，强力冲锋对敌，这样被重重包围的情况还是第一次。魏武卒擅长冲杀，就是铁打的军队也会被其击垮，但是盔甲笨重的魏武卒不适合夜间混战，更不适合在腹背受敌的重重包围中作战。不仅难以发挥魏武卒的优势，而且还会成为格斗时的负担。如果五国联军在一起扎营，营盘就会很大，相互可以倚靠，但是现在各自为战，形势很不妙。

集结呈冲锋阵型的赵军没有立即进攻，火光下，一辆兵车独自出来，上面站着一个驭手，一个五百主军官，还有一个持戈的士兵。兵车速度很慢，一直跑到一箭之地处才停住，上面的将官大喊："我乃牛翦，请魏军主将魏无屈说话。"

魏无屈看着牛翦，对身边的人道："区区一个五百主军官竟想和我说话，不掂量一下自己的分量，得鱼，你去回他！"得鱼是屯长，仅率领五十兵，显然魏无屈这是蔑视率领五百人的五百主军官牛翦。

得鱼领命登上一辆战车出营，他穿着重盔甲，显得十分威武。牛翦瞧了他一眼，厉声道："赵侯准许你们入境，你们必须按规定路线前进，不可以私自分兵潜入我国腹地，如今我赵军抓获两百多名身份不明、窥探我赵军行踪的持械壮汉，请魏无屈出来解释。否则，我赵军不但要格杀这些壮汉，还要收缴你们的武器，驱逐出境。"

得鱼听明白了牛翦的意思，拱手施礼，随后返回魏营。魏无屈判断，如果赵军所言为实，那么肯定是其他几个国家私下派出的军队探子，肯定是另有目的。这个突发问题如果处理不当，今晚恐怕会有一场恶战。究竟是哪一个国所为，魏无屈必须得有个交代。

时间不长，魏无屈派去其他四国的人都带来了回话，同时一起跟过来的还有各国军队的副将，大家都说自己没有私下分兵。商议了一番，魏无屈又派得鱼出去回话。

"牛五百主，经查证，五国军队并没有私下分兵，所有的探子和警戒哨也都在军营，你们抓获的不是我们的人，请详细查明！"得鱼说道。

牛翦也没有多言，他请得鱼原地等候，他的兵车返回军阵。过了一会，牛翦战车飞奔而来，后面跟着数百名赵军士兵，押着大约二百多名衣着各异的壮年汉子。从走路的姿势，这些汉子显然也是军士。

牛翦对得鱼道："既然这些军士不是你们的人，又不肯开口说话，

他们私下打探我赵军的机密，此乃大罪，按照赵律，理应问斩。来呀！腰斩！"

话音刚落，赵军就把这些挣扎的汉子按到在地上，这些汉子还真是英武，没有一人求饶。他们一个个腰身被斩成两段，短时间难以死去，都在地上翻滚，发出惨烈的喊叫。血腥味随风弥漫，二百多人不一会没了生息，尸横遍野，五国联军忽然感到一丝恐慌。

牛翦高喊："魏无屈将军，既然这是场误会，我等就不再多言，希望你们遵守赵侯的命令，按照指定路线前往邯郸，不可生事。"说完，驭手驱车返回中军，只见中军那里兵车密集，将官云集，显然有大将坐镇。

呼啦啦，赵军来得快，去得也快，随着鸣金的声音，赵军有秩序地撤去，火把渐渐隐入密林或者远山，最后消失不见，只留下魏军大营外二百多具尸体。

赵军走了，五国联军也没法歇息了。大家孤坐到天明，然后用餐、整理，随后大军集合拔营，踏上前往邯郸的路。

魏军中的一些杂役一大早就在营外挖坑，埋葬了那些死者。虽然不知道这些人的身份，但是大家都清楚，这些人一定是各国派出来的打探消息的死士，也许就有他们昔日的战友，但是，昨夜发生的一幕，已经让这些死士以身殉国了。

五国联军士兵依次走过这些刚刚埋好土的野坟，坟前的一碗酒水是给坟里的人最后的享用。谁也不知道，前往邯郸的结局是什么？也许他们正一步步走向更大的危机！

第五章　奢华的葬礼

正午时分，烈日当空，灼热的阳光照射下来，将路边的树叶都烤得发蔫，树上的蝉鸣更加响亮，一丝风都没有，令人心情忍不住躁动。

冒着酷暑行军的五国联军终于来到邯郸城下，巍峨敦厚的高大城墙出现在众人眼里，那城门楼如一座巨塔，直插天空。阳光倾洒之下，城墙之上，隐约可以看到整整齐齐地站着许多士兵，他们手持兵器，在阳光下熠熠生辉。

城外的驰道边有许多树木，在接天蔽日的树荫下，席地而坐着许多百姓，有老有少，皆穿着黑白素袍，手持农具。有的百姓手中还拿着面饼食用，有的捧着一坛清水痛饮。百姓对五国联军怒目而视，对这群不速之客甚是厌恶。

通向城门的驰道上，有一群峨冠博带的人，足有数百人，他们大多穿着肃色的官袍，头顶系着白色麻布，相比较那些黑白长袍的百姓，显得更加英气逼人一些。这些人都是邯郸城里的官员，奉赵侯雍之命，前来迎接五国联军的。在这些官员身后，是阵容威武的赵军，足有五万之多，他们顶着烈日，显然已经在此恭候多时了。

在场的官员有四个大人物。中间的是肥义，左侧的是公子成和仇液，右侧的是一位将官。他们目不斜视，各自站着，面色冷淡，倒有一种不欢迎客人的感觉。

肥义留着长须，鬓角很长，眉毛飞扬，一副仙风道骨的样子。那公子成穿着肥大的官袍，双眼不停地眨着，一副愁容的样子，光看他面容，会认为他是一个慈善的人。仇液乃是胡人，精于谋划。那位将官名

为赵袑，是赵国将军，是赵肃侯时期就已经任命的邯郸守将，昨晚包围五国联军的指挥官就是他。

待五国联军停止前进，各国使臣前来联络，肥义三人才走上前去寒暄。双方又是施礼，又是作揖，热热闹闹了一小会儿，肥义才请五国使臣进城拜见国君。五万大军自然不能进城，但是可以去城外东郊的河边安营扎寨。赵袑和魏无屈客套了一番，便乘上魏无屈的兵车，引五国联军直奔东郊，城下的五万体格剽悍的赵军则尾随其后。

魏无屈盘算了一下，昨晚遭遇了赵国二十万大军，适才城外有五万赵军，城墙上可以目测到的至少也有三万余众，那么城内估计还有十多万士兵，看来赵国在邯郸城集结了重兵。可是赵国举国之力也就只有二十多万军队，难道赵国各处的边防全然不顾了吗？

魏无屈哪里知道，如今邯郸城里里外外只有八万士兵，城墙上站着的士兵大部分都是老弱残兵，还包括许多穿着盔甲的百姓。昨晚为了包围五国联军，赵国在邯郸城里征集了十几万的百姓，愣是把五国联军给镇住了。那些被腰斩的人却是赵国抓获的各国死士，也是赵侯雍设下的一个诡计，目的是打击五国联军的士气。各处的边防军，赵侯雍怎么敢轻易调回来，那可真是洞门大开，任由强盗闯入了。

将五万剽悍的邯郸守城大军调往城外，用百姓和老弱残兵守卫城墙，是赵侯雍力排众议的结果。肥义等人尽管强烈反对，但是谁也没有退敌良策，只能站在悬崖边赌一把了。

如今，各国使者入城，五国联军也去了东郊，进入赵侯雍早已设计好的圈套里，肥义等人的心也放下了，接下来就看赵侯雍怎么应对各国使臣了。

东郊果然是好去处，巨树参天，满眼都是阴凉所在，而且守着河流，饮水也不成问题。五国联军这回学乖了，他们互为犄角安营扎寨，在各自的营门外布好绊马索，外围撒下可以刺伤马蹄的三脚蒺藜，防止赵军兵车偷袭。

一切安顿就绪，赵袑告辞离去，魏无屈送出营门。

不远处的赵军迎候到赵袑之后，没有回城，反倒是沿河而上，在一处山地上安置营盘。两军的大营距离有七里之遥，但是对方的一举一动尽收眼底。魏无屈知道这是赵军在监视他们，如今形势不妙，只能隐忍一下，等待使臣的命令。

赵袑站在山地上，望着山后河的上游，只见一道大坝将河流拦腰截断，这是用一个个装满土的麻袋在河水中堆积起来的坝体，坝里面的水已经形成一个湖泊。因为工程粗糙，坝体四处漏水，所以河里还有水，只是水位较浅而已。此时，雨季已经过去，河里的水少了很多，但是在堤坝的阻隔下，水位已经有四五米高了。

赵袑指着大坝说："国君英明，五国联军胆敢妄动，只消拨开大坝，顷刻间就叫他们葬身水底。那魏武卒再骁勇，大秦锐士再善战，齐国军阵再微妙，在烂泥地里还不是一个待宰的羔羊。至于那燕军不足为惧，一群旱鸭子；楚军擅长游水，这回管教他们游个够。"

赵军抢占了高地，而五国联军处于低洼之处。身边的军士无不哈哈大笑，擦拳摩掌，兴奋异常。大坝上，许多兵士和百姓还在加固坝体，防止坝体崩塌。赵袑命令：白天以三股狼烟为讯，晚上以三堆火为信，坝上的人就会扒开坝体，任由河水下灌。

赵侯雍在城外为五国联军设下了这个圈套，大殿上他还要接见各国使臣，以扬国威。

赵侯雍对远道而来的使臣表示了欢迎，对各国国君的问候也表示了谢意，接受了各国进献的礼物。言谈间，赵侯雍应对自如，反应机敏，而且口才了得，这让五国使臣惊讶无比。虽然各国公子优秀者甚多，但是能像赵侯雍这样气度优雅，言谈得体，君威十足的还不常见。这说明赵侯雍虽然年少，但是久经历练，胸怀天下，实在不可小视。从赵肃侯去世到现在虽然只有两个多月的时间，但赵侯雍已经蜕变为一位出色的国君。他锐利的目光，威武的气魄，无不让人欣赏。这时候的赵侯雍，有了一股赵肃侯在世都没有的霸气。

楚国使者率先称颂赵侯雍，溢美之词让整个朝堂都为之侧目。赵侯雍大喜，赏赐了楚国使臣。其余四国使臣也纷纷赞美赵侯雍，均得到赵侯雍的赏赐。随后，赵侯雍设宴款待五国使臣，连同其他十几个诸侯国的使臣一并请来，还有周天子派来的朝臣也坐在首要的位置上。

席间，各国使臣纷纷歌赋一首，既为赵侯雍登基贺喜，也为赵肃侯的逝去一再悼念。

几番过后，赵国臣子中走出来一人，端着酒来到大殿中间，他先对赵侯雍施了一礼，又对周天子派来的使臣施礼，然后悠然吟唱，唱的居然是《诗经》中极为著名的《采薇》，一群英姿飒爽的女子穿着优雅的服饰翩翩起舞。

采薇采薇，薇亦作止。曰归曰归，岁亦莫止。

靡室靡家，猃狁之故。不遑启居，猃狁之故。

采薇采薇，薇亦柔止。曰归曰归，岁亦忧止。

忧心烈烈，载饥载渴。我戍未定，靡使归聘。

采薇采薇，薇亦刚止。曰归曰归，岁亦阳止。

王事靡盬，不遑启处。忧心孔疚，我行不来！

彼尔维何？维常之华。彼路斯何？君子之车。

戎车既驾，四牡业业。岂敢定居？一月三捷。

驾彼四牡，四牡骙骙。君子所依，小人所腓。

四牡翼翼，象弭鱼服。岂不日戒？猃狁孔棘！

昔我往矣，杨柳依依。今我来思，雨雪霏霏。

行道迟迟，载渴载饥。我心伤悲，莫知我哀！

这首《采薇》是《诗经·小雅》中的一篇。周宣王时，北方的猃狁（即后来的匈奴）已十分强悍，经常入侵中原，给当时北方人民生活带来不少灾难。为此，周天子分派诸侯镇守北疆，而且还经常命将士出兵打击猃狁。文章还歌颂了边关战事繁忙、紧张，猃狁的凶悍，而周王室军队盛大的军威，纪律严正，卒伍精强都在歌赋中展现出来。

战国时期，礼崩乐坏，但周天子在上，余威和名分尚存。周有爵位之分，各诸侯国共分五等：公、侯、伯、子、男。公爵国国君称公，侯爵国国君称侯，以此类推。赵国是侯爵国，所以其国君称赵侯。死后加谥号，即为赵烈侯、赵敬侯、赵成侯、赵肃侯等。虽然此时的周天子已经不受各国重视，很多诸侯都竞相称王，但是名义上还是周天子的臣子，是周天子册封的诸侯国，所以表面上还是要尊重周天子的。

吟唱这篇文章的人名叫李兑，是赵肃侯留给赵侯雍的一个名臣。赵人都说，赵国最聪明的人就是李兑。这些天来，赵侯雍一直精心设计父亲的葬礼和自己扬名立万的细节，这个歌颂周天子的唱和就是李兑提出来的迎合周天子的妙招。

这首《采薇》影响极大，常为后世文人反复吟唱。李兑素以浑厚、质朴的嗓音著称，这类如此凄婉动人的诗歌被他演绎得精彩绝伦，再加上舞女的配合，真是别开生面。

首席上的周天子的使臣早已老泪纵横，已经很多年没受到诸侯国这样的歌颂了。在场的使臣也都受到感染，在赵侯雍的提议下，众人举杯为周天子祝福。

当晚，各国使臣留在城内驿站歇息，他们的随从也把觐见赵侯雍的情况通告了城外的军队。魏使眼见楚国使臣已经倒向赵国，大有两国交好的意思；同时看到燕国是出人不出力，秦国不阴不阳，齐国一副挑拨魏赵反目的架势，知道五国联军的目的已经难以实现，便极力约束魏无屈，小心行事，不要生事端。

第二天，赵肃侯下葬，真是一场风光的葬礼。战国时期的殡葬礼仪大致可以分为三个阶段：一是葬前之礼，这一阶段包括招魂、沐浴、饭含、大小殓、哭丧、停尸等项内容；第二阶段为葬礼，包括告别祭典、送葬、下棺三个环节；三是葬后服丧之礼，陪葬之物有金钱珠宝、饮食器具、印绶、兵器、乐器、明器等，"凡生人所用之器，无不可为从葬之器。"

赵肃侯刚去世时，赵侯雍就向着北方为父亲招魂，这叫做"复"。然后宫人为赵肃侯举行沐浴礼。沐浴时，脱去赵肃侯的衣服，用盆盛水，用勺子舀水往其遗体浇洒，再用细葛制成的稀巾洗擦。接下来便是饭含程序，饭含就是把珠、玉、谷物或钱放入赵肃侯的口中。饭含曾是中国历史上丧葬制度中的一种十分重要的丧仪。饭含的目的是使死者的口不能空着，不能没有吃的，能使死者在另一世界中继续享受生前的食禄，是死者生前食禄生活的再现。天子饭以玉，诸侯饭以珠，大夫以

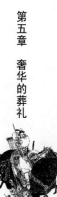

第五章　奢华的葬礼

米，士饭以贝也，故有着珠、玉、贝、米的含物区别。此外，饭含还有镇惊辟邪、护体守灵的意义。

饭含之后便举行"敛"的仪式。"敛"，又作"殓"，意思就是给赵肃侯穿衣下棺。大小殓以后便是哭。哭即是亲人对于死者的哀痛悼念，同时也是一种礼节。死者入殓以后，一般并不立即安葬，往往要停枢待葬一段时间，这就叫做"殡"。停殡的时间有长有短，赵肃侯就停殡两个多月。再把灵柩送到埋葬的地方叫"出殡"，就是通常所说的送葬，也是赵肃侯正式入土为安的日子。

这些流程都已经完成了。各国使臣都来参加的是葬礼的第二个程序，也就是祭典、送葬、下棺环节。既然是奔丧，奔丧者均要丧服。战国时的丧服分斩衰、齐衰、大功、小功、织麻五种，称为"五服"，用粗、细不同的白麻布制成，按亲疏关系不同而穿不同的丧服，称为"披麻戴孝"。

祭典由一名主祭、若干与祭，司仪、司香、读祝文等各一人主持，还有司钟、司鼓、司乐、司僚等执事。祭典在鸣钟、奏乐中开始，主祭、与祭等各就各位，虔诚地上香、行三跪九叩大礼，接着行"初献礼"，行"亚献礼"，行"终献礼"，最后"焚祝文、焚宝帛"，又在香烟缭绕、钟鼓齐鸣中礼成。整个祭典过程，雍容肃穆，瑞气氤氲。赵国文武百官、军民、各国使臣等虔诚上香、膜拜、祈福，虽人山人海，却秩序井然，真是一瓣心香寄先侯。

整个葬礼过程不仅有各种祭品、祭器、祭乐、祭舞，还有祭文等等，出殡时以大盾为前导，以卤水洒道，使路面湿润，可以清除尘埃。

送葬的队伍声势浩大，足有近万人，包括：权杖、大锣、铜镜、红灯、彩旗、周天子赐予的各种金牌，以及金钺、玉斧、长戈、长戟、驱妖牌、斩怪刀等器械仪仗；有由人装扮的开路神、八班、御林军等神曹；还有吹笙、车鼓、十音、八乐、马队、妆阁等队伍；最后是香亭、"鲨扇"和凉伞等拥护着赵肃侯的神舆。

葬礼足足进行了一天，才把赵肃侯安葬妥当。赵肃侯的寿陵是以山为陵，也就是在山上凿一个大洞，作为陵墓。这在当时，绝无仅有，绝对是超级水准，也是绝对引领潮流的。赵肃侯以山为陵的这种做法，得到后世诸多帝王的追捧和效仿，开创了中国古代帝王陵寝制度的先河。

赵肃侯入土为安了。各国的使臣也完成了各自的使命，准备休息一晚，第二天上朝向赵侯雍辞行后，便汇合五国联军，各自回国复命。

不料，当晚城内的各国使臣和城外的五国联军都接到通知：明日，赵侯雍要在邯郸城外设置一个将武场，请五国各自派出最骁勇的二百名勇士，会同赵国勇者，共同演武、摆阵；将武结束后，赵侯雍还要和各诸侯国使臣达成友好邦交的协议。

这一夜，赵侯雍睡得十分香甜，有些人反倒彻夜难眠。这一次，五国使臣更是摸不着头脑了，赵侯雍究竟在耍什么鬼把戏？

第五章 奢华的葬礼

第六章　舍我其谁

　　天亮后，邯郸城下，赵国军士早已用白灰勾画出一个长方形的将武场，足以容纳千人对阵。将武场靠近邯郸城的这一侧，有三千赵军和五十辆兵车镇守，其余三面留给了五国联军。城外东郊的五万赵军已有四万悄悄调回城内，城墙上早已是雄兵悍将布防。

　　五国使臣用过早膳后，都被请到城墙上观战，其他国家和周天子的使臣也都在邀请之列。五国联军昨夜也推敲了一番，既然赵国摆下了将武场，让各国一争雌雄，这就和上战场没有区别了。因此，五国将官纷纷挑选最勇猛的士兵组成二百人战队，在各国主将官的带领下，千余人浩浩荡荡来到邯郸城下，大队人马留在原地，由副将指挥。

　　魏军将士站在将武场正前方，其左侧是燕军将士，其右侧是齐军将士；秦军将士则站立在将武场左侧空地，楚军将士站立在将武场右侧空地；二百名"虎狼贲"也步出城门，穿过三千赵军和兵车组成的方阵，来到将武场前停下。

　　牛翦紧握腰间佩剑，走入将武场，高声道："奉赵侯之命，设将武场，各国将士均可入场演武、结阵；为了不伤和气，只演武，不对战。各国将士有什么本事可以亮出来，最优秀的将士赵侯重重有赏。"

　　不料，秦军中走出一人，高声说："不对战怎么看出优劣？我大秦锐士请赵侯准允短兵格斗！"

　　魏军中也走出一人，同样高声大喊："魏武卒恳请赵侯恩准实兵对战。"

　　齐军、燕军、楚军纷纷有人走进将武场高声恳请赵侯雍实兵对战。

赵侯雍高立城墙门楼，大喝一声："准！"声震四野。

牛翦让场内五位士兵代表留下，准备抽取竹签，同时"虎狼贲"也派出一位代表入场抽签。首战是军阵对敌。抽签结果魏对齐，秦对楚，赵对燕，决出三强。

牛翦高声宣布："军阵对战不论厮杀，只论对抗结果。所有的人均持长短各式木兵，木兵前端有一圆洞，内穿有麻绳，麻绳上系有布团，上面沾有白灰，被木兵击中要害者，即为战亡，必须卧在场地上等待对阵结束。六国将士都是能征惯战之辈，在场的一千三百名将士就是今日将武的公证人。希望各位不要辱了自己国家的声威。"

这样甚好！在场的六国将士点头称赞，毕竟这不是交战，只要分了胜负就可以了。

停顿了一下，牛翦继续宣布："军阵对抗之后是勇士之战，六国各出一名勇士，重新抽签比武，生死由天，若有死伤，不得追究，直至决出天下第一勇士！"

牛翦刚一说完，就见六国勇士均高声呐喊，无疑这是他们最想要的名号。牛翦说完，清空了将武场。场外六国将士各自聚在一起，商议着对敌之策。数千名赵军杂役将成捆成捆的各式木兵搬运到将武场外，供六国士兵选择。

第一场军阵是魏国对齐国。豪迈的魏武卒结成最简单的步兵方阵，齐军则结成雁行阵，两国军队从相对的方向冲入场内。魏武卒的步兵方阵偏为前拒、两于前、伍于后、右角为专、左角为参，魏武卒气吞山河，急速冲锋，快速接近齐军；齐军的雁行阵前锐后张，延斜而行，便于绕人，部分齐军士兵手中拿着弓箭，边走边射。箭射在要害部位的魏武卒很遵守规则，直接卧在场内，箭射在寻常部位和没有中箭的魏武卒则继续冲锋。因为箭杆上没有安装箭头，所以不会对士兵造成伤害。

齐军避开魏武卒的锋芒，想要绕到其侧后，但是魏武卒的速度很快，因齐军阵势的变化自身快速分成四个方阵，切住齐军抢攻的方向，将齐军一分为四。魏武卒的重甲优势顿时显露出来，齐军砍刺到穿着三重重甲的魏武卒身上，大多都是浅层伤害。而魏武卒木兵所到之处，齐军纷纷中招，片刻间倒下一片。

随着魏武卒军阵的集结，分散，齐军很快溃不成军，当最后一个齐军士兵倒下时，魏武卒尚有一百三四十人站在将武场上。虽然很多魏武卒身上也有斑斑白灰点迹，但是都是轻伤，魏武卒几乎以绝对的优势血洗了齐军。

齐军面露愧色，整理木兵退场，魏武卒纵声长啸，气贯长虹。

第二场秦国对楚国。秦国将士入场后，迅速结成锥形之阵。孙膑云："未必锐，刃必薄，本必鸿。然则锥形之阵可以决绝矣。"就是说：锥形之阵，就好比一把钢剑，剑锋必须锐利，即前锋部队必须精锐灵活，剑刃要薄，即两翼部队必须擅长兵力机动，而剑身要厚实，即后续部队兵力要雄厚，冲击力要强。楚国将士则结成圆形军阵，这是野战防御战时的环形战斗阵形。孙子说："浑浑沌沌，形圆而不可败也。"

秦楚两国也是各自从将武场相对的方向入场，秦国将士健步如飞，犹如一支利箭前行；齐国将士则犹如一面巨盾，随时可以击落射来的利箭，一边防御一边近敌。距离远时，双方均拉动弓弦，射箭。这几乎是魏武卒战齐军的翻版，大秦锐士也是身披重甲，一路狂奔，只有十几个人不幸中箭倒地，而楚军却有数十人中箭"身亡"。

待双方对撞在一起之后，顷刻间进入白热化状态，楚军身手不凡，精于剑术，大秦锐士更是锐不可当，即便是木兵对战，将武场上也是鲜血涟涟，不时传来楚军的怒吼和惨叫声。楚军将士被大秦锐士彻底激怒了，他们拼劲全力回击，木兵折断了就赤手空拳对敌。适才魏武卒对战齐军，精彩绝伦，相当于上演了一堂经典的教学课，赢的一方让人敬佩，输的一方也光明磊落，让在场的人赞叹不已。

可是，秦国与楚国这一战，竟然是舍生忘死的厮杀，折断的木兵遍地都是。楚人刚烈，只要不是伤到要害，均恶战不止。秦人勇武，盔甲又厚，占尽短兵格斗时的便宜，大幅度杀伤楚军将士。有的士兵"断了"胳膊或者腿，就用单臂或者单腿站立作战，绝不违犯规则。

这一战惊心动魄，看得在场的人无不心惊肉跳。赵侯雍在城墙上都感到秦军的恐怖和楚军的顽强。足足有小半个时辰，到最后楚军的军阵彻底奔溃，秦军的锥形阵接连绞杀数次，将最后抵抗的十几名楚军"击杀"在将武场。大约有八九十名大秦锐士站在将武场，有十几个人还是单腿站立，虽嘴角开裂，满脸带血，却怒目而视。

强悍的大秦锐士再一次向各国宣示了其恐怖之处，没有哪个国家愿意和这样的对手作战。楚军将士带着满腔怒火离开了将武场，这股仇恨没有减弱，反而越来越强，直接导致了数年后的两国大战。

第三场赵国对战燕国。赵军"虎狼贲"一入将武场，摆出的军阵竟然无人能识。其实"虎狼贲"摆出的是八卦阵，此阵为孙膑首创，有休、生、伤、杜、景、死、惊、开八门，是由太极图像衍生出来的一个精妙的阵法。有一句话是这样说的："太极生两仪，两仪生四象，四象生八卦。"此阵诞生的时间很短，当世除了孙膑外几乎无人能摆。

八卦阵可以根据战场情形随时变阵，一般认为有四四一十六种变法。此阵出神入化，据说当年孙膑在齐国发明此阵后，一时间无人能破。也许古人在此阵上夸张了一些，但可以肯定的是，八卦阵等古代阵法是真实存在的。虽然不像文学作品中描述得那么神奇，但却实实在在地反映了先贤们对于战争理论的理解。

所谓八卦阵，实际上是一种经过事先针对性训练的，步卒应对兵车的手段。在对方冲击时，有意识地在战线的某些位置让出真空，引诱驭手下意识地集中向这些路线行进。待其杀入阵中之后，八卦阵虽破却不散，一路上在两边集结固守，让出前方空间任由敌人冲刺。

阵势的核心在于：这种路径可以通过事先操演确定，通过有意识的引导，让对方本来是战阵两端的直线冲杀，变成在八卦阵方的主导下，在阵内的环型路线！连续不断的接触，无穷无尽的攻击，将会逐步消耗战马的气势和体力。而由于兵车驾辕战马自身的特性，它们又不得不按照这条"安全"的路线冲锋。所谓"强弩之末不能穿鲁缟"，随着时间的推移，阵内的敌军最终会被逐渐消耗一空。

齐军曾借此阵多有获利，然而此前的十余年，齐国武将田忌因为被邹忌陷害谋反，被齐威王追捕，无奈之下和好友孙膑远赴楚国隐居。在楚国，孙膑不再参与诸侯争霸，每日里过着闲散的生活，因此大家对八

卦阵只闻其名，不知其详。

看到大秦锐士刺杀楚国将士，激起楚国将士的无限憎恨，赵侯雍刚才传旨，不可与燕国伤了和气。一来赵国为主，燕国是客；二来赵侯雍还要和燕国修好。所以胜负不重要。因此，"虎狼贲"摆下八卦阵，阵眼处站立指挥的是子奴。子奴来自楚国，自幼为孙膑的童子，烹茶端饭，耳濡目染，跟着孙膑学会了很多兵法。三年前，孙膑告诉子奴，赵肃侯乃当世明君，令他投奔赵国，谋个前程，就这样子奴成为"虎狼贲"的一员，靠着自身的卓越能力成为赵侯雍的得力助手。子奴深知，八卦阵对抗战马十分有效，消耗敌人兵力和体力，那么用来对付步兵也会有效果，尽管人手不足，他还是摆下了八卦阵。

就在大家疑惑不解的时候，齐国将士中有人说出了此阵的名字——八卦阵。自然，孙膑也被他们记起。已经在楚国隐居十余年的孙膑是否还在人世，对齐人来讲已经是个谜了。

燕军摆出的是钩形阵。钩形阵由玄黄阵变化而来，为守阵之阵。即两翼士兵突前，而居中士兵殿后。适合远程攻击的阵形，能保护远程攻击尽量少的受到伤害，从而发挥出最大的攻击力，辅助近战兵种，对突破敌人包围的鹤翼等阵形有很好的冲击作用，多用以变换战斗队形。孙膑说："钩形之阵，前列必方，左右之和必钩。"只要考虑的是"所以变质易虑也"。就是说，钩形之阵，前面为方针，左右两翼弯曲如钩。

"虎狼贲"士兵守住方位，看似稀稀朗朗，实则隐藏致命危机。燕军弓箭齐射，"虎狼贲"也猛烈回击，一番箭雨如注，双方各有死伤。燕军的两翼士兵突前，很快接近赵军。赵军一兜一转，阵型变化，将燕军突出的两翼吞入阵中，居中的燕军连忙扑救。子奴又一声号令，"虎狼贲"阵型再次变化，三转两转，整个将武场上似乎都是"虎狼贲"的身影，燕军犹如原地消失一般，外围都是"虎狼贲"结成的铜墙铁壁。

八卦阵在将武场上摆动、延伸、变换，一会儿吐出十几个燕军士兵，一会儿留下十几个倒在地上的燕军将士，这些燕军将士身上的要害处都沾着密密麻麻的白灰，显然已经受到多次杀伤。随着八卦阵的卷动，燕军的钩形阵早已不复存在，随着子奴急促的号令，"虎狼贲"快速跑动,一个个燕军将士被挤出阵外,无一例外都是遍体白灰。

忽然间,"虎狼贲"全体将士往将武场右侧卷动,在场边伫立不动。将武场上,遍地都是燕军将士。燕军将士心服口服,起身对"虎狼贲"施礼,带队将官口中言道:"赵国得孙膑八卦阵法,从此军阵天下无敌,我等佩服之至。"然后离场。"虎狼贲"大获全胜,足足有一百七八十人威武地呐喊,真是大涨赵国威风。

邯郸城上,赵侯雍满面春风,各国使臣无不点头称是,只有齐国使臣默默不语,若有所思。果然,齐国使臣和将士回到齐国后,向齐威王奏报孙膑一事。齐威王想起孙膑多年前指挥齐军数次大破魏军,生擒庞涓,逼得魏国求助楚国出面才罢兵并释放庞涓;后又在马陵之战中,齐军歼灭魏军十万,庞涓当场自杀。魏国元气大伤,成就了齐国的霸主地位。后来因为听信邹忌谗言,导致田忌和孙膑出逃楚国,如今看来损失太大了。但是齐威王并没有知错就改,他只是派人赴楚,将田忌和孙膑接回齐国,但是不予启用,直到他的儿子齐宣王在公元前 319 年继位后,才召见孙膑。为表感谢之恩,孙膑曾为齐宣王献上收服燕、赵两国来对抗秦国的计策,后返回故地乐安颐养天年,开始著书和教学,结合理论与实践,整理出《孙膑兵法十六篇》传世。当然,这都是后话了,可惜孙膑一生坎坷,没有遇到明君,否则定会散发更耀眼的光芒。

将武场上的军阵对战结束了,大家都意犹未尽。一些杂役正在清理场地上的木兵残片和盔甲碎片,六国将士都在商议着派何人出战?如何取胜?

肥义一直带着佩服的眼光看着赵侯雍,说真的,他是打心眼里喜欢这个年少的国君,头脑敏捷,鬼点子多,小小的一个把戏竟然把五国联军捉弄得四分五裂。公子成心有不甘,他觉得赵侯雍这一次风头真是太旺了,不仅成功化解了危机,还树立了威信,看来自己的小算盘落空了。

牛翦再次登上将武台,主持抽签。这一次,楚国对战秦国,魏国对战燕国,齐国对战赵国。最有看点的无疑就是秦楚两国之间的对战了。

不出所料,当一名身材高大、满面胡须的大秦锐士身穿麻衣素服,

第六章 舍我其谁

握着青铜剑走进将武场时，全场寂静无声。稍后，楚军中走出一个风度翩翩的少年郎，穿着绿色的袍服，腰间系着白色的腰带，手持一柄细长的青铜剑，面如冠玉，发如崔巍，简直如仙童一般。

"南国人就是生得秀气啊！这样子怎么能敌大秦锐士呢？"

"是啊！难道楚国没有勇士了吗？"使臣团中议论纷纷。

双方相互抱拳施礼，大秦锐士就游走上来，挥剑刺杀。从这位锐士的剑法中，能看出秦人刚烈的一面，剑招纵横，指天画地，大开大合，剑剑直奔要害。

楚国少年郎毫不逊色，举手投足间潇洒至极，手腕翻转划动间，长剑快如闪电，虽然大秦锐士一阵猛攻，但是楚国少年郎并没有后退多少步，场地上只有大秦锐士的吼声，却听不到两剑相撞的声音。楚国少年郎英姿飒爽，脚下轻盈，偶尔一个反击，必能直刺秦人要害，令锐士不得不回剑自保。

赵侯雍心里暗想，这个楚国少年郎绝对是个击剑的天才，世间罕有。心里不由得一阵祈盼，希望能将此人收到自己麾下。

两个人缠斗了一会儿，忽然楚国少年郎连连反击，细长的剑左突右转，剑剑指向大秦锐士的咽喉。绵长细密的剑法令大秦锐士苦苦招架，若是遇到其他对手，胜利的肯定是这名锐士，但是楚国少年郎的剑术实乃精妙，毫无破绽，不靠任何蛮力，确实达到了剑术的顶峰。锐士眼见取胜无望，便不顾自身死活，拼死还击，妄图以死相拼，拼着挨上一剑，也要斩杀楚国少年郎。

楚国少年郎猛然后撤一丈有余，避开锐士的攻击范围，剑尖指地，身形异常飘忽不定，长发在风中飞舞。

锐士深呼吸一口气，一个箭步冲上来，青铜剑"嗖"地刺出，速度之快，力量之强，当真是雷霆一击。众人无不为楚国少年郎捏了一把汗。

电光石火间，锐士的剑已经刺向楚国少年郎的咽喉。只见楚国少年郎蓦地踏步、转身、犹如跳着一个华丽的舞步，极快地从锐士剑旁闪过，长剑挥洒了一下，又退出一丈有余。

锐士收不住脚，端着剑继续前冲，一直冲出两丈远，才停下脚步，悻悻地问道："你这是什么剑法？"

楚国少年郎昂首答道："越女剑！"

锐士手中的青铜剑跌落在地上，满手是血，手腕上的筋骨已被挑断。锐士想要回头看看楚国少年郎的样子，脖子刚一扭动，一腔热血自脖颈处汹涌喷出，瞬间染红半个身体。锐士强行转过身子，面对着楚国少年郎，身子久久不动。

楚国少年郎欠身施礼，拎着长剑回到楚军中，似乎早已习惯了这样的情形。锐士身子不倒，鲜血却狂喷不止，直到血流尽了……

将武场、邯郸城上，鸦雀无声，大家都被眼前惊悚的一幕骇住了，不知道是该为楚国少年郎高超的剑术喝彩，还是为锐士的罹难悲伤。

楚军将士向着少年郎齐齐施礼，少年郎依旧面无表情地回礼，然后隐入队伍中……

秦军走上几个人，将死去的锐士抬了下去，眼睛里充满了仇恨。

魏国和燕国的勇士之争也异常激烈，两国上来的都是击剑的行家，对战一开始就直接进入生死关头。魏国勇士剑法博采众长，明显融合了多个国家剑术的精华，阳刚十足。燕国勇士剑法阴柔，又带有草原游牧民族惯有的出剑习惯，剑法刁钻古怪，总是从不可思议的角度刺向对手。在众人的喝彩声中，两个人精妙的剑法层出不穷，将武场上鲜血横飞，各自都受了伤。两个人停在将武场上，持剑喘息，思索着如何格杀对方。喘息片刻之后，燕国勇士率先发难，脚下步伐着实奇妙，类似于马踏飞燕的感觉，气势磅礴势不可挡，直逼得魏国勇士连连后退。最终，燕国勇士的长剑刺入对手的胸口，一招毙命，获得胜利。

齐国人精于个人格斗，单兵作战能力在各诸侯国中最强。"虎狼贲"派出胡貉出战，胡貉来自鲁国，因为齐鲁两国经常爆发战争，历史上就是死敌。胡貉的祖辈就有多人在齐鲁大战中伤亡。这一战甚是激烈，两个人的剑法几乎不相上下，同是击剑名门之后，各有所长，缠斗了许久，身上都受了伤。最后，胡貉凭借拖剑绝技，险中求胜，击杀了齐国勇士，然而后背也被齐国勇士划出了一道深沟，伤及骨头，浑身鲜血，站立不稳，幸好没有性命之忧。

第六章 舍我其谁

第一轮对战结束了；第二轮对战歇息两盏茶后开始，胡貉因为受伤严重，赵国放弃了第二轮的比赛。接下来将是楚国和燕国的对战，可是，燕军将士大概是知道不敌楚国少年郎，白白损失掉自己的精英不值，于是也放弃了对战。

　　邯郸城下，在数十万赵国军民、各国使臣、五国联军的注目下，楚国少年郎长袍宽袖，衣带当风，长发飞扬，傲然屹立在将武场，楚天一剑压群雄，成为当日最耀眼的剑客。赵侯雍走下城楼，亲自赏赐少年郎黄金百镒，绸缎百匹，御赐金牌一枚，上书"天下第一剑"。

　　赵侯雍当场问少年郎的姓名和剑法的来历。

　　少年郎告知赵侯雍：自己名叫"姒无玉"，刚满十六岁，实为大禹的后人，祖先世代为越国尽忠。当年，文仲被越王勾践安上"作乱"罪名，赐剑而亡时，其高祖受到牵连携带家眷逃亡楚国。此后，姒无玉祖辈就在楚国落地生根。八岁时，姒无玉进山里玩耍，迷了路，在深山里走了数日，后遇到一位山中隐居的慈眉善目的老妪。老妪见他有慧根，就留他两个月，收他为徒，教了他一些凌乱的剑法，告诉他这是她的师父传下来的。她的师父当年因为慧根太差，只略略懂了一丝一毫、飘忽不定的剑法影子，传到她这，仅领悟了一点点的皮毛。恩师说这套剑法叫《越女剑法》，希望姒无玉能将它传下去。恩师将他送回村落后，就不知所终。姒无玉直言，自己天资有限，于越女剑法只有些许领悟，只能按照师父的样子照葫芦画瓢。

　　赵侯雍感慨万分，心里十分向往越女剑法的神魂，极力恳请姒无玉留在赵国。姒无玉思索了一下，婉拒了赵侯雍的邀请，坦言此生绝不负楚国。

　　赵侯雍无奈，只好命人将赏赐之物装上车，并随楚军一起返回楚国，直送到姒无玉的家里。姒无玉再三谢恩，回归楚军阵营。

　　将武结束，当晚，赵侯雍再次大宴五国使臣，并向五国联军赐予美酒、肥羊等。

　　第二天，早膳后，赵侯雍将五国使臣一直送到东郊与大部队汇合。临别前，赵侯雍挽留五国使臣和五国联军的将官短暂停留，请他们看个美景，五国的大部队则由副将带领按原路先行离开，取道赵魏边境。

待大队人马走远了，赵侯雍引众人登山河边的高地，指着河里的堤坝让他们观看。尽管河道里还有滚滚的河水，但是此时的堤坝足有十米之高。

赵侯雍点点头，赵裪命令士兵点燃狼烟，只见三股狼烟冲天而起。堤坝处的几百名士兵齐声呐喊，纷纷使用长长的勾镰勾住堤坝上的土袋，不停地扯离堤坝，瞬间堤坝出现豁口，随着一声震耳欲聋的响声，堤坝崩塌。

土袋在洪水中翻滚，高达十余米的洪峰顺着河道疯狂奔腾，很快洪水溢出河道，像脱缰的野马直泻而下。隆隆的轰鸣传出十几里，已经出发的五国联军惊讶地回望，他们不知道发生了什么事，只觉得大地又在颤抖，以为赵军杀了过来，纷纷拿出兵器准备作战。

五国联军的将官和使臣脸色煞白，他们眼睁睁地看着曾经宿营的地方成为一个湖泊，他们都知道赵侯雍的用意了。如果前日五国联军有异动，恐怕早就成为河里的死尸了。即便有幸存活，也会陷在淤泥中任由赵军宰割。

洪水下泄足足一个时辰，水位才降到正常水平。河的下游早已是一片汪洋，田野里到处都是水，流入附近的湖泊里，流到沟渠中，流入土地里。赵人早有准备，下游的庄稼已经收割，低洼处的人也早已转移，所以没有任何损失。一切都在赵人的精心计算和控制中。

魏使浑身冷汗，魏无屈哑口无言，这一次在赵侯雍面前，五国联军一败涂地。

赵侯雍道："寡人继承大位，致力于国家兴旺，百姓安居乐业，我赵国愿意与各国友好相处，所以请各位把我的想法转给你们的国君。我赵国虽然国力不足，但是面对危机绝不会屈服，任何觊觎赵国的企图都是徒劳的。"

在场的十几个国家的使臣无不点头称是，不敢正视赵侯雍。此时的赵侯雍骄傲睥睨，虽然年少，却豪迈绝伦，未来的岁月将见证赵侯雍的成长和赵国的崛起。

第六章　舍我其谁

胡服骑射：赵武灵王

　　五国联军怏怏而去，回首遥望，邯郸城隐没在山影中，他们心里都突然出现一个念头：属于赵侯雍的时代就要来临了；这样的人如果不是朋友，将是最可怕的敌人。

第七章　朝堂宏论

赵肃侯葬礼期间，邯郸城重兵云集，戒备森严，杀气腾腾，大有战争一触即发之势。五国使者和五国联军受到了赵国重兵的隆重接待和严密监控。在刀枪剑戟丛林中穿行的各国大使们，无不战战兢兢，不敢越雷池半步，规规矩矩地参加完肃侯的葬礼后，便悄无声息地匆匆回国了。

由魏惠王发起的这场五国图赵的合纵阴谋，最终有惊无险，被赵侯雍及其内阁用不战而屈人之兵的一招招险棋，侥幸化解挫败了。年少的赵侯雍及危局中的赵国，由此躲过了那场不期而遇的历史风暴！

这恐怕是历史上一场史无前例的刀光剑影下的特殊追悼会，也可能是世上动用武装力量最多、最隆重壮观的葬礼。即使在今天，也不能不令人别有一番滋味在心头，恐怕没有谁更比少年丧父的赵侯雍和他的臣民们，刻骨铭心了！

初涉君位的赵侯雍，经受住了他人生第一次如此严峻的考验。这个少年国主，被迫上演了一场真切而生动的生存游戏！对一个懵懂的孩子而言，身居一国之君高位，面对如此危局考量，不知是他人生少年时代的幸福还是悲哀？

侥幸躲过这场危机的少年赵侯雍，和他年轻的生命年轮一样，仅是他万里长征迈出的第一步。一桩桩、一场场更危险、更棘手的危局，正伴随着他年龄的增长，一步步向他逼近。

曙光初升的第二天早晨，臣子们面带笑容、满怀信心地来到朝堂，这是自赵肃侯去世之后首次出现的乐观情怀。臣子们在朝堂上谈笑风生，酣畅淋漓地议论着这几日来赵国扬名立万的风光之事。

宦者令丁骞一声长喝："赵侯到！"

臣子们跪倒迎驾，赵侯雍左手按着剑柄，迈着沉稳的脚步登上金台，坐稳江山，威严地说："众爱卿免礼！"

臣子们用无限爱戴的目光看着国君。肥义上前再次施礼，恭祝赵侯雍圆满化解五国联军危机，并树立赵国大国气概的王侯风范。众臣子也跟着跪倒，朝堂上尽是祝福的话语。

待众人落座后，赵侯雍侃侃而谈："众爱卿，寡人经此磨练，更懂得先候当年守护赵国的艰辛，更体会到如果没有你等众人的扶持，江山社稷还能依靠谁？相国赵豹、博闻师孙绰、尚偀，陆琊冒着生命之危出使他国，联络盟国出力，都是我赵国的功臣；左右司过三位大臣带领民夫协助赵军围困五国联军有功；肥义、公子成、赵裪等人镇守邯郸，协助寡人力挽狂澜，真是三生有幸，有你等国士辅佐，何愁大事不成？待赵豹等人返回国内后，寡人将论功行赏。在这期间，凡有功劳的将士、商人、百姓等均有封赏。"

臣子们齐声道："国君英明！"

赵侯雍继续发表他的施政纲领："我赵国现在真是危机四伏、险象环生，被齐、中山、燕、林胡、楼烦、东胡、秦、韩、魏等大大小小、强弱不一的九个国家犬牙交错地包围着，个个都对赵国虎视眈眈，心怀觊觎不轨之心。尤其是西方的秦国、东方的齐国、中间的中山国，再加上北方的三胡，无时无刻不在威胁着我赵国，生死存亡便在瞬间。秦国要跨关东征，齐国要挥戈西侵，中山国骚扰蚕食不断，三胡趁机南下掳掠，我赵国几乎每年都要同四面八方入侵骚扰的诸侯列国短兵相接，进行自卫战争。在列强环视的夹缝中，赵国勉强争得一席立锥之地。寡人思虑再三，西面的秦国和东面的齐国都是强国，赵国目前应该极力避免与他们发生战争。南面的韩国是我们的盟国，我们要与之交好。魏国实乃强国，也不可以轻易开战。赵国若想增加实力，扩充版图，当谋北进！北方有无穷无尽的土地，且均属小国，可任由我赵国大军吞并，寡人拟结盟楼烦，吞林胡、驱东胡、弱中山国。此乃赵国万年基业也！"

臣子们鸦雀无声，纷纷点头赞许。

赵侯雍令人悬起锦图，这是一幅天地寰宇图，标注了各诸侯国的疆域和错综复杂的势力对比。赵侯雍让臣子们聚拢过来，他指着锦图说道："各位爱卿请看，我赵国国土中间横插着的这个不大不小的中山国，一直是我们的心腹大患。中山国出身戎狄，骠悍善战，军事地理位置又极其重要，且善于"渔利"于诸侯之间，其生存能力极其强悍。历史上曾几度被灭，又几度顽强复国，且常常四处侵伐骚扰。中山国国力仅次于齐、秦这样的强国，略强于燕国，不逊于我赵国。这中山国历来是我赵国的心腹大患，其国土方圆五百里，雄踞古易水核心区域，其战略位置'控太行之险，绝河北之要'，牢牢控制着太行山东部的平原要地。除东北角与燕国为邻外，三面都和我赵国毗连，就像毒瘤一样长在赵国的东面腹部，横陈在我赵国中间，把一个好端端的赵国，拦腰分为以国都邯郸为中心和以代郡（今河北蔚县）为中心的两大区域，隔断了赵国从邯郸到代地之间的南北通道。尤其致命的是，赵国的邯郸、上党、晋阳（今山西太原西南）与代郡四大军事重镇，均被其分隔得支离破碎，首尾不能相顾。"

"没错！"肥义接着言道，"中山国长期投靠东方霸主齐国，仗势欺人，在齐国的武力支持和怂恿下，甘当牵制侵扰我赵国的马前卒，多次侵犯我领土，包围赵国重地，引水灌城，城几乎不保。赵国几代国君深受其累，致使赵国的图强大业一再受阻。英武有为的赵肃侯虽然一再击败齐、魏、燕等强国，但在解决中山国问题上，一直难以取得实质性的突破。这次若没有楼烦王的强力骚扰，没有我五万大军的边境驻防，中山国怎能如此消停？"

赵侯雍豪迈地说："肥义所言极是，解决中山国乃为当务之急，即便伏尸百万、流血漂橹，赵国也要灭了中山国，否则我赵国永无出头之日！然中山国实力不容小觑，赵国不能一口吞下，只能一步步蚕食，削弱其国力，最后一举灭之。现在我们要做的便是休养生息，储存粮食，训练军队，增加兵车，待时机成熟再慢慢图之。"

赵侯雍这一番朝堂宏论，犹如施政纲领，令众臣子心服口服。随

后，赵侯雍下达了关于奖励军功、奖励农耕、鼓励工商等一系列措施，颁行全国，期待富国强兵。

此后的赵国政坛，一扫公元前326年邯郸城上空密布的阴霾，赵侯雍执掌的政权开始启动。一个少年驾驭着一艘动力澎湃的战舰，拔锚鸣笛，驶离滏水河畔，驶向波涛汹涌的战国之海。

赵肃侯的葬礼危机已过，曾怀不轨之心的魏惠王心里震惊。他琢磨着这个少年国君天赋异禀，绝对是乱世枭雄，虽然刚刚继位，但是日后必大有作为。魏国与赵国为敌，终究会两败俱伤，让齐国、秦国、楚国得利。魏惠王和群臣商讨了数日，决定接过赵侯雍递来的橄榄枝，实现魏赵两家罢兵修好的政治意图。

魏惠王派使臣向赵侯雍表达了两国修好的意思，决定在赵侯雍荣登国君的大典之日前来邯郸祝贺。没有永恒的敌人，也没有永恒的朋友。见风使舵，朝秦暮楚，政客们眼中有的只是永恒的现实利益。货真价实的实力，才是一条条变色龙势利眼里的硬通货！实力不济的赵侯雍面对昔日父王的劲敌魏惠王的问候，虽然心里并不接受他，但也只能无奈地见好就收。赵侯雍亲自与肥义盛情款待了魏国使臣，修补与魏国长期存在的两国裂痕。赵侯雍发出请柬，邀请魏惠王参加自己的国君大典。

"苟利国家生死以，岂因祸福避趋之。"只要对国家大局有利，再多的个人恩仇积怨，也只能如鸿毛之轻；自己再澎湃的激情好恶，也只能任阵阵冷风吹散。"兄弟一见泯恩仇"，其背后不知隐藏了多少利益交换与人格扭曲，这是对一个个冷血政治家职业道行的考验。赵侯雍无可选择地为他的国家做出了一个政治家的冷静抉择。少年老成不该是人们眼中的孩子，却是一个真实的赵侯雍。

半个多月后，赵豹、孙徜、尚虔，陆琊等人纷纷归来，朝堂上热闹非凡，君臣和睦，将帅归心，赵侯雍真是人气爆棚。赵侯雍大加赞赏赵豹四人的功劳。然后，赵侯雍朝堂设宴，君臣痛饮了一天一夜。席间，君臣深入交流，指点江山，热议天下时事。

三个多月的时间，赵侯雍从一个懵懂少年渐渐步入一个霸业待举的中兴国君的角色佳境。朝堂之上，赵侯雍论功行赏，所有重臣及立功将士均得到奖励或者提升，包括一些出了大力的百姓和通风报信的商人也在奖励之列。

"及听政，先问先候贵臣肥义，加其秩；国三老年八十，月致其礼。"赵侯雍及时慰问重臣肥义，为其加官进爵；尊崇王庭老臣，时时厚礼相加；出台各项国策，体恤和扶持百姓生产。赵国政坛一时风清月朗，焕然一新，一个朝气蓬勃的年轻新国君，正率领着他沧桑多舛的国家，雄心勃勃，励精图治，一个锐气初现的赵国，逐渐展露于战火纷飞的中原大地。

又十余日，魏惠王偕太子嗣来到邯郸，赵侯雍盛情款待，日日笙歌宴饮，美女相伴。魏惠王大喜，和赵侯雍把酒言欢，畅谈天下，太子嗣也陪伴其旁。说也怪，两位国君坐在一起连饮数日，竟然真的化干戈为玉帛了。魏惠王一再言明要和赵国同进退，共荣辱。

就在此时，另一件喜事来了。赵国的重要盟国——韩国的韩宣王与太子仓也亲自来到邯郸，祝贺赵武灵王的登基典礼，为武灵王年轻的新政权壮色助威。

赵侯雍的登基典礼来了两位重量级的国君，立刻显得提高了声威；周天子也派来重臣，加冕赵侯雍。这场登基大典轰轰烈烈地热闹了数日才结束。魏惠王心满意足，带着赵侯雍相赠的十几车礼物和数十个美女，告辞离去。

如果说与魏国表面上的握手言和，是赵侯雍避强击弱、战略北移的无奈之举，那么他与韩国之间的秦晋之欢，则是他运筹已久的和亲战略的主动出击。

大典之后，韩宣王并没立刻就走，他此来还有一事尚未办妥——联姻。赵、韩联姻，这是赵肃侯生前就定下的政治婚约，但能否充分利用好先侯遗留的这份政治资源，同样是对赵侯雍和韩宣王政治智慧的考验。

韩宣王担心赵侯雍年轻气盛，不履行赵肃侯先前定下的联姻，更担心赵侯雍不立自己的女儿为后，主宰内宫，那么即便韩国公主嫁过来，也是没有权势，不受重视，无法为韩赵联盟出力。

赵侯雍邀请韩宣王到区鼠地区游玩，完全是女婿伺候老丈人的礼遇，嘘寒问暖，斟酒夹菜。在这次亲人般的会见中，赵侯雍献聘礼详单。韩宣王大喜。赵侯雍表示，自己现在年少，公主的年龄也刚豆蔻年华（指女子十三岁），希望在公主及笄之年（指女子十五岁）时迎娶韩国公主。因此，赵侯雍建议三年后派重臣前往韩国迎娶韩国公主，并立韩国公主为后宫之主。韩宣王很满意赵侯雍的沉稳，对三年之后迎娶自己女儿之事非常赞叹。随后，双方详细敲定了赵侯雍与韩宣王公主的婚礼细节。

年轻的赵侯雍没有令赵国的百姓失望，少年赵侯雍以自己的婚姻为纽带，打出了一张闪亮的政治和亲牌，进一步巩固了赵、韩之间的睦邻友好关系。这样一来，年轻的赵侯雍与韩宣王成了翁婿关系，自然赵、韩两国从此也就有了一层比政治联盟更温馨的血缘关系。赵国从此少了一个耍刀弄枪的劲敌，多了一个和平友好的邻邦以及一段和平安宁的边境线。

在当时赵国四面受敌的情况下，求助于政治联姻，也不失为赵侯雍无奈而智慧的选择。这也许是赵侯雍个人的不幸，是其为北进战略所必须付出的代价，但绝对是赵国国家的幸事。赵侯雍虽不是历史上第一个、更不是最后一个利用和亲策略，驱散战争阴霾的国君，但他的这桩政治婚姻，确实为乌云笼罩的赵国天空，带来了一缕和平的曙光。

有人说，战争让女人走开，其实，哪一场战争中没有女人忤弱的身影和凄厉的血泪？赵侯雍让自己的女人，为赵国带来和平的阳光雨露。赵国更多的女人和儿童脸上，因此多了一丝笑靥，少了一分战争的惊吓。

不过，温情的婚姻在冷血的政治面前，往往不堪一击。作为一颗冉冉升起的政治新星，赵侯雍并未因一时的收获而冲昏头脑，就此放松对韩国的警惕。同样，韩国也没有因为联姻而放松对赵国的戒备心理。

赵侯雍没有丝毫的懈怠，更不敢停止思索与跋涉的脚步。他非凡的人生旅程和赵国的崛起之路，都才刚刚起步。

第八章　暗访中山国

韩宣王走后，赵侯雍下发了三年之内减免徭役和苛捐杂税的命令，让百姓安心生产，让军队得到系统的训练。通过这一次六国军阵对战，赵侯雍发现了赵军和其他国家军队之间的差距。他要快速缩短这个差距，只能寄希望于其他国家留给他足够的时间了。

时间过得也快，一晃两年多的时间就过去了。赵侯雍已经执掌朝政两年有余。赵豹、肥义等臣子也都尽心办事，国内政和景明，国力蒸蒸日上。

赵侯雍每日里除了上朝理政，闲暇时间基本在军营度过。赵侯雍经常率领"虎狼贲"在邯郸城外驰骋，并会同邯郸的守军一起操练军阵，很受将士爱戴。

公元前 324 年秋，忽然有一天，赵侯雍心血来潮，极力想离开邯郸城，到中山国、楼烦、林胡等地去看一看风土人情，也顺便考察一下这几国的军事部署。

赵豹和肥义自然是极力反对的，公子成稍一犹豫，也是直言进谏，反对赵侯雍微服出行。在战国时期，国君微服出行必须平民化装束和隐蔽行踪，这是人们传统观念所不可接受的。中国古人讲究尊卑有别，一言一行，一举一动，都要符合人物特定身份。国君微服出行几乎要求他与随从平等相处，活动如布衣草根，这无疑是有失体统的大不雅。正因如此，知道赵侯雍想要微服私访这件事情的三位大臣都苦苦劝谏，希望照顾一下赵国的颜面。而那时，赵侯雍满脑子已全是"以天地造化疏解情怀"的超前思维，又怎会听得进劝阻。

两年多的执政，赵侯雍已经把权力牢牢控制在手里，再加上肥义等人的扶持，威望更甚从前的赵肃侯。当赵侯雍坚持要巡视北部疆域和其他几国时，三位大臣也只好从命。

这就是一国之君的权力所在，众人尽管不同意，也只能照办。按照赵侯雍的布置，赵豹、肥义、公子成三人执掌朝政和宗族事务，处理国家大小事情。但是，国家军队的调遣不在三个人的权利之内，仍由赵侯雍自己控制，凭借虎符发号施令。

子奴精心挑选了十八名"虎狼贲"士兵，分作两队。第一队仅有六个士兵，由赵侯雍亲自率领。赵侯雍扮作远赴燕国投靠亲戚的赵国商人，胡貊与子犹扮作保镖，其余的人则扮作车夫、亲随等。为了隐藏身份，胡貊等人称赵侯雍为"主人"，赵侯雍不再称自己为"寡人"，他们赶着一辆稍显华贵的马车一路北行。

第二队一共十二人，由子奴率领，他们不远不近地跟在后面，扮作贩卖丝绸的楚国商人，暗中保卫赵侯雍。

一切准备就绪，黎明时分，赵侯雍等人悄悄离开央宫，到邯郸城的南门等候开门，出城后一路南行，十余里之后，辗转折向东行，继而北行，最后取道中山国的方向。子犹等人则悄悄从东面出城，待到看到赵侯雍车马时，便远远地缀在四五里之后跟随。

子犹擅长谋略，因为主人孙膑的遭遇，除了赵侯雍之外，他总是不相信任何人。夜半离开央宫就是他的建议，这样一来，赵侯雍什么时候离开邯郸城就是一个秘密了。

没做国君时，赵侯雍也多次离开邯郸城，不过那个时候他只关心行军和宿营，对风土人情了解甚少。如今微服出行，却是他第一次体会民间百姓生活。

沿着驰道一路北行，所见所闻愈来愈多，很多新鲜事物都是赵侯雍首次目睹。

驰道上设有关卡，有赵国的士兵驻守检查，同时还有巡逻的士兵。驰道上行人和车马颇多，有拿着各式农具的赵国百姓，也有跑动玩耍的小孩子，还有来自其他国家的商人、旅客、士人、剑客、流浪汉……

只要贩卖之物合法、遵守赵国法律，其他国家的人都是可以自由进入赵国的。这是一个思想开放、兼容并包的时代。士人和剑客是这个时代的急先锋，他们游走于各国，宣传自己的观点，推销自己的剑术，希望为他国君侯所用，换来一生富贵。

　　自古燕赵多慷慨悲歌之士，而春秋战国乱世正是剑客们扬名立万，名传后世的大舞台。对于一个豪杰之士来说，碌碌无为，虚度一生安于贫病是不能接受的。于是他们或客于名门，或隐匿待时，而一般诸侯贵族"宾客盈门，食者三千"，要想脱颖而出，获得机会也非易事，但倘有机会，他们必然做得众人瞩目，轰动天下。剑客虽大多为布衣，却也有大智大勇，天子之怒可流血千里，而布衣之怒可使天子溅血五步。

　　赵侯雍喜欢侠义之士，看到驰道上风尘仆仆的剑客就想结交。胡貉忙说："主人不可，这些剑客来历不明，不知道是不是有主的了，我们既然微服出行，当谨慎为之。"

　　赵侯雍感慨道："所谓豪杰之士，必有过人之节，人情有所不能忍者，匹夫见辱，拔剑而起，挺身而斗，此不足为勇也。天下有大勇者，卒然临之而不惊，无故加之而不怒，此其所挟持者甚大，而其志甚远也。以此论断加于以上诸子，或多或少，或偏或全，皆有中者。吾至今仍念及楚人朱无玉，当真是大勇者，一身傲骨，俾倪天下群雄，何等威风？可惜不能为我所用！"

　　"十步杀一人。想当年，专诸刺王僚，王僚立死。左右亦杀专诸，王人扰乱。公子光出其伏甲以攻王僚之徒，尽灭之，遂自立为王，是为阖闾。专诸之侠义令吾钦佩，也是我等之楷模。"子犹无限神往地说道。

　　赵侯雍听着胡貉和子犹的话，望着马车外仗剑天涯的剑客，一时间思绪万千。

　　赵侯雍一行人白天赶路，夜晚休息，走了数日，驰道越来越破败。赵侯雍对赵国的驰道很不满意，一路上少不了抱怨。就这样一路向北，体察民情，因为一直是在赵国境内，他没有看到太多的惊奇，只是觉得路上行人的服饰越见简朴了。

　　赵侯雍的马车又沿着残损的驰道向北走了两日，来到赵国与中山国

边境处。他们顺利地通过了哨卡，进入中山国境内。为了行走方便，子犹在边境处的钱庄用赵币兑换了中山国货币——"成白"刀币。中山国早期主要使用晋国的货币空首尖足布和燕国的货币尖首刀，后来中山国开始铸造自己的货币。有了中山国的货币，赵侯雍等人吃饭住宿都很方便。

一路上风尘仆仆，走走停停，赵侯雍看到中山国的驰道竟然平坦如镜，道面宽阔，路边挖有防水沟，隔数百丈还有一个宽敞的墩台，可以让赶路的车马或者行人靠边歇脚。中山国的交通实在是太发达了。陆路大道可以南接邯郸，北通燕涿，东到齐国国都，西北可通到赵国的代郡，而且境内河流众多，水运可通富裕的齐国。只见中山国国内各国商旅来往繁多，各种货物在此中转、起运，到处是一片繁荣景象。

难怪中山国国力强横。赵侯雍隐隐觉得赵国好像缺少点什么，这让他心里堵得慌，反而令他仔细思考。

"是的，除了邯郸周边，我赵国其他地方的驰道都破烂不堪，如果发生战事，兵车如何能保证日行数百里？倒是这中山国，只有千辆战车和十万兵力，国内道路却四通八达，军队可以随时调往各个方向。即便军队的数量少了一些，但是机动力量却很强，看来赵国道路的整修问题必须向中山国学习。"赵侯雍边走便琢磨着。

赵侯雍也很关心中山国粮食的生产问题，他一路上停靠驿站住宿或者途中休息时，都会和农夫交流，还会拿出携带的美酒与对方畅饮。这么一来，赵侯雍就知晓了许多中山国农业生产的事情。原来，中山国早年除了在平原浅山发展牧业外，还很重视农业，并且注意学习、吸收中原地区的耕种技术，粮食完全能满足国内需要。如今粮食生产大不如从前了，不过一些大的城镇里商贸发达，粮食贸易规模可观，来自其他国家的粮商也多云集此处。

中山王厝继位后，尊崇孔子学说，对士子格外看重，那些满嘴之乎者也的人总是能飞黄腾达，干实事的人反倒受冷落。如今农业已经不那么受重视了，许多田地荒芜，游手好闲的人多了。

孔子曾经说："小人哉，樊须也！上好礼，则民莫敢不敬；上好义，则民莫敢不服；上好信，则民莫敢不用情。夫如是，则四方之民襁负其子而至矣，焉用稼？"意思是说，樊迟真是个小人呀，搞政治管理的如果有礼的修养，那么，百姓不敢不尊敬；搞政治管理的如果伸张正义，那么，百姓不敢不服从；搞政治管理的如果守信用，那么，百姓不敢不诚实守信。假如做到了这些，那么，四面八方的百姓都会背着幼儿归附，难道还需要种庄稼吗？

之所以这样，主要是孔子也是士大夫中的一员，没有从事农业的经历，而且在古代农业想要增产十分困难。孔子主张学而优则仕，所以是希望成为劳心者而不是劳力者。中山国推崇孔子，自然对农业生产不重视，反而是追求那些所谓的假大空形象。

农业如此萧条，赵侯雍心里有了些眉目。距离中山国都城灵寿（今河北平山）尚有十几里路时，赵侯雍看到一些农夫赶着很多辆牛车，将一车车的垃圾运到田野里。原来这中山国是将垃圾集中处理，利用天然的或挖掘而成的土坑来堆放垃圾。看来中山国的国都灵寿一定很干净，漂亮，赵侯雍迫不及待想要尽快进城。

在中山国都城的街头，赵侯雍感受到了这个国家繁荣的经济和工商业。便捷的交通和商贸给城镇带来活力，推动了经济的发展。制造业、制陶业、木制业、丝麻业等均为中山国的重要经济部门，手工业以"多美物"著称，酿酒业已有相当发展。

很多街道上，都美酒飘香，这让赵侯雍忍不住直咂嘴，胡貉更是嚷着要痛饮一番。子犹找到馆驿，一行人住了下来。

在中山国国都里，官吏和百姓的衣着均精美绝伦，里里外外好几层。来自齐、鲁两国的冰纨、绮、缟、文绣等纺织材料风行国都，虽然价格是普通绢帛价格的 20 多倍，但是穿戴者还是很多。来自魏国的花锦、越国的细麻布、楚国的大花纹刺绣和通幅大花纹织锦等让中山人的着衣风格极具特色。还有北方燕国生产的毛布、毡裘，西域羌胡族的细旃花罽（细密毛织物）等也极具雄风，适合军士和男人穿戴。

同时，周代往日"珠玉锦绣不鬻于市"的法规已被突破，这就促进了工艺的传播，使多样、精美的衣着服饰脱颖而出。 战国时期，不

第八章 暗访中山国

仅王侯本人一身华服，即便从臣客卿也是足饰珠玑，腰金佩玉，衣裘冠履，均求贵重。

在当时，如果没有一身漂亮高贵的服饰和精美的饰物，即便再有才华也不会出人头地。古人佩玉，尊卑有度，并赋以人格象征，所以"君子无故玉不去身"。影响所及，上层人士不论男女，都须佩带几件或成组列的美丽雕玉。剑，是当时最时尚的饰物，贵族为示勇武兼用自卫，又必佩带一把镶金嵌玉的宝剑。腰间革带还流行各种带钩，彼此争巧，以至"宾客满堂视钩各异"。男女的帽，更引人注目。精致的用薄如蝉翼的轻纱，贵重的用黄金珠玉；形状有的如覆杯上耸，高冠如同一座小山。鞋，多用小鹿皮制作，或用丝缕、细草编成；南方多雨，还有通体涂漆，再用锦、绦饰面，底部有防滑齿结的漆履。女子用毛皮镶在袖口衣缘作出锋，还有半截式露指的薄质锦绣手套，无不异常美观。

赵侯雍端坐在车夫左云的旁边，和胡貉等人一路说笑，谈得最多的自然是行人的服饰和他们携带的东西。战国时期，周王室衰微，诸侯国各自为政，一方面竞相发展生产，注重商品流通；一方面兼并弱小，掠夺土地和财富。各国对大量技术工匠的掳掠占有和铁工具的推广应用，促进了各种手工业的交流提高。各方面竞争的成就对纺织材料、服装剪裁工艺和装饰艺术，也无不产生重大影响，从而形成了各诸侯国不同的着衣风格。战国时期织绣工艺的巨大进步，使服饰材料日益精细，品种名目日见繁多。

赵侯雍看到这一路上行人服饰的变化，从赵国内地的宽袍大袖逐渐到中山国兼容并包的服饰风格，内心非常震撼，忍不住点评起来："赵国人的服饰品位之高，几乎冠绝各诸侯国之首，引领风骚。这中山国的服饰却是这一番便利的样式。"

胡貉道："赵国人不仅服饰华丽，就是走路都与其他国家不同，前几天有个什么事非常搞笑，左云，你可知道？"

左云便给赵侯雍说了一个非常可笑的事："前不久，有一位燕国寿陵的少年，不知道姓啥叫啥！这位寿陵少年不愁吃不愁穿，论长相也算得上中等人材，听说我赵国人走路姿势优美，穿戴的服饰精美绝伦，便不远千里来邯郸学走步。一到邯郸，他处处感到新鲜，看到邯郸的男子走路，他觉得雄壮威武；看到妇女走路，他觉得摇摆多姿；看到少女走路，他觉得窈窕可爱；看到小孩走路，他觉得活泼至美；看见老人走路，他觉得稳重；简直令他眼花缭乱。就这样，看到谁就和谁学走路，不过半月光景，他连走路也不会了，路费也花光了，只好爬着回去。"

赵侯雍大笑："天下竟然还有这样学他人如何走路的人，简直是愚不可及；但凡这世上最优秀之物，都可以学，但如何学是个学问，学得好了能修炼自我，学得不好就让世人耻笑了。要学精髓，而不是皮毛。"

赵侯雍指着街上来往的胡人道："你们看，这些胡人的服饰，与赵国宽衣博带的服装有较大差异，他们衣长齐膝，腰束郭洛带，用带钩，穿靴，这种穿戴便于农耕和骑射活动。胡人的衣制实与中原奴隶或其他劳动者短衣相类同，不过裤是连裆的。中原人下衣前面连腰，与胡服之别尤在于后面开裆。现在中原服饰也变化很大，乐人有戴风兜帽的，舞人有长及数尺的袖子，猎人衣裤多扎得紧紧的，有人还常戴鸱角或鹊尾冠、穿小袖长裙衣和斜露襞褶的下裳。我认为这些变化都与他们的谋生手段有关。中原人惯于坐而论道，穿长衣视为特权，多少年了一直耻笑胡人的穿戴。现在看来，胡人的穿戴自有他们的便利之处。"

除了这满大街稀奇古怪的服饰，赵侯雍还发现中山国的铜器冶铸和铁器冶铸工艺技术水平很高。他们亲眼看到一群工匠在制造一个长方形的铸铁大盆，上面镂刻工整的长篇铭文，大盆需要四个人才能抬起，其铸件之大、用铁之多实属罕见。赵侯雍在这个铁匠工坊买了八柄铁斧，这些斧子是用高温液体还原法炼出的铁水浇铸的，而且还经过淬火柔化处理。斧子异常锋利，闪着寒光，赵国的工匠是无论如何也铸造不出来的。

在另一处官馆的施工工地，赵侯雍又看到了一个稀奇的玩意，那是一个错金铜版的"兆域图"，就是建筑平面的设计图，按照实际馆舍的规格一点点缩小，就仿佛一个微缩的建筑一般。仅此一点，赵国又是屈居其后。

此外，街头上还有很多脂粉店铺，涂脂抹粉是女人从古至今从未改变的爱好。中山国的女人身材高挑，肤色白皙。许多靓丽的中山女子在街头或者店铺里买脂粉，脂粉大致分成三样：黛粉、妆粉和胭脂。"黛"是一种黑色矿物，把它先磨成粉再和水，可以用来画眉。妆粉就是现在的粉饼。胭脂是古代的口红，原料是一种叫"红蓝"的花朵，与妆粉调和后也可当腮红使用。满街都是美丽的女子走来走去，这让赵侯雍等人目不暇接。胡貉看着中山女子格外喜欢，笑说要娶一个回去。

赵侯雍不由得夸口称赞："看来我以前对中山国的看法很多都是错误的，中山国的前身是北方狄族鲜虞部落，我们一直小视他们，认为他们野蛮，没有教化，现在看来中山国也很不简单啊！一个区区小国，承受燕、赵、齐、楼烦、东胡等四面包围的压力中，边境战争不断，军费开支巨大，国家竟也能得到如此发展，技术如此进步，令人难以想像。这足以说明，即使是小国，只要坚韧自立，励精图治，是能够富国强兵、由弱变强的。"

"主人说的是，这中山国却是不简单。我见他们体格健硕，蛮力十足，本应富国强兵，却偏偏醉心于孔子学说，满嘴的仁义道德，真是迂腐。"胡貉向来不喜欢孔子学说，认为是假仁假义，所以大发不屑之言。

赵侯雍笑着言道："儒家自以为能拯救战乱频仍、生灵涂炭的社会。实际上他们的学说早就不适应诸侯间所进行的兼并战争的需要了，所以在列国中没有市场。而中山国却奉为治国之术。真正的法家治国之才却不引进，本国的智能之士被排挤出去，重用的'士'也多是平庸之辈，以致国内人才匮乏。列国都在奖励耕战，中山国却推行"贵儒学贱壮士"政策，致使'战士怠于行阵'、'农夫惰于田'，相信用不了几年就会出现'兵弱于敌，国贫于内'的局面。而那中山国国君不思进取，还一心追求奢侈享乐，恣意行欢作乐，大修宫殿，大造陵墓。这种状况，能不加快亡国的步伐吗？"

"看来主人此行收获颇多，我赵国必将大有所为啊！"子犹小声说道。

正说到此处，突然远处传来一阵战马的嘶鸣，十余个穿着胡服的楼烦人骑坐在马背上从后面呼啸而来，路上的百姓连忙避让。战马奔过赵侯雍身边时，卷起一阵风，骑马的汉子都是汗流浃背的样子，却神采奕奕，他们挥舞着马鞭疾驰而去。

胡貉等人见赵侯雍呆立不走，也只好耐心地等候，警惕地看着周围。

赵侯雍默然无语良久，才继续前行，穿过几条街，回到金亭馆驿，他才说道："适才那些楼烦人若是持利剑突袭而来，你等可有招架之力？"

胡貉慌忙跪倒："主人，我等护驾不力，愿接受惩罚。"

子犹和其他四人也纷纷跪倒在地。

赵侯雍令他们起来，说道："适才我在想，那些楼烦人若是骑马冲杀过来，咱们还真不好抵挡。这也是燕国、中山国不愿意招惹楼烦王的原因吧。我赵国可以和齐国兵车对战，遇到这楼烦的单骑却是有力无处使。"

赵侯雍沉吟了一下，吩咐子犹："你们几个出去打探一下，看看楼烦人出现在中山国的国都究竟有什么机密之事！"

胡貉给赵侯雍煮了一壶茶，然后在一旁恭恭敬敬地伺候着。门外传来特殊节奏的敲门声，子奴来了。胡貉领进来子奴，子奴跪倒施礼。赵侯雍知道可能有紧急情况。

子奴走到赵侯雍身边，小声道："主人，情况有变！"

赵侯雍不疾不徐，喝了口茶，问道："子奴，这么急，出什么事了？"

子奴吸了口气，说道："从昨日起，子奴发现灵寿城突然加强了戒备，出城的哨卡都添设了兵力，而且楼烦人频繁出现在这里，属下已经打听清楚，楼烦王和中山王在协商联盟之事，子奴派去监视楼烦人行迹的人已经有消息了，他传回飞报说，楼烦人在一个山谷里安营扎寨，人数足足有五百多人，显然这是中山国君的允许！子奴还打听到一件事，中山国来了四十多个黑衣死士，昨晚住在城南的千脚囤店里，不知道是哪国的人。还有，今天有人在城内高价雇佣剑客。另外，邯郸城的'虎狼贲'传来消息，许多朝臣多日不见国君临朝，都在猜测国君的去向。

考虑到主人此次出行，带的人不多，子奴担心楼烦人是冲着主人来的，咱们应该早日离开中山国。"

赵侯雍心里考虑了许久，他清楚这世上从来就没有永远不泄露的秘密，虽然自己已经非常小心，处处留意，隐秘身份，可是再小心，再谨慎行事，也难免不被别有用心的人识破或者出卖。赵侯雍最担心的人就是公子成了，难道公子成泄漏了自己的行踪？

"不急，这个世界上还没有可以杀我赵雍的人，除非我自己杀死自己！哈哈！"赵侯雍霍然起身，十分镇定地说，"你再去详细打探他们会谈的内容，另外做好随时离开的准备！"

子奴满脸敬佩，道："主人恕罪，属下一时忘形，慌了手脚！"

赵侯雍摆摆手："子奴，我相信你的直觉，你的眼光锐利，总是能觉察到微妙之事，按照你的判断再去详细摸索一下，看看有什么发现！"

子奴领命而去。赵侯雍对胡貉道："待回国后，处理一下政务，我便去楚国请孙膑先生来我赵国。子奴受教于孙膑，如此出色，更让我平添对孙膑的尊敬。还有那楚人毣无玉，越女剑法天下无敌，若能得此国士，我赵国何愁他国的威胁。"

虽然胡貉是个习武之人，但是战国时期的人大多文武兼备。胡貉道："主人胸怀天下，胡貉愿一生追随，为主人效命。"

赵侯雍扶起胡貉，说："我视你们为手足，'虎狼贲'就是我的兄弟，如今赵国隐忍不发，将来咱们'虎狼贲'必定名震天下。"

第九章　生死边缘

　　赵侯雍和胡貉坐在一起喝茶论道，时间不长，子犹先行返回。他担心胡貉一个人护驾不周，便急匆匆赶回，将得到的消息报告给赵侯雍。

　　原来这些楼烦人也是最近几日才突然来到中山国的，受到中山王的热情款待。不过楼烦王并没有来，是他手下的敖燎率队。敖燎对楼烦王忠心耿耿，但是头脑简单，杀机很重，有他在的地方，总是不太平。现在金亭馆驿周边还没有异样，但是感觉有危险存在。刚才见到了子奴，他留下一句话，注意来历不明的黑衣死士。

　　赵侯雍不以为然，直到另外三个人先后回来复命，他才发现，危机已经一步步来临了。左云道："楼烦人卖给中山国数百匹骏马，作为回报，中山国卖给楼烦人锋利的铁制武器。"

　　庄耳说："属下打听到齐国使臣要求中山王北进燕国。"

　　钱车得到的消息是有人在市井出黄金十镒雇佣死士。

　　赵侯雍正斟酌这些消息，胡貉领着腾德进屋了。最后回来的腾德带来的消息最令人震惊，有几个剑客在酒肆里醉酒杀人，前来抓捕的士兵也伤亡数人，现在全城戒严，到处都在抓人。

　　赵侯雍略一沉吟，命令做好准备。众人很快将轻甲穿戴在长袍内，佩戴好长剑。左云拉过早已备好的马车，赵侯雍上车，准备离开金亭馆驿。

　　转过街角，街上的行人忽然潮水般退了开去，一大群身披各式衣物、头发散乱、手持长剑的剑客出现在了赵侯雍等人面前。远处中山国的士兵围追过来，和殿后的剑客格杀在一起。打头阵的剑客不由分说，

冲着赵侯雍的马车厮杀过来。最前面的一个人挥剑砍向胡貉，胡貉等人立刻拔剑迎战，双方直接进入血战。

赵侯雍跳出马车，紧握长剑，也加入作战。七个人紧紧地靠在马车的周围，防止被剑客突入。驾车的两匹马久经杀场，丝毫不畏惧，扬蹄踢翻一名想要斩杀它们的剑客。

这些剑客堪称死士，他们完全不顾性命，挥剑刺向赵侯雍等人。死士就是死士，为求杀敌，他们绝不会吝啬自己的性命！虽然赵侯雍等人都是格斗高手，三两下就杀死一名死士，但是对方的人实在太多了，将赵侯雍围在中间拼命砍刺。这些死士中有两个穿着葛衣麻鞋的苦面人，一个和胡貉战得不可开交，另一个和庄耳打得旗鼓相当。

其余的死士并不为惧，电光石火间，不等两名死士长剑砍到，子犷手中的长剑已经挟带着一抹耀眼的寒芒从两人颈间扫过，血光迸溅，两具尸身兀自前扑，只是握在手里的长剑再递不出去了。

腾德挥剑斩杀数人后，又有两名死士杀到，不及回剑，猛然沉肩前撞，一名死士来不及反应，顿时被撞得跌倒在地，滚出半丈之外，胸塌骨裂。

目睹赵侯雍等人神威，尾随其后的死士依然狂奔而来。钱车和左云一直护在赵侯雍的身旁，三个人同进同退，一时间死士竟然难以攻破防线。忽然，子奴等人从巷子里冲了出来加入作战，这些死士更是难以抵挡，顷刻间被杀得人仰马翻。

这时候中山国的士兵也围了上来，和胡貉、庄耳交战的两个葛衣麻鞋的高手见势不妙，夺路而逃，中山国士兵追了下去。

一场血战终于终止了，赵侯雍等人浑身是血站在街道上。刚才的一场大战，众人皆无碍。中山国的士兵走上前命令他们放下武器。赵侯雍立刻说道："我们是去燕国的客人，不认识这些人，不知道为什么他们会当街杀人。"

一个屯长走上前，道："这些话到了官衙再说吧！只要你们和这些人无关，自然会放了你们。都带走！"

子奴等人意图动手。赵侯雍摆摆手，他知道现在反抗是没有好处的，便放下武器，跟随中山国士兵前往官衙。

在中山国的官衙里，经过一番论道，赵侯雍等人有惊无险。原来今日有人在市井高价雇佣剑客，这些剑客有了钱就去饮酒，喝醉了闹事杀人，又杀害了执法的士兵，这才引起中山国士兵全城搜捕。赵侯雍拦在路中间，截杀了死士，还算帮上了忙。赵侯雍心里明知这些人是冲着自己来的，现在有了这个冠冕堂皇的缘由，自己倒是可以脱身了。

官衙里的人找不到赵侯雍等人有什么疑点，便挽留他们留在中山国，为中山王效力。赵侯雍微笑拒绝，然后请求官衙帮助他们离开都城，奔赴燕国。官吏慨然，派人领着他们出城。既然遭遇了这样的事情，须当尽快脱身。赵侯雍命令立即从北门出城。

有了官衙人的指引，赵侯雍一行人顺利出城。城外天高地远，目光所及，一片绿野，赵侯雍即刻北行。他预感还有危险，因此三辆马车匆匆走出十余里，然后离开驰道，进入乡野，准备绕到都城南部回国。

一番辛苦，众人总算绕过都城，回归驰道，一路上马不停蹄，星夜兼程。

走了两天，忽然后面尘烟滚滚，四十余个黑带束发、手持长剑的黑衣死士追了上来。这些人目光如狼，一步步围上来。子奴一声令，众人把赵侯雍守在中间。庄耳走上前，喝问："你等何人？报上名来！"

黑衣死士中走出一个人，只见此人面色黑暗，一脸胡须，双眼中透出寒芒，他阴森森地说："赵雍，这里就是你的葬身之地！"

庄耳大怒："去你娘的，老子今天就取你狗命！"

胡貉眼尖，一眼就看到黑衣死士中，有和他对战的那个穿葛衣麻鞋的高手。除了他之外，还有三个和他一样装扮的人。胡貉马上把这个情况告诉赵侯雍。赵侯雍知道，刚才那场厮杀幕后的真正主使出来了。自己这一边只有十九人，对方却有四十多人，何况对方都是格斗高手，形势显然对自己不利。

黑衣死士的头领也不答话，一挥手，黑衣死士持利剑扑上来。那四个葛衣麻鞋的苦面人却站着看热闹。

子奴高高站在马车上，引弓搭箭，连珠箭狂射，尽管黑衣死士挥

舞长剑遮挡，还是有五个死士被子奴一箭穿喉。但黑衣人呼啦啦一拥而上，双方混战在一起。

赵侯雍也奋力杀敌，一时间血肉横飞，怒吼冲天。幸亏有子奴的神箭，不是直接射死对方，就是射伤他们，让黑衣死士不得不提防着冷箭。

督战的黑衣头领在后面破口大骂，一副地地道道的秦地口音。在他的指挥下，有几个人直奔马车而来，用剑狠狠地砍刺马儿。马儿负伤嘶鸣，难以忍受，直尥蹶子。子奴无奈，只好从马车上跳下来。很快，三辆马车都被黑衣死士驱赶到一旁。

整个战场上就剩下两伙人在舍生忘死地厮杀。"虎狼贲"头一次遇到这样的劲敌，对方的格杀技艺超乎常人，招招都直奔要害，而且人数众多。为了保卫赵侯雍，"虎狼贲"的人都拼了命。

一人拼命，十人难挡，十八个"虎狼贲"死战，又岂是儿戏？

黑衣死士足足猛攻了一盏茶的时间，付出了十几个人死亡的代价，却愣是无法打垮眼前人数尚不及自己一半的赵国人！

"乌柯子，你是干什么吃的？这么几个人到现在还收拾不了！"在黑衣人后面，有人高声大骂。赵侯雍顿时一惊，黑衣人还有援兵。

"这些人都是硬家伙，我的人都在死战"乌柯子怒道，"不服气你来？"

"我来就我来，叫你的人闪开！"这个大嗓门的人毫不相让，大声喝道，"给老子上，杀光赵人，干掉一个赏一百金！"

从后面冲出来五个锦衣华服的人，他们都身材魁梧，手里提着铁锤或者铁铲。他们边走边叫骂。乌柯子一挥手，黑衣死士停止了交战，让出战场。看出来，这些黑衣人都很忌惮这五个人。

子奴突然弯弓搭箭，为首的锦衣人"嗷"的一声惨叫，倒在地上，脖子上中了一箭。紧接着另两个锦衣人也被射倒在地，剩下的两个锦衣人忙趴在地上。

乌柯子吓得大叫一声："快救明伯！"黑衣死士连忙结成防御的军阵，把倒地的为首的大汉护在中间，然后抬起他的身体，倒退着进入林子里。四个葛衣麻鞋的人也大吃一惊，连忙跟着撤退。除了已经死掉的黑衣死士，受伤的死士和活着的两个锦衣人都自己爬起来，跌跌撞撞地走向路边的林子里。

子奴没有客气，他的连珠箭一发不可收拾，在黑衣死士撤退的时候，他又射死三个。赵侯雍等人终于喘了口气，环顾身边，已经有多人受伤，还战死了两位弟兄。

赵侯雍命令赶快撤退，有人拉过来马车，把战死的"虎狼贲"弟兄的遗体放在车上。赵侯雍一言不发地走在队伍中间。庄耳忽然把长剑扔在赵侯雍的马车内，然后从车里拽出两柄斧子，另外六柄斧子也被其他人拿走。

赵侯雍等人一口气跑出了四十多里才停下喘口气。刚歇息片刻，就看到远处黑衣死士追了上来，众人立刻摆出迎战的架势等候；子奴则站在马车上准备射箭。这一次的黑衣死士显然少了很多，只剩下二十三人，但是却比刚才更疯狂。那两个锦衣人却没有跟来，显然在守着那个叫明伯的人，但是那四个葛衣麻鞋的苦面人却杀气腾腾地跟来了。

子奴射死两人，更多的箭被这些人用兵器拨开，虽然也伤到了几人，但受伤的人拔去箭继续冲过来。

双方一触即发，再次陷入混战之中。不知什么原因，黑衣死士个个都红了眼，乌柯子这次也加入了厮杀，以前所未有的暴躁向赵侯雍等人发起了潮水般绵绵不绝的进攻，站在中间的赵侯雍更是成了他们的攻击目标。

庄耳大喝一声，左手铁斧撞开一名死士的长剑，右手铁斧趁势猛虎般砍了出去，死士猝手不及，顿时半边身子被砍掉。然而，不等庄耳收回铁斧，另一名死士已经挥剑疾斩而下，寒光闪闪的长剑直指庄耳颈部要害！生死关头，赵侯雍挺剑力击，将死士的长剑荡开，瞬息之间，长剑便已经贴着庄耳的胸部划过，锋利的剑刃一下就划开了他的外袍和里面的轻甲，又在他的胸口上留下了一道血槽，殷红的鲜血霎时喷泉般涌出。

"啊……"吃痛之下，庄耳顿时大叫起来。但是，遭此重创之后，

庄耳的蛮力也被彻底激发，他挥舞着双斧冲入黑衣人中，奋勇厮杀，左手铁斧顺势横扫，右手铁斧猛劈猛砍，两名死士根本来不及做出任何反应，就已经被锋利的斧刃切断了脖子，砍断手臂。霎那之间，两名死士被他杀掉。

钱车挺身守在赵侯雍身前，一连杀死两名黑衣死士。贴身血战就是这样残酷，胜负往往在一瞬间，钱车荡开一个黑衣死士的剑后，另一位"虎狼贲"兄弟榛魁用铁斧从后面将其斩杀，但是榛魁瞬间就被另一个死士刺中后背。榛魁毫不退缩，回身就是一斧，誓死血战。山樵擅长游走击杀，他连连出击，杀死两人，又一剑将乌柯子的左肋破开。

四个穿葛衣麻鞋的人的确是高手。胡貉拦住一个，瞬间就被其一剑刺穿了右肋；左云几个回合，右腿挨了一剑；不擅长近战的子奴也在力拼其中一个，最为惊险；腾德对战最后一个。

腾德很快就身中数剑，血染素袍，他咬着牙用失去左臂的代价将这位穿着葛衣麻鞋的高手斩首。胡貉被一剑刺穿右肋后，他没有后退反而一个跨步，右手猛然回击，强暴地突刺，利剑穿透对手咽喉。胡貉杀死葛衣麻鞋中的一人后，自己也倒地不起。

左云与一个穿葛衣麻鞋的人血战，被其一脚踢中左腿胫骨，只听"喀"的一声脆响，左腿胫骨便已生生碎裂，左云站立不稳倒地。几乎在他倒地的同时，这位高手的长剑又照着他的胸口刺入。不等高手手中的长剑拔出，左云手中的剑就已经迅速地刺进他的下腹，再顺势一搅，锋利的剑刃便将葛衣高手腹腔里的器官搅了个稀烂。葛衣高手无比惨烈地怒吼起来，只是才吼了几声便气绝身亡。

子奴拦不住葛衣人的伶俐进攻，身上连中数剑，幸好山樵及时增援；子奴抽空射出冷箭，从葛衣人的右眼射入。

一阵猛杀，"虎狼贲"的兄弟都杀红了眼。整个战场忽然间停了下来，站在地上的都是赵侯雍的人，黑衣死士死尸遍地，葛衣人也全部阵亡。有人提着重伤的乌柯子来到赵侯雍面前，赵侯雍怒问乌柯子是什么人。

乌柯子恨恨地说道："这次是你们侥幸，主人如果给我六个定军兵，今天就要了你赵雍的狗命！可惜，可惜！"

子奴喝问："你们是秦人吗？谁派你们来的？"

乌柯子狞笑不答，无论怎么追问，乌柯子就是不说话，最后流尽了血，睁着眼睛死去。子奴等人搜遍了黑衣死士的全身，除了一些中山国的货币之外，别无所有。

赵侯雍带出来的"虎狼贲"仅剩下十一人，阵亡七人。钱车、庄耳、左云、胡貉、腾德、山樵、榛魁、子犹均受重伤，子奴和另外两个兄弟伤得也不轻。看着死伤的兄弟，赵侯雍流下热泪。他们把所有死去和受伤的弟兄都抬到车上，然后直返赵国。受伤的子犹等人躺在马车里，子奴已经给他们敷上了刀伤药，止住了血。幸好赵侯雍没有受伤，否则，在场的"虎狼贲"兄弟只有以死谢罪了。

先前游历中山国时，走的是驰道，这次返回赵国，赵侯雍则是直接取道赵国边境，只要马车能走，他们就绕开驰道。就这样，赵侯雍等人在夜色中越过两国边境，进入赵国境内，他们急于寻找郎中，以便救治受伤的弟兄。

一路疾行，终于赶到一个村镇，子奴等人把镇子里的郎中找了过来。郎中尽了全力，只保住庄耳、钱车、子犹、胡貉、榛魁、山樵。腾德和左云早已流尽了血，气绝身亡。

子奴等人在山脚下挖了一座坟，将九位死去的"虎狼贲"兄弟埋在一起。赵侯雍解下腰间的佩剑，放在左云的身边。一个大土堆很快出现在面前，子奴找当地的石匠刻了一块石碑，上书"虎狼贲兄弟之墓"。众人焚上香，摆上三牲，端着酒祭奠了一番。赵侯雍拿出钱币交予当地官吏，命令他们好生照顾坟墓，依依不舍地离去。

第九章　生死边缘

第十章　将计就计

　　回到邯郸，赵侯雍立刻召见了赵豹和肥义。两位重臣听完赵侯雍所叙之事，无不大怒。即便诸侯国之间相互征战，都是堂堂正正，师出有名，生怕缺了礼数，遭致天下人耻笑，很少有人搞这种卑鄙的暗杀行动。如今赵侯雍竟然被黑衣死士三次截杀，这种恶行简直令人发指。赵豹推断黑衣死士应该是秦人所为。肥义持慎重态度，认为秦王虽然强取豪夺，但是行事还算光明磊落，不见得是秦国所为。三个人又分析赵侯雍的行踪究竟是怎么泄密的，他们不约而同地提到了公子成。

　　赵侯雍想即刻派"虎狼贲"拿下公子成，赵豹说不可，没有真凭实据就抓重臣，会让赵国内乱。商议了许久，赵豹建议让公子成亲自调查此事，看看公子成的表现如何再做决定！

　　随后，赵侯雍召见公子成。公子成不等听肥义说完此事，就怒火中烧，大骂秦人卑鄙，并向赵侯雍请命，愿意亲自去秦国向秦王质问。言辞切切，绝不像装出来的样子。赵豹和肥义细心观察公子成，也没有发现异样。公子成虽然不得赵肃侯的重用，但是公子成对赵氏一族却忠心耿耿，不管是谁想要暗杀赵侯雍，都是杀他赵氏的族人，是可忍孰不可忍！

　　赵侯雍见公子成如此气愤，不似伪装，便扮出十分动容的样子说："叔父，寡人也怀疑是秦王所为，但是没有确凿的证据，仅凭那头领的秦人口音并不可行。"

　　肥义道："国君所言极是，此事须当调查清楚再做计较。"

　　公子成请命："臣不才，请国君让臣彻查此事，定要那秦王的丑事大白于天下！"

赵侯雍道："叔父，这件事就由你来查办，须当小心行事，定要真凭实据。有任何情况随时汇报。"

公子成领命而去，赵豹和肥义又留下商议了一番才告辞。赵侯雍终于松了一口气，傍晚，他去母后那里问候，又了解了一下二弟子潘的消息，也没有得到公子成有异常举动的消息。

母后说："雍儿，明年你就要大婚了，不适合这样出去玩耍了，要以国事为重；待你大婚之后，母亲想去代郡居住一段时间，看看娘家人。"

赵侯雍应允，一想到即将大婚，心中不免觉得牵累太多。他不敢将遭遇刺客这件事告诉母后，担心母后联合大臣限制他微服出行。这一次惊险的旅程，让赵侯雍心里既震怒，又兴奋，他看到了赵国与中山国的差距，也看到了楼烦人的投机之相。

如果没有从中山国买来的那八柄铁斧，赵侯雍和他的兄弟还真不容易对付黑衣死士，还得再死伤多人，可以说是占尽了兵器的优势，还有那个乌柯子说的"定军兵"到底怎么回事？难道这天下还有比大秦锐士更厉害的军队吗？

赵侯雍深感肩上的责任重大，也为赵国的前途担忧，他一边安心处理朝政，一边整军备战。此外，赵侯雍还征集优秀军士、剑客、死士等充实到"虎狼贲"中，壮大实力。赵侯雍又派子奴、钱车两人携重金赴楚，一是接孙膑来赵国，二是拜访姒无玉，邀请其来赵国。

时间过得很快，转眼间秋去冬来，然后又春暖花开，大地一片绿意。

公元前 323 年，赵侯雍执政三年多，赵国国力蒸蒸日上，百姓生活富裕，民间产子颇多，三年间，又出生数十万的男婴，赵国的后备力量渐渐壮大。子奴已经从楚国返回，他告诉赵侯雍晚去了一步，孙膑已被齐国人接走，不知下落。子奴倒是拜访过姒无玉数次。姒无玉十分感动，不过还是拒绝了赵侯雍的盛情。为了表达敬意，姒无玉让他的弟弟姒无食前来谢恩，并留在赵侯雍身边伺候。

姒无食比他的哥哥小五岁，今年刚好十二岁，身材弱小，但是眉宇轩昂，英气十足，腰间一柄细长的剑，走路如柳叶轻浮，哪怕是在土地上行走，也不带起半点灰尘。

　　子奴对赵侯雍道："临来之时，姒无玉托我转告国君，姒无食的剑是跟着他学的，但是他愧做弟弟的师父，因为姒无食的剑法远远超过了他，也许是其天赋凛然吧！姒家在楚国避难，虽然已过数代，但是根基不稳，这越女剑法更是让很多人觊觎，如果他日家族有难，还望赵侯雍出手相助！"

　　赵侯雍望着南方，久而不语，最后说了一句："姒无玉如此忠于楚王，怕是来日大难也就源于此处吧！"他嘱咐子奴多留意姒无玉的消息，并照顾好姒无食。

　　姒无食从不在众人面前练剑，他的剑就像长在了剑鞘里，是个摆设一样。虽然他腰间挎着一柄长剑，但是在"虎狼贲"士兵的眼里，就是个小孩子的玩具罢了。

　　赵侯雍曾问过姒无食为何不练剑，姒无食高声道："剑不轻出。"那股神情，比他的哥哥还要高傲。"虎狼贲"中的人都知道赵侯雍爱惜姒无玉的才华，爱屋及乌，虽然经常取笑姒无食，但是姒无食总是不屑一顾的样子。

　　随着赵侯雍大婚的日子渐渐来临，赵国和韩国之间的来往越来越频繁，两国使臣来往更加密切。

　　这期间，公子成几次邀请赵侯雍到自己家中，将调查结果呈给赵侯雍。公子成的调查很仔细，他不仅派人赴中山国寻找黑衣死士的尸体和兵器进行调查，还寻找他们到中山国后的一切行踪，包括被称为"明伯"的五个人和四个葛衣麻鞋的苦面人。此外，公子成还找到跟随赵侯雍微服出行的"虎狼贲"士兵，让他们回忆黑衣人的格斗招数，试图找到他们的门派。

　　公子成最后的调查结果是：这些黑衣死士表面上是秦人，但实际上不是秦人的可能性更大，齐国是这件事情最大的嫌疑。黑衣死士的行踪最早出现在齐国进入中山国的边境处，再往齐国境内查询，行踪出处似乎是齐国的国都临淄。查不出明伯的任何踪迹。乌柯子倒是秦国人，但他早些年前就因为违抗军令被上司查办，后逃离秦国，不知去向，不过在临淄的酒肆中可以查出乌柯子的踪迹。无疑这些死士是齐国招募的了，可是还是没有查到"定军兵"的任何消息。

赵侯雍听了公子成的汇报非常满意，对其查办的事情赞赏有加，他命公子成继续深查，务必找到自己的行踪是如何泄漏的。

公子成说道："国君行踪泄漏的事情臣已经查妥，臣按照国君当时出行的路线和时间与山樵重新又走了几次，自宫中一直到出邯郸城，调查了所有能看到和听到国君出行的人，发现了嫌疑人五个。经过调查其中的两个人有问题，一个是宦人蓓地奴，另一个是"虎狼贲"的士兵食力棘。都是国君身边的人，臣没敢轻举妄动，只要抓住这两人，审问清楚，就可以顺藤摸瓜，找到他们的老巢了。"

赵侯雍想了一会，没有当场定夺，而是问公子成有什么建议。

公子成一笑："国君，臣以为应当设个圈套，让他们自入罗网，咱们沿着他们的足迹，将他们在赵国的间谍一网打尽，这样就可以联合其他诸侯国向齐国问罪了！"

赵侯雍拍手称赞："好主意！寡人还真没想到这一点，就按你的主意办，不过应该设个什么圈套呢？"

公子成凑过身子，小声地说："国君，再过一段时间，就是您迎娶韩国公主的日子，您一直想去韩国看看，然后汇合迎亲的使臣，迎娶公主回国。咱们就可以依计行事。"

赵侯雍同意了，又召来赵豹、肥义，再把子奴喊进室内，五个人详细密议了这个事。

朝堂之上，赵侯雍说要亲自去韩国迎亲，赵豹和肥义反对，公子成也反对，其他臣子各有立场，总之，反对的多，支持的人少。大家坦言国君不可以轻易离开国都，更不可以亲自去迎亲，有失赵国体面。公子成进言，愿意代替赵侯雍前往韩国迎亲。

赵侯雍有些恼怒，退了朝，回到央宫，召来支持他的臣子田不礼商议。田不礼很少得赵侯雍垂青，这一次他也是巴结赵侯雍才刻意为之，

赵侯雍也顺势推波助澜。

田不礼此人特别聪明，善于察言观色，他来自齐国，却痛恨齐国，因为犯法，齐国全国通缉他，如果不是他机灵逃脱，差点就被腰斩，所以他对齐国没有什么感情。来到赵国后，田不礼多年经营，好不容易被举荐成为赵国的官员，小心翼翼地打点关系，靠着功绩走入权力核心的外围。虽然每天也跟着上朝，但是在朝堂上根本没有他说话的份。这一次，他见赵侯雍冷场，就积极支持国君，还说了一堆大道理，很受国君的注意。

田不礼在赵侯雍面前又陈情了一番，说了许多切中时弊的意见，这让赵侯雍对他很赞赏，封他为博闻师，择吉日前往韩国迎亲。

田不礼大喜，这可是他接近赵国最高权力核心的难得机会，他跪下磕头谢恩："田不礼幸得国君栽培，即便肝脑涂地也难以报答国君的知遇之恩。"

田不礼离去后，赵侯雍喊过来子奴、胡貉、子犹，和他们商议悄悄前往韩国的事情。

此时，"虎狼贲"已经壮大到四百多人，足以击破四千敌军。经过千挑万选，连同子奴在内，一共十八人随同赵侯雍微服出行。胡貉、庄耳、钱车等自然都在其列，都是"虎狼贲"中的精英。赵侯雍很满意，并请这些人畅饮。此外，子奴又挑选了三十名"虎狼贲"成员作为后援，尾随着赵侯雍前行，每天早午晚三次交换情报，随时支援。

过了一天，子奴准备完毕。赵侯雍给宦者令丁骞留下一份竹简，命令赵豹、肥义、公子成等人掌管朝政。赵侯雍依旧准备夜半离宫，然后黎明时分悄悄出城。众人刚要动身，妣无食突然跟了出来，非要随同前往。赵侯雍见吵吵闹闹，担心走漏消息，便让妣无食跟着同行。

赵侯雍等人悄悄离宫后，这几天一直在宫里服侍的蓓地奴开始有了动作。天明后，蓓地奴出宫见了一个人，把赵侯雍微服出行的消息传了出去。

食力棘是个用戟的行家，不擅长使用短兵，因此落选，但是他也知道赵侯雍又要微服出行。趁着外出喝酒时，他和一个卖绸缎的商人说笑了几句。

　　这一切，都在山樵和榛魁的严密监视下，他们两个人这次听命公子成的调遣，和公子成派出的十几个宗室子弟一起负责摸清潜伏者的来历。子藩也是其中的一员，他非常得公子成的信任，是宗室子弟中的很有威望的一个年轻人。

第十一章　定军兵

　　赵侯雍一行二十人在邯郸城南门悄悄出城，他们带着两辆马车，一辆赵侯雍乘坐，另一辆马车里藏着弓箭和盾牌。两辆马车都用铁板加固过，可以防止弓箭兵的射击。子奴等人均身配长剑，他们一路隐藏行踪，不惊扰地方官吏和百姓。赵侯雍很留意沿途百姓的生活状况，也对沿途的军事部署观望一番，就这样走走停停，四天后，他们才来到赵韩边境。赵侯雍手中有韩宣王赠与的通关令牌，所以韩军直接放行。这几天，子奴等人一直外松内紧，小心行事，丝毫不敢大意，倒是妸无食一直跑前跑后，看什么都新奇。

　　进入韩国境内后，风土人情更是与赵国不同，穿戴更是不厌其烦，农夫在田间劳作，也是穿着繁琐的服装。沿途的工商业很发达，冶炼和制造业更是成熟。一路上，赵侯雍提到的最多的人就是申不害。这位韩国的大改革家为韩国留下了太多的富国强兵的印记。

　　公元前351年，韩宣王的父亲韩昭侯破格拜申不害为相，以求变革图强。申不害第一步就是整顿吏治，加强君主集权统治。在韩昭侯的支持下，首先向挟封地自重的侠氏、公厘和段氏三大强族开刀。果断收回其特权，摧毁其城堡，清理其府库财富充盈国库，这不但稳固了韩国的政治局面，而且使韩国实力大增。与此同时，大行"术"治，整顿官吏队伍，对官吏加强考核和监督，"见功而与赏，因能而授官"，有效提高了国家政权的行政效率。特别值得一提的是，申不害十分重视土地问题。因而他极力主张百姓多开荒地，多种粮食。使韩国显现出一派生机勃勃的局面。

随后，申不害又向韩昭侯建议整肃军兵，并主动请命，自任韩国上将军，将贵族私家亲兵收编为国家军队，与原有国兵混编，进行严酷的军事训练，使韩国的战斗力大为提高。同时，他还重视和鼓励发展手工业，特别是兵器制造。所以战国时代，韩国冶铸业是比较发达的。当时就有"天下之宝剑韩为众"、"天下强弓劲弩，皆自韩出"的说法。战国争霸中，韩国正是凭借强弓硬弩，射翻秦、魏两国的大军，保住了自己的版图。放眼天下，哪支军队不害怕韩国的强弓硬弩。

申不害在韩国实行以"术"为主的法制思想，经过十五年改革，加强了君主集权，使韩国"国治兵强"，政治局面比较稳定，国力也有所增强。虽然申不害已经死去十五六年了，但是他留下的改革的影子处处都是，因此赵侯雍十分感慨，大赞申不害的不世之功。

赵侯雍等人向着韩国的国都新郑走去，每天他们都特别警醒地注意着周边的动静，但是一切都正常。后面的"虎狼贲"每天三次汇报情况，均无异样。这样也好，赵侯雍就边走边看，饱览韩国的壮丽河山。

进入韩国境内的第二天情况有变，赵侯雍的身后突然多出几个奇怪的人尾随。

果不其然，山樵派人秘密来报，蓓地奴已经上钩，他们放出的长线钓出了一条大鱼。

榛魁也传来情报，食力棘也有了动作。食力棘的情报出了邯郸城后，中山国已有动作，大约一百余名杀手追了上来。

赵侯雍心中有数，看来对手已经做好了准备。子奴不敢大意，让尾随的三十个兄弟也跟上来，队伍中又增加了五辆马车，达到了七辆马车。子奴前后都安排了人手，将赵侯雍的马车护在中间。

傍晚时分，赵侯雍等人走到一个小镇，准备找客栈投宿。榛魁突然出现在路边，他穿着韩国人的衣服，一副里长的装扮。他热情地恭请赵侯雍一行到他的家里做客。赵侯雍知道情况有变，便作出老友相见的样子，随同榛魁住进小镇南部的一个大宅院里。马车均由仆人打扮的赵国宗室弟子牵往镇上的驿站寄养，那里有草料，还有专业的馆驿人员照料。

尾随的人见此情景，只好住进馆驿，暗中监视着院落，他们知道赵侯雍即便明日上路，也离不开这些马车的。

榛魁道：“中山国的刺客在准备火油，属下觉得他们会在今晚动手，驿站里肯定不安全，所以属下自作主张用黄金十镒买下这座宅院，并在后院墙下挖通一条地道通向外面的枣树林。天黑后咱们潜出院子，躲进枣林，待中山国的人动手后咱们在后面给他们来个突袭。”

赵侯雍拍手称妙。晚饭后，院子里的灯大多熄了，院子里一片漆黑。夜半时分，百十个浸着火油的麻团飞了进来，随后又是百十个火把，院子顿时大火熊熊，木质房屋和草棚均火光冲天。两百多个黑衣刺客手持利刃跳进院子里，将赵侯雍等人居住的房屋团团围住。

房子早已烈焰腾空，在火油的助燃下，火苗直蹿起一丈多高。

黑衣刺客等了一会儿，不见里面的人出来，以为赵侯雍等人被烧死在屋里，均放松了警惕。正在黑衣刺客准备欢庆的时候，子奴率领着“虎狼贲”从暗处悄悄摸了出来。

瞬间双方就爆发惨烈的厮杀，“虎狼贲”气势如虹，又早已做好准备，顷刻间将黑衣刺客杀得溃不成军。榛魁带着七八个宗室子弟携长弓站在院子的墙上射杀黑衣刺客。百十人的刺客在夹击之下，拼死作战，妄图突围。

大火引来了镇上的居民，他们拎着水桶前来救火，看到院子里的杀戮，吓得掉头就走。驿站里的尾随者也被宗室子弟控制住。赵侯雍和姒无食躲在暗处观战。

姒无食看了片刻，说：“国君放心，这些刺客就是一群莽夫，子奴稍后就会取胜！”果不其然，一盏茶过后，遍地都是死伤的黑衣刺客。馆驿里的尾随者也被带到院子里听候发落。不管子奴如何逼问，这些人均默不作声。赵侯雍一挥手，子奴将这些人斩杀在院子里。

天明后，榛魁请来镇上的里长，子奴拿出韩王赐予的通关令牌，让里长掩埋这些死去的人。里长不敢怠慢，待赵侯雍等人走后，一边上报，一边将这些来历不明的人埋到野地里。赵侯雍继续前行，榛魁和宗室子弟也随同前往，一路上打探消息。

子藩就在榛魁率领的宗室子弟中，这也是他第一次和赵侯雍这么近距离地走在一起。中午吃饭的时候，赵侯雍递给他一只羊腿和一壶酒，兄弟俩喝着酒，畅聊着父亲赵肃侯的往事，心中涌起无限的亲情。可是两个人都知道隔墙有耳，还有其他宗室子弟在旁边，不敢过度热情。这也是兄弟俩这么多年来唯一在一起的机会。

马车轮下的驰道越来越宽敞，行人越来越多，各国的商人也多如过江之鲫，重要的城镇里巡逻的士兵也逐渐增密，沿途的哨卡也多了起来。

过了两个大城镇，途径一处山区时，山樵传来警讯，蓓地奴的人要动手了，大约有三百余人，其中有十六个穿着葛衣麻鞋的人，极有可能是齐国刺客。山樵手下有十几个人，但都是打探消息的人，并不擅长厮杀，况且又是宗室子弟，赵侯雍命令山樵等人切勿参与格斗。

子奴早已经将马车上备好的盾牌发到人手一个，长短武器也分发到位。姒无食接过盾牌之后，又扔到马车上。所有的人都警惕异常，只有姒无食天真烂漫地坐在一辆马车上和驾辕的士兵说说笑笑。赵侯雍一脸凝重地坐在第三辆马车里，尽管马车车厢已经用铁板加固，但是依然担心有失。

就在一片林子走到尽头时，有个人在路边招手，请他们过去。是福不是祸，赵侯雍命令跟着过去。

众人转过林子，走了一会儿，进入山谷里。远远看到三百多个黑衣人从容走过来，其中还有十六个穿着葛衣麻鞋的苦面人，手里拿着没有鞘的长剑或者短刃。

子奴等人立刻引弓搭箭，准备射击。穿葛衣麻鞋的人中走出一个人，说道："久闻赵侯雍招揽天下奇人能士，身边有'虎狼贲'护驾，竟然能以十八个'虎狼贲'格杀乌柯子所率之众，还斩杀了我们'定军兵'的四个兄弟，今天我们特来拜访，希望'虎狼贲'出来露一手，做个了断。"说完，手中的长剑一挥，竟是执稽首礼，一副剑客风度！他身后的葛衣人莫不冷眼旁观，似乎并不在意眼前事。那些黑衣人也是面无表情，好像在等着给赵侯雍收尸。

第十一章 定军兵

上一次，四个葛衣人就令"虎狼贲"死伤惨烈，这一次来了十六个，说不得今天"虎狼贲"会彻底栽在这里，更可怕的是，恐怕赵侯雍也性命难保。

凭借弓箭暴射，注定能杀死对方一些人，但是不会影响到最后的结局。子奴觉得这次失算了，没想到对方竟然出动了十六名葛衣人，如果个个都是超一流的身手，顷刻间"虎狼贲"就会死伤一片。

子奴吩咐胡貉、庄耳等人做好驾着赵侯雍马车径直逃回赵国的准备，他要带着剩下的人死拼，为赵侯雍争取一线生机。

葛衣人再一次出言挑衅，并背过身子对着子奴，众多黑衣人见此情形都哈哈大笑。

子奴满脸惭愧，正要不顾颜面下令射箭，赵侯雍突然发话："子奴，稍安勿躁！"

说完，赵侯雍高大的身材从马车里钻了出来，跳到地上，用手一指葛衣人："哪位'虎狼贲'的兄弟为我去拿下他的人头。"

话音刚落，所有的"虎狼贲"士兵都异口同声的说："我去。"

子奴放下了弓箭，其余的人也放下弓箭。大家互相看了一眼，一个名叫公孙欢的兄弟抽出长剑躞步而出，葛衣人转过身来，两个人慢慢走近，各自的长剑倏地刺出，还未交锋，就迅速变招，径取对方要害。两个人瞬间换了十多个招式，葛衣人的剑突然抵住公孙欢的咽喉，随后一脚将公孙欢踢出一丈远。

葛衣人摇着头退下，又上来一个葛衣人叫阵。随后，葛衣人大战"虎狼贲"，都是数招之后就剑指咽喉，然后踢飞对手。这是赤裸裸的羞辱，完全无视"虎狼贲"的存在。

赵侯雍从未见过格斗术如此高超的人，葛衣人不仅招式古怪，而且性情都极为高傲，显然他们是当世最出色的杀手。八个葛衣人接连出场，战败八个"虎狼贲"，庄耳、胡貉、钱车等名士均败北。

第九个葛衣人出场后说："'虎狼贲'也不过如此，战罢这第九场，你们留下赵侯雍的人头，我们也不为难你们，随便你们自去。"

"虎狼贲"怒吼，齐刷刷站在赵侯雍身前，等着生死一搏。人群中走出一个名叫姜懋的兄弟，他擅长飞刀，出手速度极快，三丈之内，秒杀对手。

姜懋双手各握两柄柳叶形短刀，走到葛衣人身前一丈处，刀刃寒光凛凛。葛衣人凝神以待。姜懋双手一抖，两柄短刀飞出；双手再一抖，又是两柄飞刀。

"叮、叮！"葛衣人身形极快，躲过两柄飞刀，又用剑击落两柄飞刀，然后长剑直刺，直奔姜懋咽喉而来。姜懋手中瞬间又出现一柄短刀，正要格挡，蓦地葛衣人长剑一兜，绕过短刀，又奔着他咽喉刺来。

姜懋眼看着就要被葛衣人的长剑割开喉咙，耳边忽然听到一阵惊呼，还没反应过来就见葛衣人倒飞了出去，而自己的短刀才刚刚拦在咽喉前……

姜懋这才看到，妪无食正站在他的左前方，手持一柄细长的利剑，剑身极薄、极窄，犹如一根细长的竹棍。阳光下，妪无食凝视着自己的剑，痴痴地看着，一语不发。

葛衣人从地上站起来，刚才发生的事情他还有些不清楚，只知道眼前剑光一闪，他本能地脖子一扭，咽喉避让，随后就挨了一脚。

妪无食站在那里，就是个孩童，但是他拿剑的手势，分明又是个击剑的高手。葛衣人回头看了看，身后都是疑惑的眼睛。再看看赵侯雍的阵营，那边同样也是困惑地望着妪无食，犹如看到了最稀奇的怪物一般。

妪无食忽然道："'定军兵'是什么东西？这么大的口气，真不把天下英雄放在眼中吗？"童声清脆，四周静悄悄的。

"今日我与你们所有的'定军兵'逐一对战。你们若是输了，就留下终生侍奉赵侯雍，不得有异心；你们若是赢了，我便当场自刎，赵侯雍随便你们处置。怎么样？"妪无食全然不把葛衣人放在眼里。

葛衣人无人作声，谁也不知道这个赌的结果是什么？最后，有一个细高身材的葛衣人发话："小娃，就按你的意思来。'定军兵'若是输了，此生就誓死追随赵侯雍，水里水里去，火里火里去，绝不负此言！"

似无食道："诺！若是我输了，当即自刎，决不食言。请！"

　　适才被踢飞的葛衣人起剑施礼，长剑一抖，剑招递出，剑尖闪烁，飘忽不定，确实达到了击剑的最高境界了。

　　似无食身形忽动，长剑迎空一展，只听"叮"的一声，葛衣人的长剑先是歪到一边，随即脱手而飞……

　　似无食没有停，直奔其身后的其他葛衣人而去，速度并不是很快，出剑角度却极为刁钻，有力，但闻"叮、叮"的声音响个不停，彷佛有个铃铛在一下一下地敲响，长剑一柄柄飞上空中。葛衣人均施展毕生绝学应对，但是没有谁能在似无食手下走上三招，片刻功夫，葛衣人均长剑脱手，呆若木鸡，手腕处有血滴落。

　　似无食长剑回鞘，转身从葛衣人中间穿过，踱步而回，在场的人均认真地看着他，彷佛做了一个梦。

　　过了很久，为首的那个葛衣人叹了口气，回身对黑衣人道："回去告知恩公，我等从今日起生死追随赵侯雍，还望恩公不要相扰，以免有性命之忧！"

　　黑衣人面面相觑，过了一会儿，他们转身走入密林，不知去向。

　　葛衣人一起跪在赵侯雍面前拜见新主人，脸色均很难看。赵侯雍惊喜交加，将葛衣人挨个扶起，这一次的收获实在太大了，超出了他的想象。不仅收编了一支神秘的"定军兵"，还见识了似无食难以想象的绝世剑法。

　　赵侯雍请葛衣人的首领上车说话，了解他们的底细。

　　葛衣人首领自称燕荻，没有隐瞒，将赵侯雍想知道的和盘托出。燕荻祖上本是墨家人，后来因为思想和墨子相悖，导致其祖上出走自立门派。墨子擅长防御，燕荻的祖上则精于进攻。后来，墨家衰败，燕荻祖上这一派也损失惨重，为了保存力量，领头人召集子弟和门徒，拖家带口遁入乡野休养。

　　燕荻三十岁时，家乡霍乱横行，他所在的村子虽然偏远也未能幸免，亲人和弟子死伤无数，元气大伤。就在此时，他们的恩公路过此地，见此情景，就派出名医诊病煎药，救活了燕荻半个村的人。为了报恩,村中元老派燕荻带着十九名年青人投奔恩公,当初和恩公约定,报恩三十年。如今已满二十二年,他们先做恩公的护卫。后来恩公得势,设置死囚营,里面不断有获罪的士兵、死士、剑客、侠客、亡命徒等关进来,这些罪犯只要能战胜他们中的任何一员,就可以逃生。这么多年,没有一个罪人能活着离开死囚营,结果燕荻等人练就了一身更为高超的武功,被恩公称为"定军兵"。

燕荻等人不慕名利,不图财色,只做护卫,平日里除了在死囚营里习武,不做其他事情。去年明伯再三恳请恩公,让"定军兵"出手截杀赵侯雍。燕荻无法拒绝恩公的多次恳请,只好派了四个"定军兵"出面,没想到乌柯子全军覆没,明伯被射死,四个"定军兵"也战死。带着明伯尸体回去的两个锦衣人被恩公五马分尸,恩公准备另找时机再寻赵侯雍复仇。这一次,赵侯雍出行韩国,恩公便派黑衣人和"定军兵"前来报仇,没想到阴差阳错,燕荻等人竟然改投赵侯雍门下。

燕荻虽然毫无隐瞒,但是面色却很忧郁,似乎有话憋在心里。赵侯雍再三探问,还是没能让燕荻打开心扉,也许是输了剑心里的坎过不去吧! 赵侯雍不想难为燕荻,让他安心留在自己身边,一辈子的荣华富贵都会给予他们。

赵侯雍问燕荻:"你们的恩公是谁?"

燕荻道:"主人,您心中肯定已经猜出他是谁了,燕荻恳请主人饶过我们的恩公,我敢担保他以后不会再刺杀您了。"

赵侯雍很想知道他的恩公究竟是不是齐威王,犹豫了几次还是忍住了没问。

燕荻也问了似无食的来历,赵侯雍也将自己知道的告诉了他。

燕荻拜谢,下了马车,和他的葛衣兄弟走在"虎狼贲"的身后,他们也不说话,只是握着兵器默默地走。赵侯雍透过窗口观望他们,只见这群葛衣麻鞋的汉子,一个个神色凝重,眼神虽然锐利,但是均有心事。

似无食依然坐在马车上和驾车的兄弟说说笑笑,所有的"虎狼贲"都对他恭恭敬敬,不敢有丝毫怠慢。

妃无食对赵侯雍说："我并不懂越女剑法，哥哥也没教过他剑法；6岁的时候看哥哥练剑，哥哥的身影中总有个女子飞舞的身姿，他就学着练，哥哥便笑他愚笨；当哥哥 12 岁之后，他身法中的女子身姿却再也看不见了，所以我并没有学全越女剑法。可惜了，哥哥的灵性退得太快了，若是再晚一点，我便能学全越女剑法了。"

　　谈到了剑，妃无食才像个宗师，一言一行均有大家风范。

　　赵侯雍心里感慨万千，自己何德何能，竟然能得这些人的辅佐，若是不能成就一番事业，真是辜负了他们。

第十二章　螭虞公主

　　危机彻底消除，赵侯雍一行人向着新郑前进。燕荻等人除了吃饭、住宿、生活起居之外，其余的时间都默默赶路，一旦坐下来，他们就闭目练气，炼神还虚，进入冥想状态。他们和姒无食相处得很好，只要姒无食走过来，他们必定和他说话，交流剑法。

　　慢慢地行走，新郑近在眼前了。新郑位于豫西山区向东部平原的过渡地带，地势西高东低。它北有河济，西有伊洛，溱洧两水贯穿其间，依山傍水，能攻善守。新郑是韩国的政治中心，人口众多，对于水的需求量是很大的。因而靠近水源可以就近解决城内居民的饮水、洗涤、沐浴、消防、绿化等用水问题。同时，河流沿岸土壤肥沃，灌溉方便，农业发达，能就近满足城市人口对粮食的大量需求。另外，河流还兼具舟楫之利，能为都城提供便利的水运交通条件。还有一点不容忽视，河流可以作为都城的天然防御屏障。高大的城墙配以宽深的河流，无疑是一道难以逾越的防线。

　　新郑城北墙和郭城东墙呈直角曲折，为了加强防御能力，城墙每隔一定的距离就会设置一个墩台，以利防守者从侧面攻击来袭敌人，这种墩台称为"马面"。马面可与城墙互为作用，能消除城下死角，自上而下从三面攻击敌人。在宫城北墙上一定距离的地方还建有塔楼。这些塔楼平时既可存放兵器，还可用于瞭望，战时还能就近指挥作战，同时也能攻击来犯之敌。城内西北角建有一个用夯土筑成的长方形高台，此台地势高峻，不但可以俯瞰全城，还可观察城外动向。赵侯雍立刻意识到这座高台具有极强的军事作用。

都城的城墙外侧没有河流的地方挖有壕沟。东北城角为斜角，其余都是直角，其外侧为弧形，同样具有马面的效力。这些防御设施都有士兵把守，既能独立作战，又可互相支援，使都城做到内有守城之军，外有救援之兵，互为掎角、协同作战，这样就形成了以都城为中心、以四周古城为据点的一个严密的防御网。

在新郑更远的外围，还有荥阳故城、阳城、负黍城、郑州商城战国城等军事要塞。此外，西北有成皋之固，西有　辕险关，西南有陉口要塞，东北有圃田大泽，这些军事据点和险关要隘共同构成了一个完备的防御体系——新郑就处于这些防御措施的中心地带。

进了都城之后，赵侯雍更是目不暇接，真是繁华如梦啊！和邯郸相比一点也不逊色，各种店铺林林总总，叫卖声此起彼伏。都城内最壮观的自然就是韩宣王所在的宫城了，那是韩国的政治中枢所在，是韩王的施政之所。韩国人将宫城和宫殿区置于城内地势较高处，对于韩宣王的安全起着至关重要的保护作用。看来历代韩国诸侯都没有安全感，生怕在睡梦中就被其他国家攻破城池。宫城居高临下，易守难攻，同时还能防水和防潮，便于通风、排水和除湿。

赵侯雍看罢，沉吟了一会，小声对子奴道："寡人也要建立这样的行宫，高高在上，易守难攻。以备不时之需。"

赵侯雍住在金亭馆驿，包了一个最大的院落，所有的"虎狼贲"士兵和葛衣人均住在一起。金亭馆驿附近有驻军，还有随时巡查的警备部队，安全有保证。即便发生意外，也可以得到韩军的帮助。

赵侯雍在新郑城内住了五六日，每天都出去四处查看，觉得韩国都城除了占据地势之利外，也只有强弓硬弩可以震慑敌军了，阵仗和单兵格斗都较寻常，最关键的是，韩国竟然没有一个出类拔萃的将领，实在和其强国身份相差甚远。

赵侯雍入城后的第七日，田不礼率领的迎亲队伍终于赶到。韩国的太子仓率领众官员到城外迎接。田不礼进城后，要求太子仓和他同去金亭馆驿。太子仓很奇怪，也不多问，陪着就去了。

田不礼在金亭馆驿之外跪倒，恭请赵侯雍。太子仓大惊失色。赵侯雍穿着便服出现在众人面前，太子仓也忙施礼。

当晚，韩宣王在自己的寝宫宴请赵侯雍，田不礼自然作陪。席间，赵侯雍兴致勃勃地说到自己微服出行韩国一事，韩宣王有点责怪地说："赵侯身份高贵，怎可如此造次啊！若有闪失，岂不令赵国处于困境之中，更让寡人何堪？更令螭虞公主安在？"

赵侯雍再三端酒谢罪，言明："到了岳父大人这里，看到路不拾遗、夜不闭户，深感韩国国力之强盛，民风之淳朴，心下慨然，并无顾虑。小婿还带有多名卫士随行，都是武艺高强之辈，岳父尽可放心。此来一是迎娶尊贵的螭虞公主，二是久慕新郑的繁华，来这里开开眼界。"

韩宣王手抚胡须，满意地点头，对赵侯雍拍的这个马屁很是开怀！自从和赵侯雍定下婚期之后，韩国在诸侯国中的地位明显上升了，即便是秦国、魏国都收敛了许多，不敢和韩国出现矛盾。大家都知道韩赵姻亲，赵侯雍又是一个足智多谋的国君，国力日益强盛，吃罪不起。楚王也派使臣前来，邀请韩宣王会盟，想要建立合纵，共同对抗强秦。

韩宣王开心，酒喝得也多了些，他不顾失礼，吩咐太子仓去请妹妹螭虞公主前来和赵侯雍一见。时间过了很久，太子仓回来了，身后跟着一位女子。

赵侯雍不由得一愣，酒杯几乎跌落，只见眼前的女子身穿紫色华袍，插满发簪的黑发如一座小山，华袍上的刺绣巧夺天工。华袍宽大，却仍然掩饰不住其玲珑身段，那丰腴曲线，仿若上天雕琢，几乎完美无缺，尤其是那似雪肌肤，娇嫩光滑，吹弹可破，还有那蕴含万种风情的脸蛋儿，一颦一笑，都勾心夺魄，一双眼睛似会说话，又似能看穿人的心思，让人无处可躲。

螭虞公主只是偷瞄了赵侯雍一眼，就低下头给韩宣王施礼。得到准许后，她就坐在父王的身旁，脸红红的不再说话。

其实螭虞公主刚才在门外已经悄悄观察赵侯雍好一段时间了，她对哥哥太子仓说："世人都说赵侯雍少年天才，英气逼人，今日一见果然如此。想我韩国也是人才济济，我这未来的夫君却这样了得，实属罕见。"

太子仓憋不住笑："妹妹真是有了好夫婿忘了娘家人啊，我这个做哥哥的可怜啊！"

螭虞忽然觉得有点对不住太子仓，稍有歉意地道："其实哥哥再过些年就可以和赵侯雍比肩了。"说完这话，又觉得对不住自己的父亲韩宣王，又想辩解，太子仓笑着走进殿门，螭虞只好跟着走了进来。

赵侯雍并不知道螭虞公主对自己的评价这么高，心里只是在震撼："这世间怎么会有如此美丽的女子？"

螭虞公主作陪了片刻，红着脸给赵侯雍敬了杯酒之后，就告辞离去。赵侯雍的心也跟着螭虞公主走了。韩宣王已经大醉，说了很多不着边际的话，赵侯雍也喝多了，两个人坐在一起像两个好哥们一样，推杯换盏。

太子仓和田不礼闲聊了一会，见此情景，忍俊不禁，直到韩宣王酣睡，赵侯雍才在田不礼的搀扶下回到金亭馆驿休息。馆驿之外，密密麻麻的都是御林军，这自然是韩宣王派来保护赵侯雍的。

赵侯雍在韩国又住了五日，每天都和韩宣王畅饮，韩赵之间又达成了一些协议。太子仓也极力交好赵侯雍，送了很多礼物给自己的小舅哥。赵侯雍向来慷慨，自然也有礼物回赠，甚至承诺一旦太子仓日后需要帮助，定当出兵力顶。太子仓大喜，不断给赵侯雍施礼。

韩宣王举行了隆重的嫁女仪式，风风光光地将螭虞公主交给赵侯雍。同时还有陪嫁的百十辆马车，上面装着螭虞公主的嫁妆。陪嫁的人也很多，其中就有韩宣王特别恩准的冶炼工匠和弓箭制造师。赵侯雍不仅娶走了螭虞公主，还得到了韩国最锐利的攻击武器。

赵侯雍坐在豪华的马车里，螭虞公主的香车就在他的身后，太子仓随行护送。前面有三千韩军开路，后面有五千韩军押后，整个队伍浩浩荡荡，绵延十几里。

一路上赵侯雍和螭虞公主眉目传情，碍于周礼，两个人不能立刻幽会，但是情意绵绵，这一路上的恩爱真是让人羡慕。

很快到了韩国边境，韩军停止前进。迎亲队伍进入赵国边境，送亲的韩军伫立在边境处，远眺赵侯雍一行人走远。太子仓依旧护送妹妹至邯郸。赵国境内自然有赵军前来恭迎，迎亲和送亲的人浩浩荡荡返回邯郸。

赵侯雍的成婚大礼很快举行，螭虞公主盛装嫁入央宫，成为后宫之主。太子仓起身返回韩国。赵国举国欢庆三日，除了罪大恶极的，赵国基本释放了在押的绝大部分犯人。

周天子派重臣送来贺礼，其他诸侯国国君也各有礼物相赠。齐威王所送的礼物最为丰富，也最为珍贵。赵侯雍本想找齐威王质问，燕荻再次代恩公求情。赵侯雍便卖个面子给燕荻，不再追究此事，

此前，蓓地奴早已在刑罚下咬舌自尽。食力棘拒捕，被擒获前自刎。赵侯雍返回邯郸之后，十六名葛衣人也住进了央宫。这样一来，"定军兵"对赵侯雍也不再有隔阂，只是他们的神情依旧郁郁寡欢的样子。

新婚燕尔，除了上朝，其余时间赵侯雍和螭虞公主几乎形影不离。这两个人在一起，真是郎才女貌，一个玉树临风，一个倾国倾城，新婚后的恩爱那是如胶似漆。

第十二章　螭虞公主

第十三章　楼烦之行

公元前 322 年，赵侯雍的母后一再恳请去代郡省亲，要在娘家居住一段时间。赵侯雍为了尽孝，也想去代郡视察一下，便亲率五千大军护送母后前往代郡。作为赵侯雍的使臣，大臣李兑随军前行。

代郡是战国初期，赵国开国国君赵襄子攻占下的一块土地，远离邯郸，而且被中山国隔开，孤悬几百里之外，南北交通不便，使得北面的代郡一直想闹独立，若不是历代赵王陈有重兵在代郡，只怕代郡早就被燕国、楼烦王吞并或者自行独立了。

五千赵军一路上风光前行，穿越中山国的边境时，中山国大军异常戒备。十余天的时间，大军来到代郡。代郡守军早已接到消息，驻边大将赵尉已经在城下率兵等候。母后家族的人都来请安，因为战争的残酷，赵侯雍的舅舅们都为国捐躯了，所以母后家族中的男丁较少。

进入城中，赵尉设酒宴，并向赵侯雍汇报了代郡的军备情况，由于代郡时常面临楼烦、林胡、东胡、以及燕国的威胁，士兵军容虽然比不上邯郸士兵，但是实战经验丰富。燕国实力不弱，赵侯雍不想与燕国开战，但是东胡、楼烦、林胡这三个游牧民族却是赵侯雍此行最感兴趣的目标。饮酒时，赵侯雍详细地询问了"三胡"的情况。

春秋时期，楼烦、林胡、东胡主要以畜牧为生，善骑射，剽悍勇猛。后来逐步强盛，已有与秦、晋、燕等相对抗的实力。最早的楼烦国疆域横跨陕北、河套地区等地，地域十分辽阔。公元前 403 年，韩、赵、魏三家分晋，进入战国时代后，楼烦国乘虚南下，扩展壮大，它的范围大致包括北至现在的内蒙古清水河一带，西达阴山之南到陕北，南到山西灵石，东迄河北乐平县，东南边缘太原市城区。在南下过程中，楼烦国都城屡迁朔州、宁武等地，最后定都于今山西省娄烦县马家庄乡城东沟口。

楼烦和赵国相处得还算友好，虽然也有摩擦，但没有大问题；林胡与赵军经常有厮杀；东胡依仗快马，经常来赵地掠夺。赵侯雍听了之后，先是称赞了赵尉带兵有方，又嘉奖了有功的将士。当晚，赵侯雍在代郡城里住了下来，他平日里带着"虎狼贲"卫队和"定军兵"四处查看，了解边境情形。

赵侯雍指着远处的草原对李兑说："楼烦骏马甲天下！我赵国虽然号称'万乘大国'，但是能上阵的也就只有六七千兵车而已，骏马一直紧缺，若是能得到楼烦的骏马，我赵国的军力一定会更强。"

李兑非常聪明，他明白赵侯雍的用意，非常准确地把握住了赵侯雍的心思："赵魏韩等中原各国向来以步兵为主，在机动性与适应性上与楼烦的骑兵相比却是存在劣势，无从发挥兵力上的优势。即便百年之前强大的晋国也不例外，始终无法消灭楼烦，而楼烦也很难动摇晋国根基。对于晋国来说，楼烦成为了一块食之无味的鸡肋，不但难以战胜，即使胜利，所得利益也有限。那苦寒的北部不适合农耕，又要直面漠北深处更强大的匈奴民族的威胁，这楼烦反倒成立中原的一道屏障。赵国得了代郡之后，与楼烦唇齿相依，取长补短，我赵国的骏马大多来自楼烦，可见楼烦之重要。如国君能收服楼烦，那赵国的兵车就可以配上最强壮的骏马了！"

赵侯雍欣赏李兑的想法，这个聪明的文臣总是能懂得他的想法。

赵侯雍说："两年前，寡人在中山国见识过楼烦的骑兵，真是锐利难敌，机巧灵动。"

赵侯雍当即命令李兑明日便前往楼烦王处相邀，请楼烦王前来饮酒。

李兑带着重礼前往楼烦王所在的国都，楼烦王大喜，盛情款待李兑，第二日便带着亲兵卫队前往代郡赴约。

赵侯雍在代郡城内摆下宴席，和楼烦王畅饮。楼烦王中等身材，肌肉健壮，满脸卷起的胡须，一双大环眼，蓬松的头发，犹如战神降临。饮酒时，楼烦王用大碗痛饮，赵侯雍也不甘示弱。两个人在一起的时间虽然不长，但楼烦王非常赞赏赵侯雍，极力邀请赵侯雍去他的部落玩几天，赵侯雍欣然应允。

隔了两天，赵侯雍便带着"虎狼贲"和"定军兵"前往，楼烦王兴致勃勃地介绍着沿途的风光。

到了楼烦，赵侯雍发现这里不但有帐篷，还有高大宽敞的亭台楼阁。街市上，手工作坊和商铺繁多，赵侯雍对他们的一切生活方式都很感兴趣，包括楼烦人的服装、帐篷、高足家具、饮食、乐器、舞蹈、赞歌等等。楼烦人高超的牛、马、骡、羊等牲畜的饲养、役使方法、兽医术、相马术，以及制作毛毡、奶酪、油酥的技术，都让赵侯雍感到新奇。楼烦王命人端上来的饼、椒酒（筚拨酒）、饭、羹、羌煮、烧烤兽肉等都让赵侯雍吃得津津有味。

为了助兴，楼烦王令骑兵演练冲锋的阵仗，这是赵侯雍第一次看到楼烦骑兵的恐怖。楼烦骑兵的数量虽然不多，但是灵活机动，可以在各个角度发动攻击，来去如风。手中的长短兵器和弓箭非常娴熟，能在奔驰的马背上格斗，还能射出凌厉的箭。

楼烦骑兵有的贯甲，有的穿着布衣，下身均穿着特制的长裤，双腿跨坐在马背上。有的战马马背上裹着软布或者皮革，有的战马马背上光秃秃的，无一例外的是，这些战马都戴着马嚼子。我们现在看到的马鞍那个时候还没有成型，即便是草原牧族，也是给马戴上个马嚼子就骑在光秃秃的马背上，全靠双腿的力量夹住马肚子才不至于掉下来。也有人在马背上绑上一些麻布和皮革，但是这会影响马的速度和体力。

赵侯雍酒喝了很多，但是头脑很清晰，楼烦王的骑兵称得上是"奇兵"，在刚才的演练中，展现了侦察、侧翼包抄、中心突破、骚扰遮断、偷袭和追击的作战能力，如果使用得好，完全可以成为作战主力，甚至独立承担整个战役。楼烦王看不到这一点，楼烦骑兵在他手里就是一群游走的流氓，到处抢东西，抢完就走。赵侯雍突然想："如果赵国有一万骑兵，在战斗中会有什么作用？"

楼烦王的骑兵操演完毕，赵侯雍也令"虎狼贲"操演军阵，展示一下大国风范。

此时的"虎狼贲"已有五百人，子犹带着三百人在草地上摆开军阵，只见兵车杀气腾腾，步兵威如泰山；庄耳持两柄短把战斧站在步兵军阵前，舞动如风，大开大合，威风凛凛。

楼烦王看得心旷神驰大赞不已："那位猛士叫什么名字？真乃天神也！"

楼烦王一心想结交庄耳，亲自端酒请庄耳喝，大有让赵侯雍割爱之意。

饮酒的时候，赵侯雍要去方便一下，楼烦王领着他同去。赵侯雍忙活了半天才解开长袍，楼烦王则三两下就方便完毕，大笑赵侯雍的穿戴。战国时期，汉人虽然已从胫衣发展到可以遮裹大腿的长裤，但裤裆往往不加缝缀，那是为了便于私溺，因为在裤子之外，还著有裳裙，所以不会显露下体，而楼烦人则穿着裤子，这也是诸侯国兵车盛行的原因，毕竟汉人的开裆裤子不适合骑马。

赵侯雍在楼烦王这里一连住了五天才恋恋不舍地返回代郡，他对楼烦王非常喜爱，觉得这些胡人非常容易接触，只要酒喝得痛快，就是兄弟。

楼烦王送给赵侯雍一匹宝马，此马枣红色，体高半丈有余，体型饱满优美、头细颈高、四肢修长、皮薄毛细，步伐轻灵优雅、体形纤细优美，再衬以弯曲高昂的颈部，勾画出它完美的身形曲线。楼烦王告诉赵侯雍，此马来自遥远的西部，不能驾辕，只能坐骑，若是驾辕，需用粗壮的草原马。

楼烦王又道："当此马尽情驰骋时，身上流出的汗都是血红色。"

赵侯雍说："难道是传说中的天马不成？"

楼烦王说："正是！"

赵侯雍望着西方，看了一会，问："西部是哪里？有多远？"

楼烦王道："我父亲在世时，曾派出商队远赴西部，走了一年半才回来，那里的人相貌与我们有很大差别，身材更高大，遍地都是宝马。"

第十三章　楼烦之行

赵侯雍没有说话，和楼烦王告别。

楼烦王恳请赵侯雍相让庄耳。赵侯雍沉吟片刻，答应了楼烦王的请求。庄耳不敢违命，只好留在楼烦王的身边。赵侯雍担心庄耳寂寞，又把山樵留下作伴。

楼烦王大喜，敖燎却表现得很愤怒。

这一次楼烦之行给赵侯雍留下了深刻的印象。李兑提醒赵侯雍："楼烦的副头领敖燎不值得信任，应该提防。"赵侯雍回忆了一下，说道："敖燎不足为惧，如果他敢捋胡须，'虎狼贲'随时可以灭了他。楼烦王倒不像是先前那样左右摇摆，见风使舵的人。寡人在揣测，也许楼烦王不能完全控制敖燎。"

李兑坦言："国君英明，留下庄耳和山樵。庄耳是个战神，山樵精于打探消息，日后必定是一招妙棋。"

"楼烦若是臣服，赵国必将横扫中山国。"赵侯雍信誓旦旦地说。

回到代郡之后，赵侯雍命令手下打点行装。三日后，五千大军拔寨出城。母后则留在代郡未归，赵侯雍再次重赏了母后的族人，安心返回邯郸。

也许是感受到了与母亲及其家人团聚的欢乐，也许是赵侯雍觉得燕荻等人郁郁寡欢，回到邯郸后，他请燕荻等人饮酒。酒过三巡后，赵侯雍拿出黄金五百镒，对所有的"定军兵"道："寡人与你们相处这段时间以来，深觉欣慰，能与你们这样的豪杰在一起实乃人生幸事；寡人这次陪伴母后省亲，觉得与家人团聚真是人伦之趣；燕君等人当初为报恩，允诺相伴三十年，离家日久，不得与家人团圆；寡人决定，今天解除与燕君等人的约定，你们明日即可返回家乡，与亲人团聚。寡人永不征召，还你等自由身！"

燕荻大惊："国君何出此言？我等既然发下诺言，必当至死追随！"

赵侯雍微微一笑："燕君，寡人非草木，怎能感受不到你们内心的悲伤？离家二十三年了，可曾有书信往来？可曾有孝顺父母？"

燕荻等人涕流满面，跪倒致谢，子奴等人皆满目泛光。

燕荻等人谢过赵侯雍的恩准，接受了恩赐的黄金，回住处收拾行装。

　　第二日，燕荻等人辞行。燕荻道："国君，我等回乡后，将率亲人及弟子另辟他处隐居，不再为任何君王做事。此生无以为报国君大恩，唯有日日焚香，求上苍保佑国君安康！"

　　赵侯雍一再谢过燕荻，毫无国君的架子，共饮三碗酒后，燕荻等人上路，奔东方而去。"定军兵"往矣，赵侯雍久久地站在路中间，目送燕荻等人离去，不知他的心中在想什么……

　　时间飞快，转眼两年的时间过去了，赵国的国力更加强盛，国库也更加充实，新生的婴儿更多了。各诸侯之间，除了楚越之间兵戈不断之外，其他诸侯国大都友好相处。魏国的丞相公孙衍也来到邯郸，游说赵侯雍合纵抗秦，据说韩国、魏国已经应允联合出兵，赵侯雍盘算了一番，觉得韩赵魏三家联合势力还是单薄，没有同意公孙衍的请求。

第十三章　楼烦之行

第十四章　齐威王之死

　　两年来，赵侯雍一直野心勃勃地向北方不断增兵，蚕食中山国的土地，并拉拢楼烦王，许诺一些好处，这让楼烦王愈加贴近。庄耳和山樵经常有消息传到赵国，因此赵侯雍对楼烦王的情形更加了解。

　　中山国国君向来依靠齐国，经常凭借齐国的声威和实力与赵国对峙，这让赵侯雍十分恼火。赵侯雍一怒之下，想起了两年前齐威王派人刺杀自己的事情，就令尚牒做使臣前往齐国面见齐威王，胡貉作为副使陪同。

　　公元前 320 年，尚牒和胡貉到达齐国。尚牒持周礼拜见齐威王。齐威王摆酒宴时，胡貉假意喝醉，在朝堂上对齐威王说："齐王在上，昔日赵侯微服出行时，有黑衣人在中山、韩国欲行不轨，更有'定军兵'参与其中，赵侯本不欲追究此事，奈何那中山厌恶，依仗齐国之力乱我战国；赵侯也有意派些壮士黑衣出行，'定军兵'更是天下无敌，如果携剑离赵，当没有敌手！虽置身百万军中但如走平地！"

　　齐威王心知肚明，他知道"定军兵"对他的忠告，也知道赵侯雍手下能人辈出，早就收了害赵侯雍的心，生怕惹恼了赵侯雍。齐威王本意是想杀了赵侯雍，将罪魁祸首引向秦国，让秦赵两国大战，齐国趁机渔利。往小了说可以吞并半个赵国，往大了说，魏国、中山国、宋国、燕国都会被齐国吞并大量土地，齐国就可以成为北方霸主，进而雄霸天下。

　　齐国盘踞山东半岛，地势平坦，物产丰富，经济发达，国力强盛，向西发展、称霸中原的欲望同秦国相比，更是有过之而无不及，而且齐国眼中的终极目标和真正对手是远在关西的大秦帝国，但横亘在其西进道路上的赵、魏、韩三国，从北到南一字排开，死死挡住了齐国西进的霸业征途，成为其扩张道路上的最大障碍。尤其是处在中间位置的赵国，首当其冲，成为齐国最想踢开的绊脚石。

早在公元前341年，齐国就派大名鼎鼎的孙膑与魏国交战，在那场史称"马陵之战"的著名战役中，大败魏军，并杀其名将庞涓，俘虏魏太子申，重创魏国精锐。同时，急于打开一条东进通道的秦国，第二年也乘人之危，找到魏国这个刚被齐国捏过的柿子，再次重拳出击。疲惫不堪的魏国再遭大败，主将被俘。魏国在遭受东西两霸双凤灌耳的重击后，从此一蹶不振，再也爬不起来了，甚至无可奈何地成了齐国攻打赵国的帮凶。就在赵侯雍继位的前几年，齐国攻赵，魏国帮凶，善于用计的赵肃侯决开黄河，以水代兵，才使两国退兵。

在慑服魏国之后，齐国并没有急于向赵国发动军事行动，而是避开赵国，向燕国用兵，意在削弱赵国两翼，使其孤立无援后，再重拳出手，实施重点清除。公元前332年，齐国利用燕国国丧之机，兴师伐燕，攻占了燕国十座城池；第二年，齐国又利用燕国争位内乱之际，一度攻占燕国的都城。虽经苏秦游说斡旋，燕国军民奋力反抗，以及包括赵国在内的各大诸侯共同伐齐存燕的外交斗争，齐国不得不从燕国撤军。但燕国的国力遭到极大削弱，已无力再向齐国叫板。

赵国的两翼邻邦魏、燕两国，在遭受重创、处于衰势自顾不暇的情况下，齐国又及时抓住这一有利的历史时机，变本加厉，联合怂恿中山国，频频骚扰赵国东南边地，蚕食赵国领土。

面对齐国咄咄逼人的攻势，赵肃侯枕戈待旦，东征西讨，好不容易在乱世中存活下来，凭借血勇打得魏国几乎没有还手之力。赵侯雍即位前一年，赵国将领韩举被齐、魏联军击败，死于桑丘，赵国失去平邑（今河北南乐西北）及新城两地；同时，赵将赵护被魏相公孙衍率军击败；齐国又在观泽（河南濮阳）大败赵军……

直到赵侯雍继位，年少有为，谈笑间平息了五国联军的进犯，这让齐国心中恐慌。随着赵国休养生息的进行，国力渐强。齐威王几次想找

借口开战，找不到机会，最后明伯献上刺杀赵侯雍的计策。

明伯是齐威王的一个长辈，爵位为"伯"，很受齐威王重用，他在央宫里派有奸细蓓地奴，当知道赵侯雍微服出行中山国时，明伯觉得机会来了，便怂恿齐威王半路击杀赵侯雍。

明伯在中山国国都时，设计雇佣死士刺杀赵侯雍，这样齐国就可以置身事外，引发中山国和赵国血战。这些雇来的死士都被拢在酒肆里待命，谁知那些死士有了钱却贪酒，喝酒杀人，引起中山国士兵的围捕，两个负责雇死士的"定军兵"也被迫跟着逃走。这些雇来的死士恰好在街头撞上赵侯雍等人，就引发一场血战。后来在追击的时候，齐国黑衣死士又和赵侯雍大战一场。明伯本事不强、脾气却大，逞能出战，被意外射死，导致乌柯子乱了阵脚。

乌柯子自知回齐国难逃其咎，遂抱着鱼死网破的决心一战，四个"定军兵"因为明伯意外死亡也被迫参战，结果全体战死。明伯误事，乌柯子不中用，"定军兵"孤傲难用，致使首次暗杀行动失败。齐威王不甘心失败，继续亲自策划暗杀赵侯雍的行动，结果又痛失全部"定军兵"，弄得灰头土脸，时刻担心赵侯雍找他秋后算账。

齐威王听了胡貉的发酒疯话，就知道赵侯雍要和他算账了。"定军兵"的本事他知道，那个小孩妸无食的剑法更是无人能敌，虽然自己可以不出齐国，但是不保证他们就不能潜入临淄。齐威王本来年纪就大了，心脏一直不好，听胡貉对他这样说，非常紧张，心脏异常跳动。尚牍不断呵斥胡貉，但是胡貉依然疯话不断。齐威王请尚牍回复赵侯雍："以前的事都是误会，但凭赵国有需要，只要赵侯雍一句话，齐国必将全力以赴，望赵侯雍不要在意。"

胡貉是鲁国人，对齐国向来没好印象，他忽然对着齐威王冷笑："哈哈！哈哈哈！"

齐威王本来就担心赵国报复，见赵国副使这样冷笑，误以为这是赵侯雍的意思，双手不由得一阵颤抖，脸色灰暗，满头大汗，竟然歪倒，口吐白沫……

在场的大臣立即传太医，可是齐威王竟然不治，撒手人寰。胡貉瞪大眼睛，没想到自己闯了大祸，也不知道怎么办才好。尚绩和胡貉都被齐军"请"到侧殿旁的房间里休息。尚绩担心齐赵因此开战，胡貉却开心得很，笑呵呵地说："这个老匹夫死了就死了吧！"

齐国太子很快亲政，他和大臣们商议了半天，自知齐国理亏，也不想把事情闹大，让齐威王死后的声名受累，于是安抚尚绩和胡貉。

齐国太子召见尚绩和胡貉，说齐威王近来身体一直不好，朝堂之上驾崩是个意外，赵国使臣不要担心，齐赵两国还是友好国家。赵使带着齐国的善意返回赵国复命。赵侯雍听了汇报，先是惊讶，继而兴奋，也觉得和齐威王的事扯平了，还得到齐国新君的承诺，也就不再计较此事了。

当赵侯雍将这件事对赵豹和肥义说了之后，两位大臣更是拍手大笑。

果然，之后不久，齐国新君齐宣王就以中山国国君擅自称"王"，投靠魏国，背叛齐国为借口，出重兵攻打中山国，为赵国军队创造了许多良机，赵军趁机占领了大片中山国的土地。中山王两头受阻，楼烦王又不肯援手，结果只能割地求和。赵国的国土不仅连接在一起，而且面积增大了，人口也增多了。

从赵侯雍继位到现在八年的时间过去了，他已经从一个聪明勇武的少年变成一个威严有加的国君，在诸侯国中声望日益增长。

公元前 320 年秋，赵侯雍的第一个儿子赵章出生。螨虞母凭子贵，每天在赵侯雍面前为自己的儿子说好听的话。赵章自小体格健壮，在襁褓里就显露出彪悍的性格，大有赵侯雍的雄风。禁不住螨虞每天的枕边风，赵侯雍很快就有了立赵章为太子的想法，完全将他父亲赵肃侯当初的忠告抛到九霄云外。

赵肃侯当年说"……你可以赏赐给你的女人任何东西，但是她们向你求赏的东西不要轻易给，她们内心真正想要的往往是你的命数……"可惜这句话，赵侯雍已经想不起来了。

赵豹和肥义极力阻拦赵侯雍立赵章为太子，说："国君正当盛年，今年才二十四岁，为何这么早立太子？如果太子长大成人后不争气，到

第十四章　齐威王之死

时候易储可就难了。"

赵侯雍向来做事果断，他觉得自己不会看走眼，而且他确实喜欢赵章，这活脱脱就是另一个自己啊！自己的江山将来不就是要传给他吗？早一日晚一日有什么区别？如果赵章真的不适合做太子，自己想怎么改变还不是一句话的事情？

此时的赵侯雍欺压了齐国，打击了中山国，拉拢了楼烦王，联合了韩国，魏国频频投其所好，燕国也主动示好，内心的自豪感足以冲天。再加上赵军数量和质量都在快速地提升，"虎狼贲"日益壮大，达到八百人。一时间豪气冲天，什么良言都听不进去，他不接受赵豹和肥义的忠告，坚持立赵章为太子，并颁布发令，通告全国。

赵侯雍绝不会想到，他日后会为今天立太子的莽撞付出致命的代价。为了让太子章卓越成长，赵侯雍令似无食陪伴太子章，教导太子章。似无食时年十八岁，受太傅之衔。

第十五章　痛苦的领悟

公元前 318 年秋天，公孙衍再次来到邯郸游说赵侯雍参加对秦国的讨伐。公孙衍向来自负，想通过合纵的策略扬名天下，不巧恰好遇到了主张连横的死对头张仪。两个人从斗嘴转变为发自内心的仇恨，谁也不想输了口才，谁也不想被对方击败。这些"一怒而诸侯惧，安居而天下熄"的纵横家，当真是舌下几句话，生死百万人啊！

张仪是战国时期一个了不起的人物。他原是魏国人，师从鬼谷子，出师后在魏国不得志，跑去楚国求功名。因为贫穷，处处受到冷遇，还被楚国的丞相昭阳污蔑成偷盗和氏璧的窃贼，几乎将他鞭打致死。

张仪爬着回到家里，问他的老婆："我的舌头还在吗？"妻子扶起他说："还在！"

张仪说："只要我的舌头还在，就有复仇的一天。"

张仪离开楚国，投奔秦国，恰好秦国秦惠王广纳天下英才，不问出身，只看才学。张仪凭借伶牙俐齿，竟然一步步走到秦惠王身边，被封为相，成为秦国权力核心中重要的一员。为了报答秦惠王的知遇之恩，张仪首创了连横的外交策略，以"横"破"纵"，数年间，使各国纷纷由合纵抗秦转变为连横亲秦。张仪也因此被秦王封为武信君。

就在一年前，魏惠王去世，魏襄王即位。张仪到魏国劝说魏襄王与秦国交好，公孙衍正推行合纵大业，便和张仪争论得不可开交。魏襄王最后拒绝了张仪，秦惠王大怒，攻打魏国。魏国和秦国交战数次，因为实力不济战败，被迫割让黄河河西之地"阴晋"。

黄河河西之地阴晋是秦国通向中原的门户。中原是当时各地的商品

集散地，控制着各国的粮食命脉。只有走向中原，才能拥有充足的粮食补给，才能在战略上处于主动。对于秦国来说，只有占据河西之地，才有可能走向中原。魏国恰好占据河西之地，死死地压制着秦国，卡死了秦国通往中原的道路，迫使秦国只能与魏国做生意。秦国不甘心受到魏国的盘剥，多次进攻河西，但都没有能够打通中原通道。

这一次，魏国被迫割阴晋与秦国修好，秦国东进中原的一颗钉子被拔除了。秦惠王掩饰不住内心的喜悦，立即把"阴晋"这个带有魏国意味的名字，改为了带有秦国色彩的"宁秦"。秦国已完全掌握了黄河天险，控制了东进中原的要道，进可攻，退可守，对各国威胁很大。

公孙衍当然明白河西之地的战略地位，失去了河西之地魏国如失一臂。公孙衍向魏襄王分析了天下大势，认为现在风头最盛的非赵侯雍莫属，如果赵国能加入魏国的合纵体系里来，一定会逼迫秦国退还侵占的土地，而且还能重重打击秦国的嚣张气焰。魏襄王同意公孙衍的看法，派他再次前去游说赵侯雍。

公孙衍来到邯郸，对赵侯雍谈论天下大势："合纵大业已经得到魏国、韩国、楚国、燕国的同意，这四个国家的相印已经授予我，如果赵国能加入，我们将集合起近百万大军，足以致秦国于死地。赵侯乃当世豪杰，怎能任由秦国东扩，压缩赵国的生存空间呢？秦国占河西之地，携黄河之威，随时可以攻打赵国，此时赵国不支持五国伐秦，那么赵国遇到危难，其他国家也不会理会的。现在是天赐的良机，西戎义渠跟吾素有往来。我曾劝告义渠君加强对秦的警惕。如中原无事，秦就会对义渠烧杀掠夺；如果中原有事，秦将遣使重币去交好。如果五国攻秦，恰巧这个时候，秦以重礼、美人遗义渠君。那就是我的话应验了，义渠便会起兵袭秦。这样秦国就会腹背受敌，很难为继。如此一来，五国伐秦必可奏效。"

赵侯雍觉得公孙衍说得很有道理，况且五国联合逼迫秦国一定会有收获的。他把五国伐秦的事情在朝堂上商议，以公子成、田不礼为首的大臣赞同五国伐秦，以赵豹、肥义和李兑为首的大臣持反对意见。总得来说，反对的占了绝大多数。

赵侯雍退朝后，闷闷不乐。赵后螺虞摆酒陪饮，席间劝赵侯雍宽心。赵侯雍便问螺虞是否赞同赵国出兵攻秦。螺虞当即表示赞同，因为秦国每次开战，不是攻打魏国，就是韩国。韩国因为国力弱小，更是首当其冲。为了自己的母国，螺虞也恳请赵侯雍出兵相助。

第二日，朝堂之上，公孙衍再次畅谈五国伐秦的好处，说道："如今有齐王、楚王、秦王、魏王、韩王、越王、燕王，甚至中山国也称'王'，唯独赵国国君依然称'侯'，这与赵国的大国形象很不般配，恳请赵侯择吉日称'王'，号令天下。"

赵国的王公大臣们，这几年看到赵国的实力蒸蒸日上，在公孙衍的鼓动下，一个个按捺不住内心的躁动，让赵侯雍称"王"的呼声响彻朝堂。

赵侯雍当即拒绝，再次语出惊人："赵国虽然有所建树，但是四面受敌，称王只会树大招风，引起诸侯各国的密切关注，甚至招来不必要的麻烦。无其实，敢处其名乎？寡人觉得自己威望不足，品德不端，称'侯'都有些过誉，愿自降一等，从今以后寡人称'君'即可。"

君的身份和地位更低了一等，比如那义渠君。

"赵侯万万不可！"群臣高声唱和，公孙衍也极力反对。自降一等，这不仅仅是赵侯雍的谦虚，更是真实地反映了赵国当时所处的四面受敌的窘况。

赵侯雍高声道："赵国北部边陲，那些马背上的游牧民族时常犯边。赵国东北部有东胡，西北部有林胡和楼烦，我们称他们为'三胡'。他们与赵国领土交错杂处，精于骑射，行动灵活，奔驰如风，剽悍善战。赵国只要与齐、秦、中山发生冲突，三胡便趁机从背后袭来，乘人之危，趁火打劫。去年，东胡的骑兵从无穷之门（今河北省张北县南）进来，骚扰代地；林胡、楼烦的骑兵则驰骋于我赵国西北山区，大肆掳掠。常常骚扰得赵国边地鸡犬不宁，国无宁日。虽然楼烦王也时常约束部下，但是骚扰还是如此频繁。赵国只有车兵和步兵，无骑射之备，面对三胡骚扰，只能固守城池。危机一直都在，连三胡都不能降服，这称'王'之事就不必再谈了。"

在国家实力名不副实的情况下，只顾图一时虚无飘渺的虚荣而肆无忌惮地称王不是一件好事。实实在在地富民强国，才是赵侯雍眼前的当务之急。不唯名，只唯实。赵侯雍的战略思想日渐成熟。实践证明，赵侯雍缓称王的决择是明智的。几十年后，魏牟曾对赵侯雍的孙子赵孝成王说："王之先帝，驾犀首而骖马服，以与秦角逐。秦当时适（避）其锋"（《战国策·赵策三》）。魏牟把赵侯雍驾驭公孙衍合纵抗秦，与赵惠文王起用赵奢大破秦军，看作是赵国历史上的两件重大事件，相提并论，认为两者收到了同样的效果——使秦避其锋芒。

最后，赵侯雍顺应民意，依旧称"侯"，这称"王"的事就这样搪塞过去了。但是，众臣也知道这是赵侯雍对臣子们反对他参加五国伐秦的不满情绪的表达，都胆战心惊，生怕国君发怒，降罪于自己。

赵侯雍当众发问："今中山在我腹心，北有燕，东有胡，西有林胡、楼烦、秦、韩、魏、齐之边，而无强兵之救，是亡社稷，奈何？各位爱卿可有良策破敌？寡人战意已定，那秦国就算是一只老虎，赵国也要摸一下它的屁股。"

商鞅变法后的秦国，推行崇本抑末（即重农轻商）和奖励军功政策，经济实力急剧增强，军队士气极为旺盛，一跃成为当时的第一强国。强秦以富庶的八百里秦川为基地，频频扣击敲打中原腹地。赵国开始成为其觊觎的首选攻击目标。赵侯雍即位前两年（公元前 328 年），秦国就曾东征赵国，杀死赵国将军赵疵，占领了赵国的蔺（今山西离石西部）和离石（今山西离石）两座城池。

赵侯雍继位后，意图东进的秦兵猖狂嚣张，肆无忌惮；面对秦国的雄师劲旅，赵侯雍带领赵国军民极力防御，却常常是力不从心，连连失地折将。这就是赵侯雍当年所面临的错综复杂的严峻局面。赵侯雍看到了赵国潜在的危险，但是他的臣子们没有几个看到，包括赵豹、肥义等人。

赵侯雍宣布参加五国伐秦的大业，支持合纵策略，抓住五国联合的机会重创秦国。随后，赵侯雍任公孙衍为赵国相并派五万大军伐秦。不称王的赵侯雍，成为魏相公孙衍五国合纵抗秦活动的积极支持者。

公孙衍喜出望外，他带着赵国相印，返回魏国，一场轰轰烈烈的的五国伐秦大战拉开了帷幕。纵横之士一张嘴，得到的是实实在在的名利，但是这些国家付出的可是生命的代价。

赵侯雍开始在全国调集人马。远在漠北草原深处的游牧民族随时都是个威胁，楼烦和林胡也不安分，所以代地的边防军肯定一个都不能动；邯郸城与齐国、魏国、韩国近在咫尺，更有中山国虎视眈眈，因此邯郸城的精兵也不适合调动。

秦国虎踞关中，本来与赵国八杆子打不着，两国之间曾相隔着魏国在黄河以西的华山、靖边和定边一线的狭长走廊地带。但魏国在与秦国的多次较量中，被打得落花流水，丧魂落魄，不得不将阴晋（今陕西华阴）、上郡（今陕西北部及内蒙古鄂尔多斯一带）十五县及其相邻地区，先后一笔笔按顺序划入秦国版图，从此永远失去了黄河以西那条狭长的走廊地带，致使赵国毫无遮拦地暴露在了虎视眈眈的秦国眼皮底下。从此，赵国极不情愿地直接与秦国在南起壶口，北至延安、靖边一线，形成了一条漫长的边界线，无可奈何地成为秦国越过黄河，攻打魏国或者韩国的直接通道。尽管秦国提前会照会赵国，但是根本就不把赵国放在眼里。秦国在攻下韩国的宜阳（今河南宜阳西）后，又一鼓作气渡过黄河，攻下北岸的军事重镇武遂（今山西古城），并在武遂专门针对赵国大修军事基地。从武遂北上越过上党（今山西长治），即可直逼赵国都城邯郸。武遂一线成为秦国进攻赵国的另一条致命的快捷通道，邯郸城几乎无险可守。为了防止秦军偷袭赵国，所以，秦赵两国边境线上的军力也不能调。

赵侯雍这一调集兵力，突然发现自己的决定有点草率了。最后只好从赵韩、赵魏边境上的军队中抽调出来一部分，再从臣子封地的私家兵里抽出部分兵力，合在一处，组成五万军队。这些兵士只有两万是精兵，其余的只能算是凑数的。胸怀壮志的赵侯雍就这样被历史的洪流推上了风口浪尖，别无选择地搏击于惊涛骇浪的风暴中心，艰难地蹒跚于狼烟滚滚的无边战场。

魏国虽然是首倡者，但是却藏了个小心眼，将五国合纵长之位让给

楚国。韩国是这次五国伐秦中最积极的国家，韩赵魏三国的军队很快就进驻到秦国的东大门——函谷关（今河南省灵宝县境内）等待楚国、燕国军队的到来。

函谷关西据高原，东临绝涧，南接秦岭，北塞黄河，是建置最早的雄关要塞之一。始建于春秋战国之际，是东去洛阳、西达长安的咽喉，自古为兵家必争之地。函谷关不仅是一处军事重地，而且是古代中原腹地与西北地区文化、经济交流的要地。围绕着这座重关名城，流传着"紫气东来"、"老子过关"等故事和传说，也是老子著作《道德经》的地方。

韩赵魏联军早早就抵达了函谷关，可是楚国、燕国的军队迟迟不到。在张仪的游说下，楚国和燕国各自打出了自己的小算盘。他们虽然出兵了，但是一路上行军缓慢。五国伐秦中，楚国的实力最为强大，楚军曾一度进抵函谷关附近，但是却迟迟不与韩赵魏军队汇合。燕国见此情景，也按兵不进，离函谷关仅剩数十里，却每日仅进军三四里便露营。

楚、燕两国受秦威胁不大，态度消极，心存观望，等待坐收渔利。公孙衍虽然拿着五国的相印，可是他根本指挥不动楚国和燕国的军队。赵侯雍没有去前线，他每天都在关注函谷关的战事，传来的消息让他坐卧不安。

赵侯雍也想到了退兵，但是秦国不会罢休，不仅不会放过韩魏两国，更不会在赵国的边境前顿足不前。韩赵魏互为犄角，任何一个受损，另两个国家都会跟着遭殃，所以这一战势在必行。赵侯雍接连照会魏王和韩王，赵国决意和秦国死战到底。

秦惠王在全国调集了所有可以调动的军队，在函谷关集结了十五万大军，连十四五岁和年过五旬的男子都被征集到军队中，号称"五十万"大军。除此之外，函谷关附近的百姓都服徭役，加固城池，捐献军粮。

为了守住函谷关，秦惠王派大秦名将庶长樗里疾赴函谷关指挥作战。樗里疾来到函谷关之后，没敢轻举妄动，他悄悄的派出探子暗中勘察了韩、赵、魏联军的营地。樗里疾发现韩、赵、魏联军的统帅虽然是王族公子，可他们的副将都是职业军人。韩国主将是韩奂，赵国主将是赵渴，魏国主将魏屈；韩国的副将是将军申差，赵国的副将是牛翦，这两位可是声名赫赫的将才，魏国的魏屈也是宿将。

樗里疾无奈地摇头。韩、赵、魏三国联军的营地驻扎得实在是无懈可击，在函谷关外以东的十余里的三个丘陵地带驻扎，三座大营形成犄角之势，攻之南面的大营，中军大帐，北方的大营会来救，攻中军大帐，南北二营会来救。楚国和燕国各自在远处扎有军营，一副事不关己的样子，樗里疾对这两个国家也不重视。

战争就是一场游戏，不仅看实力，还要看运气。魏国此次派出五万军队，韩国派出六万军队，赵国五万，合计十六万。赵魏韩三国军队在质量上实际超过了秦国军队，如果加上楚国和燕国的十三万大军，攻破函谷关不是没有可能。但是秦国人占据了地利优势，他们任凭韩赵魏联军叫骂，就是不出战。

樗里疾确实没有切实可行的办法，就和韩、赵、魏联军继续在函谷关对峙，不想一对峙；从秋季就到了寒冬时节。严寒渐渐地召来了漫天飞舞的鹅毛大雪，即便是军队甲士也无法在寒冬这样的天气行军作战。好在韩、赵、魏联军有宜阳这个后援基地供应军用物资倒也不愁军粮，秦国当然是在各郡县征发军用物资。秦军就这样虎视眈眈地和韩、赵、魏联军天天吃饱了大眼瞪小眼。

就在双方开始对峙时，义渠人蠢蠢欲动，秦惠王连忙派使臣携重礼拜见义渠君。义渠君认为秦送厚礼实是暂时策略，想到了公孙衍对他说过的话，秦国强大终对己不利，便乘五国攻秦对峙之机，出兵袭击秦国大后方。防守的秦军仓促迎战，被义渠人打得没有还手之力，不断丢城失地。秦惠王只好调集军队阻止义渠人的进攻，苦苦支撑，希望能度过危机。

为了牵制秦军，赵侯雍命令秦赵边境的赵军严阵以待，不断骚扰秦军，这让秦惠王不敢轻易将这些地区的军队调往函谷关。

秦惠王三面受敌，又见张仪瓦解五国伐秦的大业成功了一半，至少唬住了楚国和燕国，便令樗里疾速战速决，主动出击。燕、楚两国一见

秦国强悍的军队果真出动了，连招呼都没打，径直撤兵了。魏、韩、赵三国联军无路可退，只能硬着头皮坚守迎战。秦军只是虚张声势，稍稍接触了一下，便退回函谷关防守。联军接连多日攻打函谷关，无奈城池高大、胸墙宽厚，防守的秦军数量又多，损失了很多将士，始终攻不破函谷关。

秦军苦苦支撑了大半年，终于度过了寒冬。公元前317年春天，樗里疾派出了一支精兵。五千黑衣锐士悄无声息地从函谷关内绕道山原直接插入了韩、赵、魏联军的背后悄悄埋伏了起来，秦军的闭关自守给了联军一个假象，那便是秦军害怕了。

魏国、韩国和赵国的将军中有人判断这是樗里疾故意在麻痹韩赵魏联军，提醒主将要提防诡计多端的樗里疾的背后偷袭，但是三位主将意见不合，相互掣肘。

秦军终于气势汹汹地出动十五万大军来攻打联军的营地，停战了大半年，宜阳城的鸡鸭牛肉供应了无数车，联军甲士的胃口早就被这样美滋滋的日子给骄纵懒散惯了。闻听秦军终于出关和自己对决了，韩奂便召集赵渴、牛翦、申差们商议。申差建议不管秦军怎样，联军可以按兵不动、严阵以待，以逸待劳。

韩奂拒听申差等人建议，魏屈主张出击，赵渴主张侧翼伏击。最后，三军统帅决定十六万大军席卷而出营地，山呼海啸般地冲向秦军。结果各国的军队阵势都摆不开，相互拥挤在一起，前面的士兵挡住了后面士兵的视线，层层叠叠的兵车拥堵在一起。

樗里疾为了稳妥起见，这次把弓弩、重甲全部带出来，整整十五万。三国联军还未展开进攻，就被秦军的强弓硬弩射得死伤无数。初时联军还有气势冲锋，但到了个把时辰后，便渐渐地陷进了秦军重型甲士和兵车的海洋里，战死的士兵越来越多。三国之间的配合本来就很差，看到攻击不力，死伤惨重，都有了撤退的念头。

联军的阵脚开始后撤，三国都极力避开秦军主力，把防守秦军的希望寄托在其他国家身上，一场毫无悬念的惨败开始了，这一战，竟死伤两万有余。联军不敢恋战，准备撤兵休整。樗里疾命令秦军紧追不舍。

联军边退边战，当退到修鱼的时候，秦军事先埋伏的五千大秦锐士如同天兵神将般的从天而降，不偏不倚地堵住了联军的东归之路，联军虽然在函谷关外被樗里疾挫败，但对这区区的五千锐士也不太在意。不想这五千锐士是秦军的秘密武器，领兵的将军庶长司马错，司马错此时虽然才三十六岁，却是货真价实的军事奇才。联军在这一群甲胄分明、装备精良的大秦锐士面前简直就是绵羊遇见饿虎，大秦锐士干脆利落地把联军给拦住了。

激战不多时，樗里疾率领的精锐秦军便泰山压顶般的从西边隆隆向联军营地席卷而来。联军士兵为了逃命，只好奋勇冲击司马错的五千锐士。大秦锐士虽然武艺高强，千锤百炼，但也架不住联军的汪洋人海，锐士横尸遍野。这场血战直杀得天昏地暗，血流成河，人喊声、马嘶声、哭喊声响彻云霄。

此一战，大秦锐士死伤三千多人，但是将联军死死地拖住，彻底地打出了大秦锐士的威风。三国联军被追赶到的秦军主力屠戮六万多人，加上函谷关下的战斗，韩赵魏三国被秦军屠杀八万两千多人，几乎损失了一半兵马。韩国的韩奂，赵国的赵渴，韩国的将军申差都尽数地被击杀。牛翦仅率二万多残军向赵国逃去。

五国伐秦以彻底失败告终，关东诸国大为震恐。 此后，秦军乘胜追击，各路兵马主动出击，不断进攻韩、赵、魏三国。秦国先是迫使韩国屈服，将太子仓作人质送到秦国求和。魏国的内政也受到秦国干涉，罢免了公孙衍的一切职务，再次割地赔款。赵国也接连丧失西部土地。秦国在合纵连横的谋略运用中越来越强大，秦惠王和张仪的名气也越来越响亮。不过，秦惠王也清醒地认识到进攻中原的时机尚未成熟，不得不暂时把战略重心转向义渠，扩充稳固其后方。韩赵魏这才松了一口气，得以喘息。

雄心勃勃的赵侯雍在赵国崛起的征途上，首次遭到一记重挫！五国合纵攻秦的失败，充分暴露了合纵联军外强中干的虚弱本质，使赵侯雍热血喷涌的大脑顿时冷静了许多。各国的惧秦心理和自保的本质，一览无余地暴露在秦国面前。

赵侯雍痛定思痛，一再反省自己的错误，在朝堂上检讨自己的失误。他说："赵国此次兵败，不是赵国的军队不行，而是联军配合不利所致；各国军队主帅意见不合，各自为战，让秦军逐一击破。今后我赵军定然不会草率参加联军作战。寡人将重整旗鼓，练兵强国，没有足够的把握绝不与秦军交战。寡人先前定下的北进策略如今看来是明智的，欲抗强秦，必先平定北方。今后我赵国还是要把注意力放在中山国和'三胡'上。"

公孙衍等纵横家们鼓吹的"外事，大可以王，小可以安"、"从（纵）成必霸，横成必王"（《韩非子·忠孝篇》）的美妙理论，并非医治赵国四面受敌窘境的灵丹妙药，反而促使秦国针对各国合纵的连横运动进一步加强，同时军事打击力度和频率进一步升级。老虎的屁股是不能轻易去摸的，这次让赵侯雍真正领教了什么是老虎了！他旗下的赵国为此付出了极其沉重的代价。此后的两年间，来自西秦的兵灾接踵而至，连年不断。

公元前 316 年，秦国大军直扑赵国的西大门，跨黄河，越吕梁，接连攻下赵国的中都（今山西平遥西南）和西阳（也称中阳，即今山西中阳）两城。那一时期的古赵人地，可以说是遍地兵戈，满目疮痍，战场凄厉的厮杀声，百姓四散奔逃的呼救声，金戈铁马的铿锵铮鸣声，此起彼伏，纵横交织，时断时续，不绝于耳。车辚辚，马萧萧，通过边塞狼烟，南北大道，东西陉口，传入邯郸，传入赵侯雍耳中……

屡战屡败、屡败屡战的赵侯雍，虽然百折不挠，勇气可嘉，经受住了时局与命运的双重挑战与打压，但在一连串的军事败绩面前，赵侯雍和他的赵国付出的昂贵学费和得到的深刻教训，实在是大了去了！

烽火连天的无情岁月，销蚀着赵侯雍的青春年华；水深火热的家灾国难，砥砺着他血气方刚的悲壮人生。从此之后，赵侯雍更加沉稳内敛，悄悄改革，苦水磨剑。

不论秦军怎样敲打赵国，赵军就是避而不战，守护住防线。赵侯雍始终坚定不移地执行他北进的战略，他的注意力就放在中山国、"三胡"和燕国身上。

第十六章　扶燕联秦

　　公元前 316 年，一个来自燕国的天大的机会突然降临在赵侯雍面前。

　　这事还得从那个糊涂透顶的燕王哙说起。燕易王死后，燕王哙继位，由于燕王哙不懂治国，继位后任用子之为国相。子之办事果断，善于监督考核臣属，得到燕王哙的赏识和重用。

　　燕王哙三年，苏代作为齐国使臣出使燕国。苏代与子之友情颇深，更想从子之身上得到回报。当燕王哙问苏代："你觉得齐王怎么样？"苏代回答说："齐王必不能称霸。"燕王哙又问："这是为什么？"

　　苏代回答："因为齐王不信任和重用他的大臣。"苏代想用这番话激燕王哙重用子之。果然，燕王哙更加重用子之。为此，子之送给苏代百余金，并表示要听从苏代的吩咐。

　　没多久，有一个名叫鹿毛寿的人劝燕王哙："不如把国家让给子之。当年，帝尧之所以被后世称为贤君，是因为他曾经要把国家让给许由，许由没有接受，所以尧既得到了让贤的美名又没有失去天下。现在，大王如果将国家让给子之，那么子之必然不敢接受，这样一来大王便可以与当年的尧相媲美了。"

　　燕王哙听信了鹿毛寿的蛊惑，使子之的权位更加强大。这都是齐威王当年一步步设计的圈套，为了遏制赵国，齐威王还怂恿燕国与韩国结盟，以便有朝一日可以由南北夹击赵国。子之言听计从，燕国和韩国就签订了协议。恰好子之担心燕易王后在国都影响他的大计，就把燕易王后和他的儿子公子职一起派到韩国做人质。

第十六章　扶燕联秦

·111·

没多久，又有大臣劝燕王哙说："当年，禹把伯益定为自己的继承人，但他任用的官吏都是启的党羽。等到禹老了，觉得启的党羽不足以担当统治天下的大任，就传位给了伯益。而启却和他的党羽攻打伯益，最终夺了伯益的国君之位。所以天下人都认为禹虽然名义上传位给了伯益，但不过是给了他一个虚位，而实际上是要让启取而代之。现在，大王您说要把国家让给子之，但所任用的官吏都是太子的人，这就和当年的禹一样，表面上要把国家让给子之，但实际上还是太子说了算。"

于是燕王哙将三百石俸禄以上大官的玺全部收回，另由子之擢贤任用。子之南面而坐行使国王之权，燕王哙年老不理政事，反而成为臣下，国家大事都由子之来裁决。这样子之大权在握，成了燕国实际上的君主。而燕王哙也不上朝听政，只想安安静静地做一个"臣子"。

这里面最气愤的无疑就是太子平了，如果燕王哙去世，太子平就是下一个燕王，子之这么一耍手段，这燕王的位置就和他彻底无缘了。子之当国三年，把政治搞得很乱，为了维护自己的权威，他实行铁腕政策，弄得百姓恐惧。

太子平和燕将市被担心早晚被子之所害，商议先行动手，攻杀子之。

齐宣王一直插手燕国内政，他是个善于谋略的人，觉得燕国还是不够乱，于是派人对太子平说："寡人听说太子坚持正义，将要废私而立公，整饬君臣之义，明确父子之位。寡人的国家弱小，不足以供驱使。即使如此，却愿意听从太子的差遣。"太子平于是邀集党徒聚合群众，联合将军市被包围王宫，攻打子之。子之调集重兵，击杀市被。太子平逃出燕国投奔齐国。燕王哙因为已经失去大权，只能眼睁睁地看着燕国大乱，没有一点办法。这次燕国内乱达数月之久，死者数万，百姓离志。趁燕国内乱之机，齐国和中山国竞相向燕进攻。

赵国一直想吞并中山国，燕国又是夹击中山国的一个得力助手，因此赵侯雍不愿燕国就此破灭。赵侯雍又看到太子平完全倒向齐国，这对赵国来说是非常不妙的。如果齐国吞了燕国，实力暴增，那么包括秦在内的哪个诸侯国都打不过它。所以绝对不能让齐国得逞，否则赵国就是第一个遭殃的，而且一定死得很惨。于是，一向低调赵侯雍决定插手燕国内政，从哪入手，他可是下了一番功夫。

赵侯雍首先要解决的就是推翻投靠齐国的太子平，必须有个可以替代太子平的人选。

赵侯雍知道燕王哙还有个公子在韩国做人质，叫公子职。于是，赵侯雍就发出照会，想要韩国放公子职回燕国争夺燕王之位。他想通过迎立新的燕王，使燕王能够对赵国感恩，继而与赵国结成稳固的联盟。韩国当年病急乱投医，顾不得和赵国的姻亲关系，竟然同意了子之的请求，燕赵联盟，公子职便是应这个盟约入韩。赵侯雍对此很恼火，对韩王的做法很气愤。这更能说清楚各个国家之间只有利益关系，毫无感情可谈。

此时，韩国的想法几乎与赵国一样，只是角度不同。韩国认为燕公子职虽然是赵国主张拥立的新燕王人选，但作为对燕公子职有质押权的韩国对于能否让公子职归国，却有着最直接的决定权。韩国本可以应燕太子平和齐国的要求杀死公子职，但韩国没有这么做，反而支持公子职回国争夺燕王之位。公子职非常感激韩国。韩国对公子职有不杀之恩，日后，韩国可以利用燕国制约齐国和赵国。

有了合适的新燕王人选之后，赵侯雍认为韩国胆小，不敢得罪齐国，必须再找个帮手才行。他很快就想到了最近时常和赵国交战的秦国，秦国虽然可恶，但是打架绝对是个好帮手。何况燕易王后其实是秦惠王的女儿，公子职实际上就是秦惠王的外孙。有了这层关系，赵侯雍觉得这件事更好办了。于是，赵侯雍派遣能言会道的楼缓做使臣，代表自己去见秦惠王。

此时，秦惠王正忙于与义渠的战事，虽然他也知道燕国内乱，女儿和外孙在韩国做人质，也想出兵帮助公子职，但是秦军出击燕国，势必要从赵国境内经过，摸不透赵侯雍的真实想法。秦惠王怎敢派重兵前往，万一被赵军包了饺子就彻底完了。秦赵两国多年来兵戎相加，已是死敌。正在左右为难之际，赵侯雍的使臣楼缓来了，还带来了丰厚的礼物献给秦惠王。

第十六章　扶燕联秦

楼缓向秦惠王转达赵侯雍的话："赵国国君希望与秦国共同出兵伐齐，一是为了惩罚齐国霍乱燕国；二是扶持品德兼备、为人善良的公子职做燕王，这样燕国才能安定。秦惠王也不愿意看到自己的女儿和外孙被齐人和太子平欺辱吧？更何况齐国曾经派死士冒充秦国人刺杀赵侯，将祸水引向秦国，秦王对此不能听之任之啊！"

秦惠王大惑："楼缓先生所说的刺客怎么回事？详细说给寡人听听！"

楼缓便把齐威王两次派刺客冒充秦国人刺杀赵侯雍的事详细地说了一遍。秦惠王听完大怒："好你个齐威王，竟然做出这样的勾当，幸好赵侯雍无事，否则我大秦早和赵国血流成河、横尸百万了，还不便宜了你这个老匹夫？"

楼缓道："正是赵侯觉得此事有诈，详查此事，最后才真相大白。"

秦惠王愤愤道："大秦做事素来光明磊落，虽然我们占地无数，那都是将士们在战场上用生命换回来的；秦人从不做亏心事，齐威王竟敢如此？寡人恨不得将他鞭尸。"

楼缓及时跟上一句话："所以，赵侯才希望秦王能够出兵相助，共同讨伐齐国，扶持公子职做燕王。秦、赵两国完全可以携手共进，各取所需。赵侯本意是想消灭中山和'三胡'，建立一个国土完整、富裕的赵国，这和秦国是不冲突的。赵国将来需要土地，也是向齐国夺取，绝不会西进。"

楼缓停了一会，见秦惠王认真听，又说了下面几句话，这让秦惠王顿时双眼放光。

楼缓这样说道："临来前，赵侯有几句真心话托我带给您。义渠人不足为虑，马总是要吃草的，烧光了草，义渠人还敢进犯秦国边境吗？再有秦国东进，有魏韩齐楚等国，实力强大，难于一时奏效。然秦国南部有巴蜀，只要秦军攻破葭萌关，将蜀国纳入囊中就不费吹灰之力了。这样秦国就可以携滚滚长江之势，对楚国构成致命的威胁。一旦秦楚交战，秦军可以沿江东进，绝杀楚军。如此一来，秦国的关中、汉中、巴蜀岂不连成一片，秦对楚国就会形成居高临下的压迫形势。请秦惠王试想之。"

秦惠王听了这席话，不由得直点头："妙计，妙计！寡人以前小看赵侯了，赵雍实乃当世豪雄，嬴驷愿意真心交他这个朋友。请先生回去禀告赵侯，秦国愿意与赵国结盟，做友好邻邦。请赵侯谋划助燕驱齐这事，到时候嬴驷愿助赵侯一臂之力，不但出兵共同伐齐，还可相助剿灭中山和'三胡'。如果赵侯方便，寡人愿意与他会面，共商天下大事。"

秦惠王和楼缓交代了一些细节，他和赵侯雍就这样达成了交易，相约伐齐。两个人都是胸怀天下的英雄，通过这件事竟然成为惺惺惜惺惺的朋友。

楼缓走后，秦惠王命令秦军在边境草原处向着义渠人的方向烧荒，很有效果。义渠人再也不敢靠近牧草被烧光的秦国边境作战，以避免大批马牛羊被饿死。如此一来，秦军势如破竹，不断地伐取义渠人的土地。

此外，秦惠王征求张仪等人对巴蜀的看法意见。张仪献上和赵侯雍相似的夺巴蜀的建议，更让秦惠王觉得此计可行，便派司马错率军进攻蜀国。很快，蜀国投降，纳入秦国版图。楚国震惊，慌作一团，这让秦惠王喜出望外，更想与赵侯雍会面。

公元前315年，也就是齐宣王五年，齐宣王令匡章率"五都之兵"及"北地之众"，向燕进攻。由于燕国人民痛恨子之，对齐的进攻反而表示欢迎，燕军不迎战，反而打开城门纳客。齐军很快攻下燕国的国都，燕王哙在乱军中被杀；子之被擒后处以醢（剁成肉酱）刑而死。太子平在匡章的支持下，掌控了燕国的朝政。后来齐军在燕国大肆屠杀抢掠，十分残暴。燕国人于是又纷纷起来反对齐军，齐军不得不被迫退出燕国。

在燕国内乱的时候，中山国也趁机夺得燕国的大片土地。中山国的相邦司马　"率三军之众，以征不宜（义）之邦"，为中山国"辟启疆土，方数百里，列城数十，破敌大邦"。

燕王哙死，子之被杀，国土被齐、中山攻破，燕国几乎亡国。

时机终于成熟了，赵侯雍喜出望外。赵国和韩国很快达成了协议，

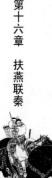

第十六章 扶燕联秦

赵侯雍派大将乐池入韩，迎燕国质于韩的公子职高调进入邯郸。燕国的百姓因不堪齐军的掳掠，对太子平的引狼入室也很不满，对公子职非常拥护。赵侯雍迎立燕公子职的行为，关系到多国利益。同时，他想破坏燕国与韩国对赵国的夹击盟约。由于人质公子职的归国，燕国与韩国的夹赵盟约自动解除，燕公子职是赵侯雍迎立的新燕王，于情于理都不该与韩国再次结成夹击赵国的联盟。在拆开了韩燕联盟后，便有利于赵国对韩燕这两个邻国分别进行控制了。

赵侯雍派人知会了秦惠王，此时，秦国正一步步逼近义渠人的老巢，激战正酣，连夺义渠人的数个城池。可是，蜀国地区发生暴乱，秦惠王不得不派重兵再次进蜀，一时间抽不出太多的兵力，就让赵侯雍忍耐一时，待秦国平定了巴蜀之乱和收拾了义渠之后再出兵。

赵侯雍只好派乐池引八万赵军护着公子职向燕国进军，与太子平和匡章的齐军交战。公子职也号召燕国军民响应他。太子平虽然失道寡助，但齐将匡章却是当时的名将，要想战胜太子平和匡章也不是一件容易的事。齐宣王见赵侯雍联合秦国插手燕国内政，与齐国为敌，便派遣精锐的齐军，意图在本土之外，借燕国的军备潜能与赵国决战。

此时的齐宣王已经继位数年了，早已掌管了齐国大权，一想到齐威王被赵侯雍吓死，心里就窝火。现在齐国、燕国好得跟一家人似的，还有中山国可供驱使，完全可以和赵侯雍一战，所以齐宣王尾巴就翘起来了，直接和赵军开战。

赵侯雍王并不想把赵国的主力部队投入到与齐军的战斗中来，不愿意为燕国损害赵国的实力。因此，赵国军队守住险要的地势，双方进入相持状态。赵侯雍对公子职和易王后称齐军强硬，赵军很难战胜齐军，请公子职和易王后不间断地向外公秦惠王求救。

时间过得很快，转眼就是两年的时间，秦惠王终于击垮了义渠人，连夺义渠人的二十五个城，让秦国有了大片的优质牧场。义渠君无奈称臣，归顺秦国。

秦惠王心满意足，恰好此时他出嫁到燕国的女儿和外孙公子职不断发来求救信。秦惠王派人告诉赵侯雍，他准备派出十万大军进入赵国，响应赵侯雍的"平叛驱齐"的号令。

公元前 312 年，赵、秦两路大军进攻齐军，大破齐军，攻入都城杀了太子平。公子职同年登基，是为燕昭王。燕昭王初立时，国破民弊，百废待兴。在他的母亲易王后和相国郭隗的帮助下，燕国筑黄金台招贤。燕昭王是一个非常有作为的君主，在他的带领下，燕国南抗齐国，北击东胡，在广袤的领土上又陆续新设了渔阳、右北平、辽西、辽东诸郡，燕在幅员上一跃超过赵齐越三国，仅次于秦楚，在诸侯列国中位居第三。

燕昭王是个有恩报恩，有仇报仇的人，他牢记国破父死的仇恨。多年后，燕昭王号召燕、秦、韩、赵、魏五国联合伐齐，派大将乐毅举兵进攻。燕军长驱直入，势如破竹，占领了齐国七十多个城，一气攻占了临淄。齐愍王被迫出逃，辗转至莒（今山东莒县）地固守，后被楚将淖齿所杀。燕昭王使燕国发展到鼎盛时期，他自己也跻身于战国七雄重要国君的行列。

迎立了燕昭王之后，赵侯雍的名望和声威如日中天，秦惠王对他十分欣赏。因此，秦、赵、燕三国结成了同盟。此外，赵国和宋国也成功缔约，赵侯雍与宋偃王结成联盟。宋国帮助赵国重点防范齐国和魏国；宋国也想利用赵国牵制齐、魏，以便于兼并齐国和卫国之间的邻近土地。

面对天下大乱，其他各国无暇干涉赵国内政，又有秦、燕、宋国鼎力支持的天赐良机，赵侯雍觉得自己厉兵秣马已久，早已是兵强马壮，赵军该有大行动了，这回要彻底收拾中山国和"三胡"了。

燎烤于烽火狼烟中心的赵侯雍，在邯郸城的王宫中再也坐不住了。他不顾王者威仪，不惜万乘之躯，再次微服出行，"遂至代北，至无穷，西至河，登黄华之上"。可以说他是中国历史上唯一一位踏遍国土全境、真正深入田间地头的国君。他亲自侦探敌情，布防设卡，用智设谋，纵横捭阖，周旋于列国之间合纵连横的诡计夹缝，孜孜不倦地求索着赵国自强不息的崛起之路。

赵侯雍经常微服深入赵国伸进中山的据点——九门（今河北正定东南），修筑军事瞭望台。常常登台远望，密切注视、收集齐国和中山的

军事动态；马不停蹄，奔走于代北和无穷之边，近距离观摩三胡"儿能骑羊，引弓射鼠鸟"、"士力能弯弓，尽为甲骑"的骑射绝技；登上黄河岸边视野开阔的黄华山巅，高瞻远瞩，放眼四合，静观列国杀伐征讨，风云际会；勒马伫立波涛奔涌的黄河之滨，心潮伴着河水起伏澎湃，回味着楚国吴起、魏国李悝、韩国申不害、秦国商鞅曾经的变法良策……

穷兵黩武的孔武蛮力，只能发泄年轻君王一时的一己之愤，并不能解决赵国富国强兵的长久根本大计。没有国家自身实力的强大，单靠纵横家们耍嘴皮子的外交功夫，临时拼凑起来的乌合之众，貌似强大，却是各怀鬼胎，外强中干。关键时刻对手一声断喝，就会像丛林里集体觅食的鸟群，吓得一哄而散，各奔东西，根本不堪一击！赵国要想彻底摆脱困境，在列国兼并战争中立于不败之地，就必须大刀阔斧地进行政治经济改革，尤其是军事改革，是赵国一条势在必行的崛起之路。

改革需要安宁稳定的周边环境，这就要求赵国必须暂时避开强国纷争的混乱世局，去努力争取一个和平安定的周边局势，先致力于自身的强大，蓄势而后发，进而才能逐鹿中原。

烽火狼烟中艰难蹒跚的赵侯雍，在东挡西杀的同时，也在实践着他剥丝抽茧、从细微之处改革的伟大实践。秦惠王遵循商鞅之法取得的成效让赵侯雍浮想联翩，他也很想与秦惠王坐在一起，边饮酒边畅谈天下，可惜事与愿违，两位当代豪雄均日理万机，难得各自有暇，竟然一次次错过见面的机会。

时光飞逝，赵章也已七岁，他的性格和体魄非常像童年时的赵侯雍。自两岁起，赵章便在如无食的教导下，茁壮成长，习得一身好武艺，虽然达不到如无食精妙的剑法水平，但也成为极为罕见的击剑神童。相信随着年龄的增长，气力和速度的增加，经验和自信的积累，赵章一定会进入更高层次的领悟。

如无食此年正好二十五岁，身长八尺有余，光洁白皙的脸庞，透着棱角分明的冷俊；乌黑深邃的眼眸，泛着参透万物的灵光；那浓密的眉，高挺的鼻，紧闭的唇，无一不张扬着高贵与优雅。

忽一日，如无食携一靓丽女子求见赵侯雍，请求归隐。赵侯雍十分不舍，但他知道像姒无食这样的绝世高手，是不可能永远留在自己身边的，便设宴饯行。

席间得知此女名为陌上女，来自太原郡，家中已无亲人，与姒无食结识已有两年。这一对神仙般的眷侣在央宫里一坐，真是惊艳若仙，见之难忘。

赵侯雍举酒，姒无食回敬。三盏酒过后，姒无食和陌上女告辞离去，自此再未露面。

翩翩往他方，寂寂归荒处，从今不得见，思之徒悲伤。

那一夜，赵侯雍喊来数十个"虎狼贲"兄弟痛饮，醉得不省人事。

公元前 311 年，秦惠王病重。卧榻期间，秦惠王对张仪说："赵侯雍当世豪杰，寡人担心日后赵国日渐强大，会对我大秦不利，张子可有良策！"

张仪建议："秦军宜前出赵国蔺邑（今山西离石县西），取得对赵军的战略优势，然后与赵侯雍达成秦赵连横协议，希望在太子嬴荡继位后能保两国相安无事。"

秦惠王于是令秦兵攻取赵国蔺邑，俘虏赵将赵庄，遣张仪为秦连横前来游说赵侯雍。

赵侯雍正在赵国微服出行，闻之秦军突袭边境，很是纳闷，幸好赵国并没有损失什么。他返回邯郸接见了张仪。

张仪说："赵侯收率天下以傧秦，秦兵不敢出函谷关十五年矣。赵侯之威，行于山东。弊邑恐惧慑伏，缮甲兵，饰奢嘹，习驰射，力田积粟，守四封之内，愁居慑处，不敢动摇，唯赵侯有意督过之也。"张仪很谦虚地表示秦不侵赵，是赵强，秦弱。

赵侯雍彻耳倾听。果然，张仪话锋急转，对赵侯雍说："今秦以大王之力，西举巴蜀，并汉中，东收两周，守白马之津。秦虽辟远，然而心忿悁含怒之日久矣。今宣君微甲钝兵，军于渑池，愿渡河逾漳，据番吾，迎战邯郸之下。愿以甲子之日合战，以正殷纣之事。"张仪此语锋芒毕现，恰似代秦惠王向赵国挑战。

张仪进一步分析天下大势后，又对赵侯雍说："今秦发三将军，一

第十六章　扶燕联秦

· 119 ·

军塞午道，告齐使兴师渡清河，军于邯郸之东；一军军于成皋，殴韩、魏而军于河外；一军军于渑池。曰：四国为一以攻赵。破赵而四分其地。臣切为赵侯计，莫如与秦遇于渑池，面相见而身相结。"

赵侯雍笑而不语。张仪凑过来说："秦惠王与赵侯英雄重英雄，不为方寸之地互生龌龊，愿让出北部边郡二百里草场给赵国，换河间一席之地，既为堵住臣民之口，也为赵侯日后囊括北部胡人部族提供便利。不知赵侯以为如何？"

赵侯雍闻听当即点头应许："知我者秦惠王也，河间与北部草场交换，看似秦国获利，实际上赵国得到的更多。"

张仪见赵侯雍同意，又道："秦惠王还有一事相求，如果日后秦国发生内乱，希望赵侯施以援手！"

赵侯雍详问了秦国国内的局势，审时度势后，与张仪说："那秦国太子嬴荡既然不喜欢先生，看来日后也容不下您，不如来我赵国，寡人愿奉张子为上卿，拜丞相位。"

张仪摇头道："多谢赵侯，张仪这一生既然被秦惠王赏识，就为他尽此一生之能了，"

张仪返回咸阳之后，觐见秦惠王。秦赵达成连横之计，赵侯雍乃以车三百乘入朝渑池，割河间以事秦。秦军亦得到秦惠王之令，自北部边境后撤二百余里，将广阔的草场空出。少了秦军横在那里，赵侯雍收服林胡、楼烦更是轻而易举之事。

秦惠王少了一件心事，溘然去世。时年四十六岁，葬于咸阳北原。

赵侯雍得知秦惠王去世的消息之后，对代相（代郡之相）赵固言道："生死无常，即便是英雄豪杰，最终也难逃一死；大丈夫当建功立业，才不枉这辉煌的一生。"

站得高，才能看得远。三十一岁的赵侯雍壮怀激烈，再也无法停下巡边奔走的脚步；日渐成熟的赵侯雍浓眉紧锁，危机感日益加重，迫使他不得不开动脑筋，思索赵国的未来之路。

第十七章　美人莹莹兮

公元前 310 年，自从秦、赵联合破齐扶燕之后的两年间，三十二岁的赵侯雍数次发兵与中山国以及林胡、东胡作战，虽然也抢占一些土地，但基本是"杀敌一千，自伤八百"。此外，楼烦王不能完全约束部下，其部下拥兵自重，也经常与赵军交战。

在对林胡、东胡和楼烦部落的作战中，赵侯雍深感赵军的不足。他看到胡人在军事服饰方面有一些特别的长处：穿窄袖短袄，生活起居和狩猎作战都比较方便；作战时用骑兵、弓箭，与中原的兵车、长矛相比，具有更大的灵活机动性。他对手下说："北方游牧民族的骑兵来如飞鸟，去如绝弦，是当今之快速部队，带着这样的部队驰骋疆场哪有不取胜的道理？"

然而当时的诸侯国，拥有骑兵最多的，也不过千骑，主要功能还是侦查、联络，不是作战。通常来讲，中原的军队，大多以步兵为主，辅以战车，再配以极少量的传令骑兵，这种作战方式在北方游牧民族林胡、楼烦、东胡强大的射控骑兵军团高机动性和强大的冲击力面前，往往不堪一击。

赵侯雍在这上面，已经吃了无数次亏了，血的教训，无比惨痛。赵军官兵的衣服都是根据步战和车战的要求而做，显得不太适合作战，在与胡人骑兵的交战中往往处于劣势。春秋至战国前期，华夏传统服装是长袍宽袖，不便于骑马射箭。此前人类虽驯养马匹千年，却因未解决鞍具无法骑驭，只能耕田驾车。春秋和战国前期马拉战车成为军队主力，其冲击力和速度超过步兵，却因道路所限难入山地丘陵，呆板的车战、步战使军事机器运动迟缓。

战车适合广阔的平原，好处在于冲击力强，是移动的军事堡垒。然而战车的巨大缺点，就是机动能力差，在崎岖的道路上追击时像牛，退却时似龟，特别是在丘陵和草原地带，面对游牧民族机动灵活的骑兵军团，更加不堪一击。

胡人都是身穿短衣、长裤，作战骑在马上，动作灵活方便。因此，在无数次的交战中，赵国始终无法占据主动，不得不忍受其猖狂，林胡、东胡和楼烦也趁此机会，连年向赵发动军事掠夺，赵国几乎没有还击之力。

经过多年的作战经验的积累和两年来深入到最前沿阵地的考察，赵侯雍认识到：赵国被动挨打，并非赵国国弱民衰，而在于军队军装不适于骑兵和车战的作战形式。他认为，要从根本上改变这种被动局面，弘扬先祖赵襄子"兼戎取代，以攘诸胡"的伟业，靠中原传统的步兵和战车配合作战的方式是不能成功的，笨重的战车和步卒也无力对付那奔驰迅猛、机动灵活的"三胡"骑兵。只有学习诸胡的长处，以骑兵对抗骑兵，才能增强赵国军事力量，彻底改变被动挨打的局面。同时，只有改中原地区宽袖长袍的服装为短衣紧袖的胡服，才能适应骑战的需要。

然而赵侯雍要训练骑兵，就必须使用马匹，要使用马匹，就必须抛弃中原人的宽袍大袖，改穿"胡人"那种便于骑马射箭的短衣紧袖。

事实上，胡服，只是个手段，骑射，才是他的终极目标。

骑兵的发展，乃是历史的大势所趋。中国的军事理论，发展到孙武、孙膑时，已经臻于极致；中国的军事装备，到了赵侯雍时代，也到了该彻底改进的时候了，赵侯雍这么多年游历于塞外草原，为的就是这一刻。

为了摸索出一条适合赵军的作战方式，赵侯雍开始了他伟大的尝试。

首先，赵侯雍从模仿"三胡"的穿戴入手，令八百"虎狼贲"卫队率先改穿胡服，学骑马。胡人大多身材矮小，粗壮，头圆而硕大，脸宽，颧高，鼻翼撇开，眉毛浓重，眼睛凸出，如杏仁一般，目光灵动有神；上唇须稠密，除了在颌上的一簇硬毛外没有胡子，耳上戴穿孔的长耳环。头顶上除了留有一束头发之外，头一般是剃光的。他们穿着宽大的、两旁开口、长到下腿的袍子，腰带的两端垂在前面。因为天冷，他们的袖口紧紧地密封在手腕上。他们肩上披着一条毛皮的短围巾，头上戴着皮帽子，鞋是皮制的，宽大的裤子用一条皮带紧紧地系住。弓袋系在腰带上，垂在腿的前面。箭筒也系在腰带上横在胸前，箭尾朝右边。

赵侯雍所推行的"胡服"，与此相近，是穿窄袖短衣、长裤，脚蹬皮靴，腰系皮带，戴有貂尾蝉蚁装饰的武冠，束金钩。从前长得像连衣裙般的"深衣"不能再穿了，此等穿着虽然闲适，但两袖翩翩围裳裹衣，怎么能骑马，铁定是要摔下来。

赵侯雍学习胡服，将上衣改短，袖子改窄，下面穿上有裆的长裤，中间系上皮带（类似于今天的武装带），如此还能将短兵器用带钩配在腰间，可在马上作战时随时抽出来砍人。士兵均穿长筒皮靴，这样既酷又实用，危急时刻还可以当成另类武器，狠狠地踹敌人一脚。

士兵们一律改穿皮质的轻甲。骑马打仗，最重要的就是机动性，防护力倒是其次，马儿跑得快，被弓弩射中的机会就不像乘战车那么多。后来蒙古轻骑兵将欧洲重骑兵轻松击败，也正说明了这一点。

从前的中原布帛制的冠冕也不能再戴了，不保暖，打起仗来还容易掉。将军们统统戴上"武冠"。武冠用皮革制成，左右插着两根野鸡翎子，代表自己跟野鸡一样善斗。士兵们则戴上一种"爪牙帽子"，原本是用皮做的，赵侯雍改用黑色绫绢做，弄得跟爪牙一样紧紧扣在头上，不容易掉，还防寒保暖，在北方打仗尤其实用。

当赵侯雍穿着奇怪的服装出现在跟随他多年的卫队面前时，众人都目瞪口呆，这不伦不类的装扮真是丑死了。这是野蛮人和奴隶穿戴的衣物，堂堂国君怎么可以穿这样的服装呢？将士们看着自己的国君犯傻，都不言语，心情复杂。子奴、胡貉等亲信都是深受周礼熏陶的人，他们也很不喜欢这身装扮。

赵侯雍很郁闷，他就像一个小丑一样，穿着这身不伦不类"胡服"指挥"虎狼贲"训练。这群铁血战士们既不敢笑，又不敢轻视，都憋着一种奇怪的表情，忍着不笑。

赵侯雍心情不适，当"虎狼贲"行至大陵露营时，他喝了很多酒，倒在行军帐篷里酣睡。

梦境里，一个妙龄少女忽然出现在赵侯雍的眼前。只见她风姿绰约，颜色姣好，素手弄琴，朱唇轻启，歌声曼妙，眉目含情。

她轻轻吟唱道："美人荧荧兮，颜若苕之荣。命乎命乎，曾无我嬴！"

这个美女在赵侯雍的梦里流连不去，她时隐时现如轻云笼月，浮动飘忽似风吹落雪。远而望之，明洁如朝霞中升起的旭日；近而视之，鲜丽如绿波间绽开的新荷。她身姿绰约，高挑的身材，肩窄如削，腰细如束，秀美的颈项露出白皙的皮肤。既不施脂，也不敷粉，发髻高耸如云，长眉弯曲细长，红唇鲜润，牙齿洁白，一双善于顾盼的闪亮的眼睛，两个面颊下甜甜的酒窝。她姿态优雅妩媚，举止温文娴静，情态柔美和顺，语辞得体可人。她脚着饰有花纹的远游鞋，拖着薄雾般的裙裾，隐隐散发出幽兰的清香，她双目流转光亮，容颜焕发泽润，话未出口，却已气香如兰。

最后，这个美女挥手作别，一时消失隐去光彩，赵侯雍梦中惊醒，余情缱绻，愁绪萦怀。他不时想象着相会的情景和美女的容貌，满心希望她能再次出现，思恋之情绵绵不断，越来越强，以至整夜心绪难平无法入睡，身上沾满了浓霜直至天明。

赵侯雍陶醉于梦境，这种感觉再也挥之不去、难以自拔。步出帐篷后，他看到了整装待发的"虎狼贲"，心中顿时生出这是一个吉兆——是仙女来安抚他受挫的意志和心灵。如果自己按照仙女的指示去做，也许她还会出现在自己的梦里。

在赵侯雍的严令下，"虎狼贲"将士尽管不情愿，还是无可奈何地穿上了赵侯雍为他们准备的奇装异服。当他们列着队行进时，无不成为赵人取笑的对象，臊得这八百"虎狼贲"无地自容。

在当天大宴群臣的酒宴上，赵侯雍将此梦说与大家听，并滴水不漏地将梦中少女的形象跟群臣描绘了一遍。

此时，正在席间饮宴的朝中大臣吴广显得有些激动了，因为赵侯雍刚刚所描绘的女子太像他的女儿了。于是，吴广当即奏请赵侯雍，要将自己的女儿吴孟姚献给他，并说梦中女子就是他的女儿。赵侯雍大喜，立即命吴广将他的女儿送进宫里。

当吴孟姚站在赵侯雍面前时，她的绰约身姿、华服衣饰、倾国的容貌、举手投足、眉目之间，无不像极了梦中少女；当吴孟姚抚琴高歌时，赵侯雍如获至宝，激动地抱起了她，对其宠爱有加，并赐名"吴娃"。

赵侯雍身为一国之主，后宫自然是百花争艳。螭虞早已是容貌衰减，吸引不住赵侯雍。其他的宫中女子尽管容貌俱佳，但是没有谁独得赵侯雍宠爱。唯有这吴娃，赵侯雍不仅宠她，而且义无反顾地爱上了她。赵侯雍认为这是上天赐给他的女人，是前生注定，对吴娃爱得无以复加，恨不得将天下最好的东西送给吴娃，以表达自己对她的爱。

一国之君爱上一个女人，这让赵豹和肥义等大臣忧心忡忡，担心周幽王和褒姒"烽火戏诸侯"的故事再发生，数次提醒赵侯雍，未见奏效。

赵侯雍被鼓噪得心烦，便率八百"虎狼贲"远赴代地练兵，吴娃也随大军前往。在靠近草原的辽阔天地里，赵侯雍酣畅淋漓地训练着他的骑兵卫队。

赵侯雍亲自骑马弯弓并露宿草原，聘请擅长骑射的胡人充当教练，推广了养马、制革、设兽医和筹办草料等完整配套的制度，并让国内作坊制作马具。六个月之后，赵侯雍建立起华夏民族最早的一支骑兵，培训出八百名装备精良且射术高超的骑兵——"虎狼骑"。当时赵侯雍亲率军队实行骑兵化的重要意义，相当于现代战争史上陆军由徒步跃升为机械化。

赵侯雍每天不是在吴娃那里，就是率领"虎狼骑"操练骑射，时光飞逝而过。代地附近零散的小部落在其狂飙般的骑兵攻击下，一时均非对手，心甘情愿地成为赵国的领土。

消息传来，"三胡"恐慌，中山国疑惑，诸侯国不解。

赵侯雍将"虎狼贲"实行胡服骑射，除了为适应同周边国家的军事

第十七章 美人莹莹兮

竞争外，最重要的目的是为了解决以代郡和邯郸为代表的两种文化、两种政治势力造成的南北分裂局面。

邯郸与代郡分居赵国的南北，分别是赵国进军中原的基地和制约戎狄的据点。邯郸与代郡之间隔着中山国，邯郸要与代郡交往就得绕很大的圈子，需要经过太行山西侧的上党郡和太原郡才能进入本来处于邯郸北面的代郡，很不方便。

邯郸与代郡两个重镇本来在民族和文化上就存在很大的差异，交通的不便利更加大了这种差异。邯郸对代郡的控制本来就一直很不力，而代郡出于同戎狄国家军事斗争的需要又有便宜行事的巨大自治权力，邯郸与代郡实际上是赵国执行南北不同攻略的两个国都。赵国有很多贵族就是在控制了代郡后，有了向赵国中央政府挑战的实力。在赵侯雍之前，赵国曾发生多起争立国君的政变，其频繁程度为当时各国之最。

赵国的内政与其他中原国家有很大的不同。其他中原国家的内政矛盾主要体现在宗室贵族与多为地主、自耕农出身的军功贵族之间的矛盾，而赵国的内政矛盾则体现为华夏族大臣与有戎狄背景的外族大臣之间的矛盾。两派之间的矛盾往往都是由于华夏族的大臣蔑视、排挤戎狄族人臣而引起的。

赵国国君喜欢用没有复杂背景、出身于戎狄的大臣，他们能力出众而且易于控制，远较能力平平却野心不小的宗室成员为强。赵侯雍即位后，重用出身于楼烦的楼缓和出身于匈奴的仇液，再加上肥义，赵国的戎狄外族之臣成了他最重要的一批助手。

赵国是一个游牧文明重于农耕文明的国家。赵国是华夏系统中与北方戎狄各族交流最全面、最深刻的国家。赵国的文化如同他们国君的血统里有大量的戎狄之血一样，是中原农耕文明与北方游牧民族的混合体。

赵国与林胡、楼烦、东胡、义渠、空同、中山等游牧民族国家接壤，国民中有大量的胡人和胡人后裔，胡人文化在赵国是根深蒂固的。由于赵国的游牧文明占上风，赵侯雍适应客观情况，大力提倡胡化是符合实际的。

"虎狼骑"作为赵军中最先实行"胡服骑射"的精锐部队，大多年四十以下，长七尺五寸（1.733 米）以上，壮健捷疾，超绝伦等，能驰骑彀（音构）射，前后左右，周旋进退，越沟堑，登兵陵，冒险阻，绝大泽，驰强敌，乱大众。

没办法，在还没有发明马镫的时代，骑兵的骑术必须极其高超才行，所以每个出色的"虎狼骑"都是赵国的宝贝，年薪那都是以"百金"来计算的，是为"百金之士"。事实上，在各国还以大批贵族车兵作为军中特权阶层的时候，赵侯雍已经将骑兵捧上了军队的最高层。这必然会引起非骑兵身份的人嫉妒和憎恨。

为了提高国民对在全国实行胡服骑射政策的信心，赵侯雍指挥八百"虎狼贲"不断对中山进行骚扰，在战争中取得了一系列的胜利，在声势上为胡服骑射的好处做了现实、有力的宣传。

此后三个月的时间里，赵侯雍率领他人数不多但却十分精锐的"虎狼贲"多方位进攻中山国，在房子（今河北高邑西南）大败中山国五千大军。

中山国调集重兵围堵，赵侯雍率领的"虎狼贲"铁骑横冲直撞，如入无人之境。战马嘶鸣，铁蹄如雷，杀得中山国兵车溃散，步兵亡命奔逃。随后，八百"虎狼骑"又大破中山一万大军，屠戮四千士兵，扫灭近百辆兵车。

中山国举国震惊，所有的城池和军营守军均闭门不出，高挂免战牌。赵侯雍的八百"虎狼骑"饮马中山国，从西向东横跨中山国，直达齐国边境；又从南至北横穿中山国，到达赵国的代郡，如入无人之境。数次往返，真是"七百里驱十五日，横扫千军如卷席"。中山国民每日看着赵侯雍的"虎狼骑"纵横驰骋，心里的恐惧与日俱增。

赵侯雍又率队到达赵国与东胡边境的重镇无穷之门（今河北张北南），继而又向西穿过楼烦和林胡的势力范围，向西强渡黄河。赵侯雍渡过黄河后，登上了黄河西侧林胡人长期活动的黄华地带。此行中，赵侯雍与游牧民族骑兵多次发生战斗，无一败绩。直杀得林胡人一路北退至草原戈壁的交界处，远远避开赵侯雍的铁骑。

第十七章 美人莹莹兮

公元前 309 年秋，赵侯雍心满意足地率领八百多"虎狼贲"返回邯郸，大军所到之处，百姓莫不夹道欢迎，观看这一支大扬赵国军威、骁勇善战的军队。

邯郸城内，赵豹已经年老病危，临死前握着赵侯雍的手道："国君重情重义，看不到潜在的危险，老臣为您担忧啊！"

赵侯雍热泪盈眶，不忍看着赵豹离去。

赵豹又对肥义说："肥义，不可辜负了赵肃侯的重托啊！"

肥义两鬓染霜，他们那一代臣子都老了。赵侯雍已经不需要他们耳提面命了。赵豹当晚离世，肥义成为赵侯雍最为倚靠的重臣了。

吴娃此时已有九个多月的身孕，回到邯郸后，吴娃就诞下一个公子，名叫赵何。赵侯雍请肥义做公子何的太傅。肥义难以推辞，便诚恳接受。公子何活泼可爱，一双机灵的大眼睛，很招人喜欢。肥义第一次见到还在襁褓里的公子何时，公子何便无意识地双手作揖，惊得肥义直呼："不得了！不得了！"

赵侯雍对公子何喜爱得不得了，对吴娃更是宠爱，夜夜宿于吴娃的寝宫，将其他妃嫔冷落在一旁。韩女螭虞虽然是后宫之主，这两年来天天看着、听着吴娃和赵侯雍恩恩爱爱的事，气得七窍生烟，痛不欲生，竟然一病不起，很快病逝。

吴娃顺理成章升级为后宫之主，史称"赵惠后"。

第十八章　胡服骑射

公元前 309 年，赵侯雍召见年富力强、忠心耿耿的臣子楼缓。

赵侯雍对他说："咱们东边有齐国、中山，北边有燕国、东胡，西边有秦国、韩国、楼烦和林胡。赵国如果不有所改变，随时会被灭。要发奋图强，就得好好来一番改革。寡人觉得咱们穿的服装，长袍大褂，干活打仗，都不方便，不如胡人短衣窄袖，脚上穿皮靴，灵活得多。寡人先前已经训练出穿着胡服作战的"虎狼骑"，作战中灵活多变，可堪重用。如今寡人打算仿照胡人的风俗，把全国军队的服装都改一改，您觉得怎么样？"

楼缓极力赞成，说："国君仿照胡人的穿着，学习他们骑射的本领，在交战中已经证明占据了极大的优势，臣鼎力支持国君的这个决议。"

赵侯雍道："是的！我赵国打仗全靠步兵或者兵车，不会骑马打仗，被胡人轮番暴虐；那秦国实力远胜我赵国，攻打义渠竟然用了数年的时间，直到现在还没有彻底降服义渠。那义渠人表面上归顺秦国，依寡人看，义渠早晚还会霍乱秦国。如果赵国不能彻底降服"三胡"，他们早晚也是赵国霍乱的根源。寡人打算明日在朝堂上推行胡人服饰。"

楼缓想了一会儿，对赵侯雍道："国君，不知肥义大人如何见解？"

赵侯雍召来肥义商议此事，肥义竟然大加赞同，认为这是赵国扭转乾坤的力作。

赵侯雍说："寡人用胡服骑射来改革赵国的风俗，如果众人反对，怎么办？"

肥义说："要办大事不能犹豫，犹豫就办不成大事。国君既然认为这样做对国家有利，何必怕大家讥笑？"

赵侯雍听了很高兴，说："寡人看讥笑我的必是些蠢人，明理的人都会赞成寡人。"

第二天上朝的时候，赵侯雍穿着胡人的服装走出来，肥义和楼缓也穿着胡服走上朝堂。大臣们见他们短衣窄袖的穿着，都不知所措。赵侯雍就把改穿胡服的事向大家讲了，可是大臣们都觉得这件事难以接受。

以赵文、赵造、赵俊为首的赵国宗室贵族更不愿穿胡服。公子成更是极力反对，第二天便装病不上朝。他们都以胡服骑射必将引起全国范围内的各项国家政策随之改变，容易造成国内局势的不稳定为由，阻止胡服骑射。

周王朝身份等级制度非常严密，而服饰就是等级的标志、地位的象征。因为高冠大袖、飘逸潇洒的袍服可以让有闲阶级们区别于蝼蚁小民，让他们在心理上就高人一等。

孔子的得意门生子路，在格斗中帽缨被打断，他明知风险，竟停止战斗说："君子死而冠不免。"为了保持帽子的完整，他竟将帽缨重新扎上，也将自己的小命拱手送给了敌人。也就是说，对于周朝的贵族们来讲，为了保住自己身份地位的象征，他们甚至不惜去死！

正因为此，《礼记王制》中曾严厉的规定："析言破律、乱名改作，执左道以乱政，杀！作淫声、异服、奇技、奇器以疑众，杀！"

所以，赵侯雍要胡服，要全国上下穿成胡人一样，就等于抢去了贵族们的所谓尊严、抢去了贵族们心中神圣的生存法则。事实上，除了拥有胡人血统的楼缓、肥义等人，赵国的朝堂大臣们没有一个想穿胡服的，而其中最反对的那个人，自然就是赵侯雍的亲叔叔公子成。

公子成道："中国者，圣贤之所教也，礼乐之所用也，远方之所观赴也，蛮夷之所则效也。今王舍此而袭远方之服，变古之道，逆人之心，臣愿王孰图之也！"意思就是说中国是礼乐之邦，一向以礼乐来让蛮夷臣服。改穿胡服，违背了先圣的教诲，破坏了中原文化礼仪，有损民族尊严。总之一句话，说啥也不穿，死也不穿！

公子成自从查办黑衣死士刺杀赵侯雍一事以后，成功得到了赵侯雍的信任，在赵氏宗族里威望十足，甚至超过了赵侯雍。公子成这一称病不上朝，其他的大臣们都偷着乐。因为胡服的事情，赵国的国君已经被天下人耻笑了，他们这些做臣子的可不想丢这个脸。

赵文、赵造、赵俊等宗室成员都是赵国历代分封出来的小诸侯，都有自己的私家兵，联合在一起就不得了。他们关键时候不出力，背后就知道插刀子。赵肃侯时期，就因为宗室问题大费脑筋。赵侯雍如此雷厉风行地推行胡服骑射，无非就是要在宗室之上建立起一支完全属于国家的军队。

赵侯雍下了决心，非实行改革不可。他知道要推行这个新办法，首先要做通公子成的思想，就亲自上门找公子成，跟公子成反复地讲穿胡服、学骑射的好处。

赵侯雍说："夫服者，所以便用也；礼者，所以便事也。圣人观俗而顺宜，因事而制礼，所以利其民而厚国也。故礼服各地不同，其便一也……"

公子成闭目不语。

赵侯雍接着给他念经："吾国东有齐、中山，北有燕、东胡，西有楼烦、林胡、秦、韩之边。今无骑射之备，则何以守之哉？先时中山负齐之强兵，侵暴吾地，微社稷之神灵，则几于不守也。先君耻之，故寡人变服骑射，欲以备四境之难，报中山之怨。而叔顺中国之俗，恶变服之名，以忘中山之耻，非寡人之所望也！"

公子成知道赵侯雍的话似乎句句在理，且又把先君提出来压自己，这实在让自己没办法回嘴呀！

赵侯雍继续说道："先王不同俗，何古之法？帝王不相袭，何礼之循？若奇装异服者志淫，则吴、越无秀士乎？"

彻夜长谈，公子成见赵侯雍执意改革，知道此事不可逆转，便见风使舵，说："臣愚，不达于王之义，敢道世俗之闻，臣之罪也。今王将继先君之志，臣敢不听命乎！"

赵侯雍大喜，当即赏赐公子成一套胡服，说："明天穿着它和寡人一起上朝吧！"

第十八章 胡服骑射

赵侯雍满意地走了，孤灯下，夜色如冰，公子成捧着那件胡服，欲哭无泪。赵侯雍前来劝慰自己，这是给自己面子，如果真的对抗到底，那是自讨苦吃！如此就坡下驴，既给了国君面子，也免了自己政治生命就此终结。

公子成穿戴好胡服，在院子里走了几圈，别说，身上轻松了很多。如今岁数大了，穿着那套里三层外三层、沉甸甸的朝服真是受累啊！这胡服虽然轻便，如厕也很方便，但是难看至极，穿着这个出门，岂不被天下人耻笑，是可忍，孰不可忍！

公子成此人，是个典型的保守派死硬分子，他虽然表面上被赵侯雍说服了，其实心底还是想阻扰这件事儿，只是事以至此，他自己是不能出面了，怎么办？

在公子成的授意下，赵文、赵造、周裪、赵俊出马了，他们是公子成座下的亲信，均有口若悬河之才，舌灿莲花之能。公子成想，我一个人说不过你，那就派他们四个人一起上。赵侯雍再能说，一张嘴能斗得过四张嘴？

次日清晨，赵国的朝堂上剑拔弩张，凝重的气氛压得大家喘不过气来。公子成穿着胡服站在前列，面色阴沉，其他大臣见此情景，知道公子成扛不住赵侯雍的压力了，都神经紧张到最高点。

正这时，殿外突然一阵喧哗，所有人的目光，凝结了。只见赵侯雍身着胡服，腰间悬剑，胯骑一匹雄骏异常的枣红色高头大马，率领八百多"虎狼骑"奔驰在大殿外的广场上，马蹄踏踏，宛如天人。

赵侯雍的马就是天下闻名的"汗血宝马"了，果然不同凡响。而宝马配上英雄，更是令人神往，作为中国历史上第一个骑马的名将，赵侯雍的豪气在当时也算得上是惊世骇俗了。这才是真正的世间英豪。赵侯雍用事实证明，华服有华服的漂亮，胡服有胡服的潇洒。

公子成心中一凛，不好，气势上就首先输了赵侯雍一截，自己这边儿恐怕要输。

赵侯雍潇洒地下马，震鞭，扬靴，"咚咚"地走上台阶，胡帽上的金珰"叮叮"作响，更添几分威势。这种新奇的帽子就是胡王所用的

"貂蝉冠"（顶饰金蝉，前插貂尾），既时尚又可御寒，骑马打仗最为实用，成为赵侯雍的专用王冠。

赵侯雍站定，二话不说就开始宣布"胡服骑射"令，之后，环视群臣，不怒而威。

公子成一使眼色，那四个人壮着胆子，开始七嘴八舌地反对——王毋胡服，如故法便。他们太小看赵侯雍了，一个立定了决心的王者，岂是那么容易说服的，结果赵侯雍一番雄辩，将四人批得哑口无言，一个个尴尬在朝堂。

还有臣子准备禀奏赵侯雍，赵侯雍突然站起来大步走到殿外，臣子们忙跟着一起出来。只见赵侯雍走到宝马前，摘下铁制强弓，引弓射箭，一箭射在侧殿前的旗杆上，大声高喝："寡人改制胡服，行骑射，意已决，再有鼓噪者，寡人必射之。不论是谁，寡人绝不容情！"

"虎狼骑"高举兵器，纵马驰奔，鲜明的旗帜，高亢的吼叫，让在场的臣子心惊胆战。臣子们见触了赵侯雍的逆鳞，都大为惶恐，这个先前和蔼的国君不发怒不觉得可怕，这一发怒真是人人自危！生怕惹恼了赵侯雍，顷刻间成为刀下之鬼。

最后的阻力被野蛮地消除了，自此，一场史无前例的大改革在赵国大地上轰轰烈烈地展开，赵侯雍注定名垂千古。历数整段中国历史，拥有如此改革勇气的帝王，唯有赵侯雍。赵侯雍主动打破华夏贵、戎狄卑传统观念的勇气在中原各国中是十分罕见的。

为了减少阻力，胡服骑射只是在骑兵部队和官员中推行，不涉及地方百姓。"胡服"，即"貂服"，以皮革为主。"改革"一词，由此滥觞。

赵侯雍将改革分成两个阶段，他先从上层入手，实施其改革的第一步就是要求朝中官员改装，又命"将军、大夫、适子、戍吏皆貂服"。同时，以代地为中心，以代马为坐骑，大量招募兵勇，训练骑兵。

赵侯雍在军队和朝中官员中颁布了九项措施：

其一，召骑射，即用优厚的待遇招募会骑马射箭的年轻男子充当骑兵。

其二，在原阳建立骑兵集中训练基地，训练出了一支具有过硬骑射

本领的骑兵部队。

其三，收编胡兵，招募楼烦等胡人加入赵国的骑兵队伍，实行以胡制胡的政策。

其四，用胡马，即用北方少数游牧民族的马匹作为赵国骑兵的战马，这些马长得彪悍，善跑，机灵有耐力。

其五，配备骑兵的武器为长弓和剑矛。骑兵在与敌人远距离时在马上弯弓射箭，短兵相接时就用剑和矛进行刺杀。

其六，换掉帽子，国君戴王冠，军官戴武冠，士兵戴用黑色凌娟制成的爪牙帽子，以防北方的风沙。

其七，变履为靴，以便于骑马和涉草地。

其八，改重甲为轻甲。把原来铜做的铠甲改为皮革，这样可以轻装上阵，以利于穿山涉险，驰骋疆场。

其九，穿胡服。骑兵上穿夹衣、窄袖；下穿裤子，中间束带。贵族大臣则在腰间束带钩。

赵侯雍先前曾招募胡人骑兵充当教官，或者直接充当士兵，为国家服务。但这种雇佣骑兵很不可靠，而且很难指挥。华夏族的将领很少有骑术精湛、懂胡语、深通胡人文化的，而崇尚英雄主义的胡人也不愿服从他们不敬佩的将领。赵侯雍想要通过把赵国将士直接培养成骑兵与招募胡人骑兵相结合的办法，建立一支能被国君牢牢控制的国家骑兵。

赵侯雍从自己率领的八百多"虎狼贲"中抽出三百人作为军官教导团，开始培训骑兵。原来的步兵和步兵将领要想转为骑兵，必须要经过严格的培训和考试。由于赵侯雍控制了骑兵的军官，所以这支新组建的骑兵不同于以往的赵国军队。骑兵军官都是从"虎狼贲"中选拔出来的，忠心耿耿，因此赵侯雍牢牢地控制着骑兵的指挥权。"虎狼贲"作为骑兵将领的大本营，更是成为赵国人推崇的神圣组织。

胡服军装的推广，不仅直接为赵侯雍赢得了赫赫武功，而且对军队历史的发展演化进程产生了重大影响，开创了赵国骑兵史上的新纪元，从此中国军事史中除车兵、步兵和舟兵外，出现了骑兵这一崭新的兵种。

赵侯雍借组建骑兵、选拔骑兵的机会，还亲自选拔步兵将领，对赵国的步兵系统进行了一次从上到下的大整顿，赵侯雍选拔军事将领严格遵循能力原则，以能任官，明确了游牧文化的主导地位，结果大批出身低贱和有戎狄背景的人得到重用。这样，国民中许多有能力的人都得到了任用，而大批把持权力的赵国宗室贵族遭到了裁撤。虽然这引起了宗室贵族的极大不满，但通过对军队系统的调整、改建，赵侯雍更稳固地控制了赵国的军权。

为了演练骑兵，赵侯雍在邯郸城内建了一座规模宏大的"丛台"。丛台为许多亭台建筑连接垒列而成，"连接非一，故名丛台"是也。古诗云"台上弦歌醉美人，台下扬鞭耀武士"。赵侯雍在高台之上一边看美女喝美酒，一边观骑射，真是潇洒。

除丛台外，邯郸城中还建有插箭岭和铸箭炉。赵国的骑兵，手持弓弩，腰胯短剑，远则射之，近则劈刺——这样远近距离杀伤力均十分强大，再加上机动性又高，其与车阵与步兵配合作战，则基本上是无敌的。全面游牧化的赵国骑兵，取胡人机动性强的优势，弃其纪律性差的缺点，随后便在与北方胡人的军事斗争中取得了一系列的小胜。

胡服骑射后，赵国的军事将领主要是从骑兵中产生，或者至少要有在骑兵部队服役过的经历。比如说后来的赵国名将廉颇、李牧、赵奢，莫不是如此。这么看，骑兵在赵军之中，有点像欧洲中世纪的骑士团，地位超然。

骑兵是一个技术性比较强的兵种，培养和装备一个骑兵的费用相当于十个步兵，所以，对将领和士兵的选拔与训练都很严格。同时，骑兵是当时赵国的特种兵和军官团，是赵国的军事特权阶层，受到的待遇也是贵族的水平。

骑兵的装备比步兵要复杂得多。因为骑兵的流动性很强，所以兵籍管理和给养保障比步兵要复杂得多，必须要建立一个部门专门为之服务。赵国国内的马匹也都建立了马籍，以便于国家对全国骑战潜能的掌握和调用。赵侯雍命人对全国的户籍和牛、马等大型牲口进行了普查，建立了可靠的管理体系。

大力推广军功贵族制度的赵侯雍借助这次普查与统计，将宗室贵族和地主隐瞒的人口都查了出来，扩大了国家掌握的税源和劳动力资源。赵国原有的宗室贵族荫亲体系遭到沉重打击，赵侯雍推广的军功制度成为赵国军民寻求富贵的主要途径。

由于骑兵的特高待遇和非常好的军官前途，赵国的百姓都希望自己的家里能够出一个骑兵，最好是一个骑兵将领。于是，赵人养马蔚然成风，几乎养成了家家养马的风气。谁家的种马品种好，更是受益。贡献良马的家庭不仅可以免除徭役，还可以得到军功。自然，养马人家的孩子便可以随时练习骑马，成为马背上长大的一代。

骑兵的服务人员也很多，有负责养马的，负责收集牧草的，给马看病的，还有直接为骑兵服务的奴婢。这些都带动了赵国相关手工业的发展，吸引了很多其他诸侯国的百姓前来谋生。

骑兵的武器装备不同于步兵，一个骑兵必须要有两匹马，用特制的骑兵弓，配备不同用途的箭，要有长刀和短刀，有夜里御寒的皮蓬和可供长途奔袭的口粮和水。这些军器主要由胡人工匠负责生产。骑兵用具中有大量的皮革制品，对牛羊的需求很大，这就促使与游牧生活相关的生产得到很大的发展。

骑兵本身就是一种胡人文化，赵侯雍在全军推广"胡服骑射"后，本来在赵国就占有主要地位的胡人文化正式得到了国家的肯定、扶持，胡人的生产方式和生活方式的地位进一步得到了提高。胡人歌舞、胡人医药、胡人服饰、胡人语言在赵国得到了更大范围的普及。

因为地理因素，赵国士兵的形象与中原各国的士兵形象差别较大，与楼烦、林胡这些胡人倒很相似。赵侯雍本人也能讲胡语，惯住帐篷，喜欢水草生活。"胡服骑射"对赵国的经济结构造成了很大的影响，使之更趋近于游牧经济。对游牧经济、骑兵生活熟悉的大量胡人精英通过选拔，进入到赵国的军政领导层，改变了赵国的权力结构。胡人文化的升扬，稳固了其在赵国的主导地位。胡人吃苦耐劳、重义尚武的精神在赵侯雍的宣扬下对赵国国民的心理也产生了巨大的影响。"胡服骑射"真正触动的是赵国宗室贵族这些少数派的利益，他们迫于赵侯雍的压力屈服，但是心里却隐忍着。

"胡服"弱化了服饰的身份标示功能，强化了其实用功能，使"习胡服，求便利"成了赵国服饰变化的总体倾向。"胡服骑射"前的华夏族服饰，既是每个人身份高低的标志，也是夷夏不同民族身份的标志。统治者以严格的等级服饰来显示自己的尊贵和威严。"胡服"因其打破了服饰的民族界限，弱化了身份界限，使君臣、官民服饰的差别大大减小，自然弱化了服饰的身份标示功能。

赵侯雍并没有强制百姓改穿胡服，只在官吏、军队中强制推行，但上行下效，自古皆然，加上胡服的便利性，赵国百姓纷纷效仿。貉服、胡服之冠、爪牙帽子、带钩等胡人风格的服饰开始在赵国百姓中流行。最高兴的是平民百姓，除了料子上有所区别之外，他们和贵族的服饰一样了，再也不会因为服饰贵贱的差别被人耻笑了，而且干活效率也大大提高了。赵国的生产力顿时突飞猛进。

"胡服"的推广减弱了赵国鄙视胡人的心理，增强了胡人对赵国的归依心理。汉人因为"胡服"劳作方便而穿上胡人的服饰，胡人因汉人的服饰飘逸而穿上汉人的服饰。"胡服骑射"推进了中原华夏民族与北方游牧民族的服饰融合，也缩短了赵人、胡人心理上的胡汉差异，胡人开始从感情上亲近赵人。赵侯雍身穿胡服进行教化，自然被胡人视为对其最友好的表示。林胡、楼烦开始接纳赵国，起到了化敌为友的巨大功效。正是这种亲近感，促成了以后赵国收服"三胡"的成功。

公元前307年，"胡服骑射"经过两年的推广已经深入人心，赵侯雍就正式下了一道全国改革服装的命令。伴随"骑射"同时推行了军功爵制，全依军功大小确定身份高低，彻底废除了旧士卿的世禄制，而这才是真正触及宗室贵族利益的最痛点。

"胡服骑射"深受赵国百姓的真心欢迎。然而，自周以来，身份等级制度严密，服饰就是等级的标志，地位的象征。高冠大袖、飘逸潇洒的袍服让士大夫阶层在心理上高人一等，不惜以死捍卫。事实上，赵国的贵族，没有一个拥护改革。这也为赵侯雍的命运埋下了隐患，历来改革者莫不是为此深受其苦。

胡服骑射：赵武灵王

　　经过赵侯雍对人力、物力的重新整合，赵国的军事实力得到了很大的提高。同样在这两年中，赵侯雍继续在日理万机的间隙，四处游历。他有时甚至异装潜入到胡人的部落里，打探他们的情况。天底下何曾有过一个万乘之君，亲力亲为到这种地步的，赵侯雍也算是一个大大的奇人了。

第十九章　信宫会盟

　　赵侯雍豪气万丈，他有意对中山国开战，借此宣示赵国的国威、君威。可是，一件突如其来的事情迫使他改变了主意。这件事几乎改变了战国时期各诸侯国的命运。

　　早在年初，秦国国君秦武王突然冒出一个巡视周天子国都的想法，此时他已经继位四年有余，他的雄心壮志与远大抱负，不逊于任何一位有作为的秦国先君。秦武王天生神力，从小就喜欢与勇士们做有关力气方面的对抗。乌获、任鄙二将在秦惠文王时期就因为作战英勇、力大无穷而倍受宠爱。秦武王即位后，对二人更是宠爱有加。后来，秦武王又招募了另一位大力士孟贲，平日里经常在一起角力，比试力气。

　　孟贲的力气大到什么程度呢，当时秦人对其描述为"水行不避蛟龙，陆行不避虎狼，发怒吐气，声响动天"。传说有一次孟贲外出打柴，他看见两只公牛正在打斗，二话没说，上前一手握住一只牛的牛角，愣是硬生生地把两只牛给分开了。其中一只牛见此人有偌大的力气，当时也就服软了，匍匐在地；而另外一只牛则有点桀骜不驯，两只牛角不住地晃动，大有要抵死孟贲的意思。孟贲当时就怒了，他用左手按住牛头，右手就去拔牛角，瞬间牛角被拔出，牛血喷出丈余高，那牛也立马倒地而死。当然这是传说，无据可查。

　　人们都害怕他的蛮力，都不敢与他发生争执。孟贲听说秦武王正在招募天下间的勇士，他认为自己终于有用武之地了，于是就前往秦国投奔秦武王。秦武王经过测试，知道他也是个名不虚传的人物，于是也拜他为大官，与乌获、任鄙一起受宠。

秦武王是个很有抱负的人，他耻于与六国为伍。他以甘茂为左丞相，樗里疾为右丞相施政。秦武王素知甘茂、樗里疾都是博古通今、头脑聪明之人，于是借一机会单独问二人道："由于寡人出生在偏远的西戎，从未目睹过中原的强盛之势。寡人想乘着垂帷挂幔的车子，通过三川郡，一睹周天子王城的辉煌。如果能满足这个愿望，即使死去也没有什么遗憾了！"

最后，秦武王提出了自己的想法——攻打韩国。樗里疾则表示反对，因为到韩国的路途不光遥远而且艰险，劳师费财，还不一定能有收获，万一赵、魏二国趁机偷袭，那后果不堪设想。秦武王转过身来看看甘茂，甘茂心领神会，对秦武王说："请允许我出使魏、赵两国，与两国相约去攻打韩国，并请向寿和我一同前往。"

武王当即大喜，给了甘茂很多财物，让其出使魏国。魏国答应出兵助秦，赵国拒绝。

同年七月，秦武王让甘茂率军十万伐韩。后来又增兵五万，使乌获前往协助甘茂。秦、魏两军大战于宜阳城下，乌获手持铁戟一双，重一百余斤，冲入韩军，所向披靡，没有敢抵挡的韩军。韩兵大败，被斩首七万有余。韩王惊恐之下，只得让出三川之地。

三川之地到手了，秦武王第一个愿望也完成了，接下来该游玩于巩、洛之间了。于是，秦武王引任鄙、乌获、孟贲一班勇士和大队人马起程，直入周王室所在地——洛阳。

周天子周赧王遣使到郊外迎接，礼节极其隆重。使者向秦武王致天子问候之意，并称周天子在王城备盛礼迎接秦武王。秦武王谢辞使者，却不与周王相见。

秦武王急于要见几件东西，是什么东西这么让他急不可耐呢？原来是象征着王权的九鼎。他早就让人打听清楚了，九鼎就放在周王室太庙的一侧。于是，秦武王又马不停蹄地来到周太庙所在地。走进侧室，果然见到九个宝鼎一字排列，相当整齐、壮观。这九鼎是当年大禹王收取九州的贡金，各铸成一鼎，上面记载有本州的山川人物，以及贡赋田士之数，足耳都有龙文，又称之为"九龙神鼎"。后来夏朝灭亡，九鼎落于商朝，为商朝的镇国之重器。等到周武王攻克殷商，就把九鼎迁到了洛邑。当年迁移之时，用了大量的人力、物力，人、马、车、船，能用的都用上了，宛似九座小铁山，都不知道它们到底有多重。

秦武王周览了一回，赞不绝口！鼎的腹部刻分别有荆、梁、雍、豫、徐、扬、青、兖、冀等九字，秦武王指着"雍"字鼎叹道："这个雍鼎，说的就是我们秦国！我要把它带回咸阳。"于是转身问守鼎的官吏曰："此鼎可曾有人能举起来么？"

小吏叩首答道："自从有这个鼎以来，从来都未有人能举得动它。听人说每个鼎都有千余斤之重，一个人哪能举得起来啊？"

秦武王于是转身问任鄙、乌获、孟贲："你们三人力大无穷，能举得动这个鼎么？"任鄙不光是个勇士，而且还是个聪明人。他知武王依仗着自己的力气，争强好胜，于是推脱道："小人只可举动两三百斤的东西，这个鼎太重了，小人举不动。"乌获也直摇头。孟贲却是个愣头青，四肢发达、头脑简单用在他的身上一点都不为过。只见他把袖子一卷，上前说道："小人来试试，若不能举得动，大王也不能怪罪！"

于是，孟贲将腰带束紧，用两个铁臂紧紧抓住鼎耳，大喝一声："起！"只见那"雍鼎"离起地面约有半尺，但很快又落回原地。由于用力过猛，孟贲眼珠迸出，鲜血直流。秦武王笑道："爱卿果然力大。既然爱卿都能举起此鼎，难道我还不如你么！"

这时，任鄙进谏道："大王乃万乘之躯，不可轻易尝试！"乌获也极力劝阻。武王笑而不听。当即解下锦袍玉带，束缚腰身。任鄙和乌获上前抓住他的衣袖再次劝谏。秦武王曰："你们自己没本事，难道是妒忌我？"任鄙、乌获被说得顿时无言以对。

秦武王大步向前，他猛地吸一口气，用尽生平神力，同样大喝一声："起！"那鼎也离地半尺。刚要转身走几步，不觉体力已经耗尽，大鼎从手中不觉落下，秦武王来不及收脚，大鼎已经重重地砸在他的右脚上，只听一声闷响，右脚胫骨被压个粉碎。

秦武王大叫一声："啊！"登时昏死在地。

随行人员慌忙将秦武王抬到军帐中，鲜血很快染红了卧榻，军医极

力救治，就是止不住血。秦武王疼痛难忍，捱到下半夜就呜呼哀哉了！

真应了他那句话"今如果能让我得到三川所在的地区，能够一游巩、洛之间，那么，我就是死了，也没有什么遗憾了！"秦武王果然死于洛阳。

周赧王闻变大惊，急备美棺，亲往视殓，哭吊尽礼。秦人奉丧以归。

孟贲几天后被公议处死，连带灭三族！乌获和任鄙因为苦劝秦武王，被免于追究。乌获继续在军中服役，活到八十有余；任鄙后官至汉中郡守，二十一年后才去世，得善终。

秦武王无子，他的兄弟们都是秦惠王分封到各地的小诸侯，于是纷纷拉拢大臣，拥兵自立，争夺王位，秦国政坛陷入一片混乱，全凭左丞相甘茂和右丞相樗里疾以及司马错等重臣主持朝政。秦国前途未卜。

赵侯雍坐观其变，秦惠王故去四年多，秦武王又死去，张仪也在归隐魏国后苍凉地死去，当年受人之托也算功德圆满，赵国和秦国的口头协议就此了结。

同年秋，赵侯雍在信都的信宫（邢台）发出号令：大会天下诸侯。

赵国的驰道上，各个方向上都有其他诸侯国的国君车辇到来。秦国内乱，赵侯雍如日中天，他发下了"江湖贴"，召集诸侯定期过来开会，诸侯莫敢不来。

连续五日的会盟，赵侯雍端坐高位，身旁是各国的国君，远处是各国护卫的军队。旌旗飘扬，士兵如林，无不对赵侯雍注目观望。

赵侯雍率一万铁骑隆隆奔驰，犹如天雷滚滚，雪亮的矛戈戟斧，锐利的强弓硬弩，雄俊的战马，真是气吞山河。赵侯雍在信都大会诸侯的那一刻成为他人生最辉煌得意的顶峰！

此时的秦国内战正酣，秦惠王诸公子杀红了眼，朝廷对地方已经快要失去控制。赵侯雍趁此良机率骑兵和车兵西渡黄河，攻取了秦国与林胡接壤的榆中地区（今陕西北部与内蒙古交界的河套地区），对秦国造成严重的压迫之势。

林胡在与赵军的作战中损失惨重，林胡王被迫向赵国献出大量的良种马，才得以求和，从此赵国有了源源不断的良种战马供应。

为何林胡这个老师到了赵侯雍这个小徒弟面前，变得如此不堪一击呢？

　　答案很简单。第一，林胡不会用弩，只会用弓箭，所以一旦碰上了赵国射程更远火力更密集的弩骑兵，那也只有被狂虐的份儿。第二，赵人的车战之术上承强晋，防御方面也是无敌，如此无论攻守两端，都是无懈可击。第三，胡人的战术素养跟赵人相比，差距太大，小规模的袭扰他们或许很拿手，一旦爆发大规模的运动战，他们还真不是赵侯雍的对手。

　　三胡中的林胡，基本上被收拾得服服帖帖了，赵侯雍于是派赵固掌管林胡之地，并开始大规模招募林胡骑士，补充到赵国的骑兵之中，同时又出兵远征千里外的林胡聚居区原阳（今内蒙古呼和浩特东），并在这个草原辽阔，水草丰美的百里沃野上设立了中国第一个骑兵训练基地，名为"骑邑"。

　　赵国的骑兵力量，开始一点一点地由量变到质变。面对赵侯雍的施压，楼烦王也多次进献骏马，希望与赵侯雍结盟。庄耳和山樵在楼烦国深耕细织了十余年，早已是楼烦王的得力助手，而且位高权重，开始有了发言权。在他们两人的影响下，楼烦人和赵国走得更近，相互通婚情况很常见。

第十九章　信宫会盟

第二十章　战中山

　　公元前306年初春，南方发生了一件惊天动地的大事，楚国联合齐国举重兵灭掉了越国。楚怀王灭掉庞大的越国后，成了独据长江中下游的巨无霸，对整个黄河流域的国家都虎视眈眈。齐国更是由于错误地估计了形势，站错了队伍，不仅导致越国被灭，而且直接与楚国接壤。齐国非常紧张，开始后怕。

　　本来与楚国接壤的韩、魏、秦对于楚国咄咄逼人的气势就十分害怕，但可怕的事情还是发生了。野心勃勃的楚怀王向韩、魏、秦、齐大举进攻，夺取了四国不少的土地。四国于是开始向赵国求援，而楚怀王也派使者与赵侯雍联系南北夹攻四国。

　　赵侯雍希望楚国能把这种咄咄逼人的气势持续下去，牵制住四国，同时又不希望楚国变得太强大。于是，赵侯雍派仇液入韩、富丁入魏、赵爵入齐，以坚其抗楚之心。又派秘使王贲入楚，转达赵侯雍同意楚国南北夹攻的建议。赵侯雍又派楼缓入秦，密切观察秦国内乱的发展。派代相赵固监视胡人的动静，注意燕国对秦国内乱的反应。

　　赵侯雍展开大规模的外交攻势，目的只有一个，就是告诉其他诸侯国——寡人要正式收拾中山国了，你们若是识相，就不要多管闲事儿！

　　其他国家都好说，然而齐国，可一直是中山国的后台大老板，他们怎么会坐视赵国从容灭掉中山，进而威胁其东方之霸权呢？

　　这就到考验赵侯雍外交能力的时候了。"合纵连横"四个字乃是整个战国时代的主旋律，用得好能坐山观虎斗，用得不好却随时有身败名裂的危险，比如说可怜的楚怀王。

赵侯雍就是战国时代少有的能用好这四个字的人。他派出大批使团，一面与各国交好，一面挑动齐魏与秦楚两大集团之间的战争，目的只有一个，让列国特别是齐国卷入连年混战之中，从而不但无暇顾及中山国，甚至还因要借助赵国来均衡各方力量，而对赵国灭中山国给予一定的帮助。

中山国惨了，大靠山不但不帮忙，反而和死敌赵国站在了一起，没办法，只能拼了。

说实话，中山国能在列强的夹缝中生存数百年，还真是有点实力的。这个国家，虽是正宗的蛮夷"白狄"族建立起来的，却因其多年在富饶的河北平原上从事农耕，早已丢却了游牧民族的本性，基本上已经华夏化了。这是战国历史中最神秘的一个国家、也是最神秘的一个民族，据说他们拥有白种人血统，善于酿酒（灵寿中山王墓出土的两壶古酒，是我国考古发掘中发现得最早的酒的实物。该酒虽储存二千多年，至今依然酒香浓郁、澄澈透明），能歌善舞，作巧奸冶，多美物。另外，在各国大多还在使用青铜兵器与皮甲的时候，中山国的士兵们已经开始大量使用铁制兵器与铠甲了，可见其军事科技同样不可小觑。

可惜，中山国虽然拥有比赵国还要发达的文明，其游牧民族勇武彪悍的性格却早已被醉人的美酒与安乐的生活消磨光了。

所以，赵侯雍对中山国的这些优势，基本上是无视的，经过多年的实地考察，他对于怎么对付中山国，早已成竹在胸。

公元前306年夏，赵国大举进攻中山，从南、北、西三个方向合攻中山国的都城灵寿。

三军统帅赵侯雍，中军将公子章（即赵侯雍长子赵章，时年十四岁），左军将许钧，右军将赵袑，新建骑兵车兵混装部队之统帅牛翦，新招代地胡地雇佣军之统帅赵希。赵军总兵力疯狂地暴涨到二十万。

赵军的出场阵容如此豪华，此役显然是一场大战，一场决定赵国与中山国命运的关键之战。对于赵侯雍而言，这也是证明自己"胡服骑射"基本国策是否正确的重要一战，只能赢，决不能输！所以，他将自己所有能动用的精锐全部压上了，包括由牛翦、赵希率领的两万名新式

骑兵。

赵国的五路大军出发了，牛翦军进攻中山国西部，赵希由代郡出发进攻中山国北部，赵侯雍则亲率其他三路主力从中山国南部突袭，五路大军直指中山国都——灵寿。

这是一场奇怪的战争，本属胡人一支的中山国士兵们穿着重重的铁甲，乘着庞大华丽的战车，怎么看怎么像华夏人士；本属华夏的赵国士兵却穿着轻便的劲装，骑着奔驰如飞的战马，怎么看怎么像野蛮胡人。

各条战线上的厮杀在中山国的领土上如火如荼地进行着。中山国的士兵们第一次见识到了举国实行"胡服骑射"后的赵国新军，原来是如此可怕。他们发现，赵军虽然只增加了一个骑兵兵种，其战术却突然间变得无比丰富起来。

如果没有骑兵，那么战术通常只有一种——平推战术。简单来讲，就是阵列一线横排，战车在前，步兵在后，缓缓超前平推，没有攻击重点，没有主攻方向，单纯地正面进攻，死打硬拼，简单粗暴，毫无美感可言。

而有了高机动性的轻骑兵，那可就不一样了，赵军可以迂回敌军车阵之后，攻其侧背，配合正面形成夹攻；也可以直接从敌军薄弱部分突入，贯穿敌阵，然后从其背后再次冲入，反复冲杀，把中山国之车阵搅得大乱，使之陷于崩溃。骑兵还可以断其粮道，破坏其后勤给养，甚或可以直接攻击敌军指挥部，破坏其指挥系统。总之，弩箭的速度加乘上快马的速度，赵侯雍的轻骑，绝对可以算得上当时速度最快的兵种，它可以在任意时间打击敌军的任意位置，让人防不胜防。

中山人被赵军层出不穷的怪异战术彻底打懵了，它引以为傲的步兵连弩队还未发数箭，就被冲上来的赵军铁蹄踏碎，后面坚固的车阵也被冲得七零八落，陷入各自为战的窘境，紧接着，鼓声如雷，蜂拥的赵国战车在步兵的掩护下随后冲杀上来，再给予中山军以最后的一击，一切就是这么简单。

战事进行得出乎寻常之顺利。赵国的北路军，一路攻占了丹丘（今河北曲阳西北）、华阳（今恒山）、鸱上（今唐县西北）三处关塞。赵国的南路军，则接连夺取了　城（今高邑东）、石邑（今鹿泉市南）、封龙（今石家庄西南）、东垣（今正定县南）四座重镇，一路势如破竹，直逼中山国都灵寿。

然而，作为战国第八强，中山国也不是泥捏的，在最后关头，他们也祭出了自己的秘密武器：一群身着重甲，手执巨大铁杖的大力士，狄语曰"吾丘鸠"的神勇之士出现了。

史书记载：中山国这群力大无穷的"吾丘鸠"，如魔神般现身人间，一个个挥舞着沉重的铁仗，"所击无不碎，所冲无不陷"，顿时打得赵军人仰马翻。

赵侯雍一看不对劲，赶紧令骑兵撤退，好在赵国的骑兵速度够快，损失还不是很大。"吾丘鸠"很变态，他们见铁杖揍不到赵国的骑兵，竟然"以车投车，以人投人"，个个好似打了兴奋剂一般。好厉害，在冷兵器时代，这大概算是终结者级别的战争机器了。

赵军的骑兵只好且退且战，专射中山猛男们未被铁甲防护的地方，兜着圈子与他们作战。不久，"吾丘鸠"就撑不住了，狼藉的战场上，躺满了中山国力士的尸体。

中山王无奈，只好献上南部四座城池，向赵国求和。

赵侯雍犹豫了很长时间，是继续进攻还是答应求和呢？

继续进攻？不妥。如今赵军全部主力都在中山，万一齐国趁机在赵国背后捅一刀子那可不得了，齐国一向阴险得很，不可不防。

赵侯雍见好就收，答应了中山王的求和。如今中山国三分之二的领土与太行山绝大多数重要关隘都落在了自己的手里，剩下的已经无险可守，中山国就是嘴边一块肥肉，随时都能进到自己肚子里，不着急收拾它。

这个时候，楼缓派人来报，秦国的内乱以宣太后的胜利而结束。赵侯雍决定暂停对中山的进攻，先解决秦国立新王的问题。赵侯雍早就有谋划，他已经和燕昭王达成了协议。

于是，赵侯雍向中山王索取四邑后得意洋洋地退兵了。

秦国宣太后战胜惠文后，欲立次子泾阳君公子芾为新的秦王。赵侯

雍却派使者通知楼缓，让楼缓告诉宣太后稍安勿躁，赵国准备迎立宣太后的长子，在燕国为质的公子稷为新秦王。

公子稷是数年前被质押到燕国的质子，不受宣太后喜爱。但是，这是赵侯雍和燕昭王合力迎立的新秦王，宣太后虽然恼怒，可是怎敢不给面子，只能被迫接受。由于历时三年的内战，秦国此时已疲惫不堪。在北边，赵国夺取了榆中后对秦国形成了压顶之势。在南边，楚襄王对汉中、巴蜀早已垂涎。如果宣太后不同意赵侯雍的意见，一场恶战又将开始。

赵侯雍命令赵固入燕迎立公子稷。燕国非常希望公子稷出任新的秦王，对赵侯雍的建议很支持，派出三万燕军护送公子稷入秦。赵侯雍也派出三万大军护送，六万联军恭送公子稷入秦。公元前306年，公子稷成为新的秦王，史称"秦昭襄王"。

虽然公子稷是宣太后的长子，但由于公子稷是赵侯雍所立，宣太后还是夺了公子稷的实权，重用自己的兄弟穰侯魏冉和华阳君芈戎，自治朝政，亲自与赵侯雍周旋。

试看天下诸国，哪个敢不给赵国面子，赵侯雍的威望盖过所有诸侯国的国君，连周天子都礼遇有加。此后，赵侯雍继续推行"胡服骑射"，蚕食中山，又收服了东胡临近的几个部落，将东胡驱赶后退三百余里。

第二十一章　主父让位

公元前 302 年，赵侯雍将大批贵族私藏的、不在国家户籍的奴隶迁往遥远的赵国边境——骑邑原阳，在那里收集牧草、畜牧养马、修补骑具、洗衣煮饭，为那里的骑兵贵族服务。赵侯雍的改革把显贵们的奴隶强行征调为国家服务，这雷厉风行的架势几乎可以和当年的吴起变法相媲美了。

如此，以公子成为首的大贵族们平白少了一大堆伺候他们的奴隶，自然也对赵侯雍更加怨恨了。如此一来，国内、军内改革派与保守派的矛盾也开始日益升级，只要一根小小的导火索，就足以将大家炸得粉身碎骨。

赵侯雍在涤荡旧制，他烧的这把火太大了，在足以烧毁一切沉疴的同时，也将他自己置身于最危险的火海之中。现在，他最需要的是冷静，然而生性热血无畏的赵侯雍，最缺少的就是这个。

英雄的悲剧开始缓缓拉开序幕。

公元前 301 年，赵侯雍最爱的女人吴娃不知何故，得了奇怪的病，而且久治不愈，临终前她再三恳求赵侯雍立赵何为太子。赵侯雍昏了头脑，他搂着吴娃发出了一个奇怪的命令："废公子章太子位，改立公子何为太子！"

吴娃泪眼婆娑，含情脉脉，想要再说几句亲密的话，竟然一歪头，死在赵侯雍的怀里，香消玉殒。痴情的赵侯雍痛不欲生，抱着吴娃孤坐到天明。

朝堂上，群臣鼎沸，他们十分不解赵侯雍"另立太子"的决定。公

子章正当青年，且颇有将才（在攻中山之战时曾为中军将），又是韩女之子，直接影响着赵国与韩国的外交走向，可是赵侯雍却废长立幼，这样既不合常理，也无益于国家稳定。可惜如今的赵侯雍，已完全被个人感情所左右，完全丧失了一个国君应有的政治理智。作为一个痛失娇妻的痴情汉，作为一个好丈夫、好父亲，大臣们或许可以对他的行为表示理解，但是作为一国之掌舵人，他的所作所为实在有欠考虑。

这是一个无比情绪化的错误决策。以肥义为首的大臣们跪在殿外，请赵侯雍收回成命。然而，赵侯雍不顾群臣的反对，固执地将吴娃之子——当时年仅八岁的公子何正式立为太子，任命李兑为太傅，并派大臣周袑穿胡服辅佐教导小王子，力求尽快将他培养成自己的接班人。

肥义顿足捶胸，大喊："国君不该如此啊！"赵侯雍不想再商讨太子之事，命人将肥义抬回府内反省。

与肥义形成鲜明对比的是，这次朝内的保守派们居然无一人表示反对，答案很简单，他们将希望寄托在幼主赵何的身上，一个小孩子，肯定比赵侯雍这个满身反骨的怪胎好控制多了。

赵侯雍千不该万不该，不该低估了国内保守派大臣们的能量，而轻松放弃了跟随自己多年、忠心耿耿的赵章，最后竟将自己陷入了万劫不复的悲惨境地，这是后话。

这个时候，赵侯雍自然不会猜到自己的悲惨结局，他雄心勃勃，带着大批爱将，一边练兵，一边寻找逐鹿中原的良机。

失去了最爱的女人后，赵侯雍把所有的心思都扑在了工作上，想借此来麻痹自己痛创的心灵。

公元前300年，赵武灵王开始继续往北拓土，很快夺取了中山与代郡和燕国交界的大片土地，将中山完全裹在赵国境内，对其进行了严密的封锁。这么一来，中山国竟然成为赵国的"国中之国"。被兼并的林胡越来越臣服在赵国的恩威之下，楼烦的势力范围也越来越小。不安分的林胡与楼烦部落曾想与中山夹击赵国的代郡，遭到了赵国军队的痛击。

赵侯雍干脆一鼓作气，将林胡与楼烦的地盘全部收归己有，并在此建立了雁门郡和云中郡，使赵国北至燕代（今河北西北及相邻内蒙古地区），西至云中和九原（今内蒙古阴山以南）的疆域连成了一片。至此，赵国的领土在赵侯雍的手里翻了一倍有余，这样的功业，历战国一世，恐怕也只有其后的秦始皇堪与之比肩。

为了防范蒙古高原深处的匈奴民族，赵侯雍派人修建了两道长城，以阻止游牧民族的南下。第一道在今内蒙古乌加河、狼山一带，第二道在今内蒙古乌拉特前旗、包头、呼和浩特至河北张北一线。修筑长城守护北疆，自赵侯雍起，延续近两千年，可谓开历史先河。

有了长城这道坚固的防线，赵侯雍就可以放心大胆地谋夺天下了，那么先对付哪个好呢？这是一个问题。

公元前299年春，赵侯雍再次进攻中山，这次中山国遭到了致命的重创。"赵破中山，其君亡，竟死齐。"中山的国都灵寿沦陷，中山王逃往友邦齐国，最后死在了那里。

为了降低中山人的抵抗情绪，不和齐国对抗，赵侯雍在中山扶植了一个傀儡国王尚，但此时的中山国已名存实亡，成为了赵国的附庸，赵侯雍伸伸手就能灭了它。可是，赵侯雍也低估了中山人的韧性，中山王尚和他的臣子不甘心亡国，在齐国的暗中扶持下，积攒力量，准备再次复国。

这接二连三的胜利让赵国迅速崛起为仅次于楚国的超级大国，也让赵侯雍的热血冲天狂燃，他那永远躁动的身体片刻无法停歇，生命不息，奋斗不止，他要在有生之年做更多的事情，他的雄心永无止境，他的终极目标，乃是全天下。

按道理，柿子应该先找软的捏，魏、韩都是不错的选择，可是雄心勃勃的赵侯雍偏不，他第一个想吞掉的，竟然是天下第一强的秦国。

赵侯雍的这个决策是经过深思熟虑的，自从征服了中山国之后，赵国的军事力量已俨然有与秦国并驾齐驱的意思，如果选对战略，吞并秦国也不是不可能。

其实山东之国，强莫如赵。七国之间能统一天下的，除了秦国，那就是赵国了。当然，历史最后选择了秦国，这里面有很多其他原因，但

胡服骑射：赵武灵王

是至少在赵侯雍时期，赵国与秦国是有同等机会的。

赵侯雍决定花时间好好谋划一下，怎么实现这个伟大的想法，只要吞掉秦国，那么一统天下，也不算是什么难事儿了。慢慢地，一个惊人无比的计划开始在他的脑中慢慢成形。

终于，在一个月黑风高的夜晚，赵侯雍突然从塌上兴奋地飞跃而起，狂笑："秦可破矣！哈哈……"

因为当时的秦国，一直东向用兵，又南侵楚国，对北方防范较少，如此，赵侯雍可利用秦与魏齐楚等国交战的时机，绕道九原，利用轻骑之优势，偷越沙漠荒原，穿过戒备松懈的义渠部落（陕西北部），直接南袭秦都咸阳，干掉它的指挥中心，然后联合各国，瓜分秦地！

好一个疯狂的计划！虽然有些风险，但的确是极妙的一招，赌博也好，冒险也好，可万一真的成功了，天下的局势将全部掌握在赵侯雍的手里，到时大一统的是谁，可就很难说了。然而，这个诱惑力十足的计划，也充满了许多不可预知的变数，一旦成功，那就是完美，一旦失败，结局很可怕。所以，这一次关乎赵国命运的军事行动，赵侯雍决定亲自来指挥，其他任何人，他都不放心。

但是这样一来就有个问题，赵侯雍要亲自以身犯险，万一失败，被杀或被擒，赵国没了主事之人，那可是大大不妙！别忘了，列强们对赵国这块肥肉可是一直虎视眈眈着呢！

于是赵侯雍一拍脑袋，又做出了一个史无前例、惊世骇俗的决定——将王位让给年仅十岁的太子赵何，以使自己从烦琐的政务中解脱出来，退居二线，专心谋划秦国的事儿。事实上，这才是赵侯雍真正爱干的事儿，至于当国君，那只是他的职责所在，现在把这烦人的工作让给自己的宝贝儿子，他就可以潇潇洒洒地去骑马、打仗、旅游、探险了！

公元前299年夏初，赵侯雍在邯郸举行大朝会，将王位传给太子何，并任肥义为相国，李兑为太傅，共同辅佐幼主处理政务。他自己则称"主父"（意思是国君的父亲，其实就是后世所谓"太上皇"），专主军事，国家的政务那是一概不管了。太子何便是后来的"赵惠文王"，也叫赵王何。

这个石破天惊的决定一出，天下人又一次跌破了眼镜，这个赵雍还真是世间最古怪的君主啊，先是搞什么"胡服骑射"令，让全国人跟他一起穿些奇装异服；现在又在四十一岁，春秋正盛之时把王位让给小儿子，他的神经一定有问题。

朝堂内的保守派异常兴奋，赵何年幼，又是大王，是赵国权力最高的国君，只要讨好大王，好处肯定多多。至于赵雍，宗族的人暗地里都不屑一顾。从职位上讲，他们已经平起平坐了，赵雍只是统帅代地骑兵的一个重要将领罢了。

赵侯雍，我们现在该叫他赵主父。赵主父的本意是不错，想在自己有生之年把政权平稳地交给自己的接班人，再送上一程，这样可以防止自己突然遭遇不测而造成国内局势动荡。可是他忘记了人心的龌龊，权力的诱惑，利益的纠葛会让人铤而走险这个道理。

不理朝政，赵主父一身轻松，他雄心勃勃，带着大批爱将，跑到赵国西北胡地勘查地形，寻找南袭秦国的最佳路径。他看了又看，觉得自己应该亲自跑秦国一趟，一来可以窥审秦国领导层的能力，探听虚实；二来可以侦察秦国关隘山川形势，认真研究如何袭秦的战略。

于是，赵主父借派特使持国书来秦通告赵国立新君之事，伪装使臣随从，混在队伍中前往咸阳。这次冒险比"直南袭秦"的计划更加疯狂，万一被秦人识破，赵主父极有可能被秦国扣留，甚至有生命危险。就算秦人把他放回来，秦人也很可能会借此敲赵国竹杠，海削一笔。

还是那句话，赵主父的胆子大啊，这世上没人胆子比他更大了。就在一年前，秦国攻占了楚国八座城池，秦昭襄王王约楚怀王在武关会面。楚怀王不听昭睢、屈原劝告，决定前往武关谈判，结果被秦国扣留。秦王逼迫他割地保命，被仍肩负国家责任感的楚怀王严词拒绝。秦无法达成挟持楚怀王轻松拿到楚国领地的夙愿，无奈下只能一直囚禁楚怀王。楚怀王被扣留期间，楚人立太子横为王，史称"楚顷襄王"。

赵主父这个时候冒险前往秦国，一旦被秦人识破身份，很难说不被扣留或者秘密杀害。

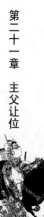

赵主父心有成竹，秦国的国君秦昭襄王是赵主父所拥立的公子稷，虽然未曾谋面，但毕竟有这么一层关系在里面。此外，在赵国的压力下，秦国被迫接纳楼缓为丞相。如有危险，楼缓可以通风报信。

　　根据楼缓回复的情报，秦国朝堂目前没有熟识赵主父的人，可以乔装前来。子奴等三十余"虎狼骑"，化装成使臣的随从，携带各种长短兵器护驾。这一段危机四伏的路程在孤胆英雄赵主父看来，也不过就是一次特殊的旅游罢了。

　　真正的赵国使臣赵招是个耳聪目明的人，他在赵主父的授意下，一路上穿鲜明的衣着，亮丽的配饰，高调地吸引着路人的目光。赵主父则隐藏在他的随从中。使臣团有近三百人，有文臣也有武将，他们都是赵招精心挑选的，里面的人都来自僻远之所，都不认识赵主父。他们对这次出使秦国无比激动，却不知道赵主父竟然隐藏在使臣团之中。

　　使臣团一路前行，赵主父留心观察秦地的山川形势与风土人情。他将秦国的边防要塞一一看在眼里，记在心中，甚至以后骑兵进攻的路线他都有所谋划。

第二十二章　威震咸阳

公元前 299 年盛夏时节，赵主父历经一个月细密周到的行程，收获匪浅，他终于来到了传说中的关中第一大都会，秦都咸阳。他在城里四处查看，觉得咸阳没啥了不起的，跟自己的邯郸相比，还稍显寒酸。

是啊，这里的老百姓穿着朴素，民情淳厚，一点儿没有邯郸那种极尽浮华的气息，赵主父实在不明白，如此木讷的一群陕北汉子，到底是如何把其他诸侯国打得哭爹叫娘，痛不欲生的呢？

自胡服骑射以来，赵国还未曾和强秦正面对决过，他很想知道，若有一日自己的无敌铁骑碰上秦国的无敌雄师，到底鹿死谁手。

赵国的庞大使团受到了秦国的热烈欢迎，当时赵秦关系处于大战之前的蜜月期，双方来使不断，这两个天下最善战的国家似乎有一种默契，君子决斗，当堂堂正正，尊敬与欣赏自己的对手，才是英雄所为。

赵主父顶着赵招的名字开始在咸阳城里四处拜会秦国的重要人物，包括魏冉、芈戎、司马错等实力派人物，谁也不知道，在他们面前这位气宇轩昂的中年男子，竟然就是天下闻名的赵主父！

该来的终于来了，秦王设宴正式召见赵国使臣的日子，如期而至。这两个主宰天下命运的传奇人物，就在这极其微妙的情境下会面了。

这一天，白起恰好从函谷关回到咸阳城复命。魏冉便和他一起进宫。两个人正在宫城外踱步时，白起突然看见赵主父带着六个随从从远处走来。那种利刃突然直刺的感觉骤然出现，锋芒毕露，白起立刻警觉起来。

赵主父身材修长，穿着一身红色镶边的黑色长袍，那长袍随风舞

动，犹如战旗猎猎作响。其面容威武，肤色如古铜，胡须短如硬戟，目光犀利，令人不敢直视。光看一眼，就能一生难忘。

白起的目光落在赵主父长而有力的手指上，这双手拥有一股令人窒息的掌控力，平添无数杀伐之气。其看向白起的锋利眼神，无不显示此人的可怕。

风雷舞动之下，赵主父黑色长袍滚动，他在宫门外站立的人群中一眼就盯住了白起，这恐怕是对白起天赋的一种天然碰撞，而白起也深刻感受到，眼前这个人，光论血性，绝对是其此生所见最为可怕的杀将，甚至超越了大秦锐士太多。

赵主父盯着白起越走越近，白起忽然莫名拔剑，大声喝问："来者何人？"

"嗒！"白起的剑还未完全拔出，赵主父已经一步跨到身前，伸手在白起右手上一推，将白起的剑重新推回剑鞘。

"在下赵国使臣赵招，阁下莫非是白起？"赵主父拱手施礼。

赵主父的六个随从蓦地站在包围住白起的位置上，手均按在佩剑上。一时间，杀气纵横，危机四伏。

魏冉连忙拱手："赵使可好，魏冉有礼了！"

赵主父一笑："魏大人，赵招有礼了，前几日曾与魏大人把酒言欢，尚不能尽兴，日后定当再到府上拜访！"

魏冉和赵主父有说有笑，将白起介绍给赵主父。

白起心中一凛："此人明明就是一副战神相，为何却是文臣？刚才目光瞬间之中，竟然恍惚如隔世之人，莫非此人与我有不解之缘？"

魏冉一把拽住他："白将军？何故失神若此？"

有些失神的白起被拉得身子一歪，随即站直，恢复常态："魏大人，此人真是赵国使臣？竟然让吾心神错乱！"

魏冉惊讶地看了赵主父一眼："正是赵国使臣，有何不妥？"

白起拱手施礼，赵主父还礼。赵主父身上，有着一种令白起震撼的威压，还有一种让他也折服的气质。白起还想与赵主父攀谈，宫门里走出宦者令，请赵国使臣觐见。

赵主父施礼离去，他的六个随从则留在宫门外。

魏冉笑着对白起说："大王召见赵国使臣，你我还是找个方便处饮酒。大王若有事相唤，咱们再过来。"

白起快快不快地和魏冉离去。白起走到廊下，回头看不见了赵主父，有些气郁，望着赵主父远去的方向道："此人有万夫不当之勇，可惜是个文臣，若是习武从军，定是我大秦的烦恼所在！"

"白起，你太高看他了，赵国除了赵侯雍是个枭雄，哪里还有人杰？速与吾同去，那匠心房里的刀罍酒可是酒香正浓呢！"魏冉说完，拖着白起快步而去。

在宦者令的引领下，赵主父步入大殿，秦昭襄王热情迎接。为了表示对赵国使臣的尊敬，宣太后也亲自作陪。赵主父鞠躬施礼，互相寒暄一番，然后落座。

秦昭襄王时年二十七岁，神色看起来略微沧桑，身穿一身黑色的国君礼服，其上绣着精美的图案，其眼神有些灰暗，默然，似乎对什么事情都不是很感兴趣，和其对视一眼，可以感受到此人内心中一股淡漠。已经当上秦王，却被架空，难怪他如此抑郁。

宣太后则神采飞扬，她穿着红色礼服，打扮得十分妖娆，容貌俊美，脸上时时带着若有若无的笑意，勾人心魄，见了赵主父，先是一惊，继而娇然一笑，令人酥麻。

赵主父心中暗想，怪不得那义渠君拜倒在宣太后的裙下，这个女人的确是个尤物。

席间三个人相谈甚欢，赵主父见识广博、气质独特，年轻的秦昭襄王很快被其吸引，对他十分欣赏。

宣太后原名芈月，她也是心旷神驰，这个赵国使臣仪表堂堂，风度翩翩，举手投足间一副贵人气相，成熟的男人魅力表露无疑，心中十分倾慕。宣太后数次举杯敬酒，赵主父皆一饮而尽，豪气冲天。宣太后看得痴迷，不由得多饮了数杯，满脸红晕，不胜酒力。

秦昭襄王见母亲频频举杯，知道她看中了赵国使臣，虽然有些不畅快，但是也无可奈何，秦国掌握大权的是宣太后和魏冉等人，可不是他

第二十二章　威震咸阳

秦昭襄王。

宣太后与赵主父畅谈天下大势，两个人竟然有很多共识，对各诸侯国分析得条条有理。说到齐王，两个人都痛骂齐王无义；说到楚王，两个人又异口同声嘲讽楚王……总之，宣太后和赵主父聊得很开心，秦昭襄王就坐在一旁，插不上话。

赵主父甚至问道："楚怀王在秦国做客，时日已经不短，何时归国啊？"

宣太后笑着说："楚怀王也是哀家的哥哥，多住几日无妨，他想何时走那是他自己的事，只要他把该做的事做了即可。怎么，你们的赵主父对此事也很在意吗？"

赵主父道："赵主父对楚怀王颇为敬佩，奈何楚国新王已经继位，这善后之事该当如何处理呢？"

宣太后想了一下，说："一个万乘之君，信任奸臣，多次损毁秦楚盟约，着实可恨；念及多方干系，哀家考虑两个月后送其回楚罢了。"

赵主父发出感慨："即便万乘之君，没有了虎贲之师的护卫，也如一只奔命的野豕而已！"

宣太后点头称许："不提此事，先生请饮酒！"说完给赵主父斟满酒。

酒过三巡，菜过五味，秦昭襄王眼见宣太后醉眼朦胧，终于忍不住，提出了隐藏在自己心中许久的疑问："寡人有一疑问，请教先生。贵主年齿尚壮，何以传位于太子？"

赵主父正和宣太后喝得畅快，见秦昭襄王发问，便潇洒回道："赵主父年少即位，面对国事危难，深知其中苦处，故思传位于太子，使其先娴习政事。然国事赵主父未尝不主裁也。"

秦昭襄王点头又问："贵主如此，可是畏秦乎？"

赵主父哈哈一笑："赵主父不畏秦，不胡服习骑射矣。今赵驰马控弦之士十倍昔年，以此待秦，或可终橄盟好哉！"

秦昭襄王心中一惊，好一个赵使者，如此应对，可不是一个寻常人说得出的！区区一个使臣，就如此厉害，看来赵国人才鼎盛，寡人不可不防。可是母后心思全然不在国家社稷上，竟然与这赵国使臣开始调情！

赵主父见秦王面色几变，察言观色，心知其中微妙，又见宣太后频频示酒，当即判断秦宫不可再留，遂躬身行礼，言道不胜酒力，准备告辞，改日再与秦王商谈两国大事。

秦昭襄王尚有很多疑虑之事要问，还未尽兴，便挽留赵主父。

宣太后插话道："大王不必焦虑，赵国使臣又不是说去就去，明日再召见也不妨。"

秦昭襄王只好让赵主父告辞离去。赵主父逐一施礼，洒然而出。

微风一吹，赵主父才察觉，秦国的酒入口浓烈，回味悠长，刚才喝得痛快，可是有点喝多了。赵主父随着宦者令缓步出宫，忽然有人从后面赶过来让他留步。原来是宣太后在远处朝他挥手，赵主父只好走过去施礼。

宣太后笑着说："哀家和先生交谈甚欢，好几年没这么畅快了，没能尽兴，请先生移步到哀家的宫殿再小酌片刻，如何？"

赵主父心说不妙，这个女人的宫闱可不是随便进出的，弄不好可能难于脱身！

赵主父便以酒醉头昏为借口，连忙谢罪，言道明日定来再向秦王和宣太后请安。

此时的宣太后四十多岁，美丽的容颜尚存，身段也算婀娜，她可不是一个"弱质女流"，任何人如果拿鄙视女人的眼光来看她，必将自尝苦果。这个成熟美妇人是中国历史上后妃掌政的鼻祖。她不顾身边有人，伸手握住赵主父的手。宦者令和宫女立刻垂下头退去，不敢看，以免惹怒宣太后。

赵主父慌忙抽手。宣太后见此情景，有些羞怒，但又不能有失太后身份，便小声告诉赵主父："君若有意，芈月愿意奉先生为秦国上卿，拜右丞相，荣华富贵任先生开口，赵国给先生的，秦国加倍奉给！"

赵主父坦然谢恩，道："赵侯待我不薄，宣太后又如此盛情相邀，容我回去细细思考，明日再做答复！"

宣太后面露喜色："芈月只愿听到先生首肯，断不想听到拒绝啊！"

赵主父施礼而去，宣太后目送他远去，叹了一口气："这世上竟然还有如此雄伟的男子？真叫哀家心动不已！"

赵主父回到驿站，命人秘密召来楼缓。他告诫楼缓，宣太后母子二人皆为人中龙凤，务要小心应对。可以相宜行事，不必事事请奏。小处不必相争，大处必不舍赵国一丝一毫权益。有赵国铁骑撑腰，可以在秦国大展身手，收拢实力派人物，瓦解秦国君臣的关系，为赵国大军的征秦做好准备。

楼缓知道赵主父已经完成探查秦国内政的重任，即将返回赵国，他当即建议无须按原路北返，应径直取道函谷关，趁秦人还未知道真相，早日离开秦境。

赵主父点头称是，在咸阳城关闭城门前率三十名卫士悄然出城，潇洒离去。临行前，他对楼缓说要尽一切力量招揽白起，如果秦昭王派人追赶自己，务必推荐白起。

秦昭襄王回到寝宫，左思右想，这个赵使气度非凡，待人接物，处处非人臣之度。又听亲信回复，宣太后邀请赵使去宫中饮酒，赵使竟然拒绝离去，他倒是挺佩服这个赵国人的。从赵国使臣身上，他似乎领悟了一些"王道"，记起了父王在世时的国君威严，可惜隐隐约约的，还是有些抓不住精髓。他虽然名为秦王，但是没有什么说话的分量，国家大事都掌握在宣太后和她的亲信手中。如果能得到此人的辅佐，定会重新整理朝纲，重振大秦的国威。

秦昭襄王坐在几案前，越想越觉得赵国使臣人才难得，而且赵使见识不凡，豪气冲天，即便父王在世也似乎和他差了点层次。

秦昭襄王一夜难眠，早晨天一亮，他就派宦者令宣赵使来见。可是，赵使的随从说，昨天使臣吃多了酒，喧闹至半夜才睡，至今未醒。

宦者令无奈，只好回宫复命。秦昭襄王只好派人送来醒酒汤和美食，请赵使醒来后慢用。

中午时分，秦昭襄王又派人邀请赵使赴宴。赵使的随从又说大人水土不服，半夜偶感风寒，身体不适，还是不能赴宴，还请大王原谅。

秦昭襄王想了一会，一拍手，命令守卫的将士立刻去"请"赵国使臣，并且说就是抬也要把赵使给抬来。同时，又宣楼缓觐见。

"赵使"终于来了，不过不是抬来的，他精神抖擞，身体健康的很。

不过这个赵使显然不是两天前的那个人，身高竟矮了一大截。

秦昭襄王怒道："汝何人也？"

赵使道："赵国使臣赵招，拜见大王！"

秦昭襄王大怒，顾不得君王之仪，脏话脱口而出："放屁，我昨天才见过赵招，你就在这里给寡人胡说八道！你到底是谁？"

赵招笑道："哈哈哈，我就是赵国使臣赵招呀。前天大王见到的人，他是……"

"是谁？"

"他是主父啊。主父欲观大王威容，故诈称使者而来，今已出咸阳矣。特命臣待罪于此。"

秦昭襄王惊起，捶胸顿足："哎呀，寡人为主父所欺也！这当今之世，除了赵雍，还有谁有这种睥睨天下之气魄呢？寡人愚也！寡人愚也！"

楼缓此时也来到大殿，他对秦昭襄王跪倒："大王，主父无意欺骗您，当年主父鼎力支持大王继位秦王，足以见其赤胆肝心。此次与大王相见，只为弥补当年未曾与大王相见之缘，抱憾至今。如今心愿已了，主父去矣！"

秦昭襄王一声叹息："寡人尚有许多话未与主父说，寡人这就派人请主父转回，请先生放心，寡人定会以国礼接待主父。"

楼缓道："既然大王要与主父会面，除了白起将军恐怕无人能追回主父！"

秦昭襄王忙传白起上殿，命令他骑马去追，务必将赵主父好生请回咸阳。

白起率轻骑一路狂奔，不断地更换坐骑，一直追到函谷关也没有见到赵主父。守关之人告诉他，赵国使臣团一行三十余人，于三个时辰前已出关矣。

第二十二章 威震咸阳

白起站在函谷关城头远眺，远处崇山峻岭，大树参天，驰道上早已不见赵主父等人的身影。浩瀚的白云翻卷，古道西风，前方，无比壮阔……

白起失望地走下城楼，一个身穿赵国服饰的人走过来大喊："白将军。"有士兵拦住，白起挥挥手，这个人走过来说："白将军，赵主父让我把这封信转给你！"

白起接过来一个宽宽的竹简，上面写着八个龙飞凤舞的秦国大字"赵雍恭候白起兄弟"。

白起不明其意，问："赵主父何意？"

赵国人道："赵主父愿与白将军城外二十里处相见。"

白起握着竹简，半天不语，最后将竹简揣入怀中，喃喃自语："此去赵主父会邀我同去赵国，奈何白起已经发誓不负秦国，还是不去了吧！来日若有缘，我定与他结拜为兄弟。"

说完，白起上马，两眼望着城门外。他心里清楚，赵主父就在城外等着他，英雄惜英雄，跟随赵主父，一定会率领无数铁骑，征服列国，自己也一定会成就万世之功。可是，自己已经发誓要效忠秦国，如果能早几年结识赵主父就好了。

白起骑着马原地转了几圈，终于狠下心来，拨马回咸阳。

送信的人挥了挥手，另一人牵着两匹马走过来，两个人骑着马并肩走出城门，原来是子犹和榛魁二人，他们奉命在此等候白起。

这时候的白起，刚刚出道，年纪方轻，军功资历尚浅，但是赵主父已经察觉他的不寻常，希望招揽他，未能如愿。赵主父的过人胆识也给白起留下了非常深刻的印象，可惜这两代战神最终却再未曾谋面，也没有正面交手的机会，否则战国的历史，必将更加精彩。

赵主父冒使窥秦之事，让秦国上下大感震惊。这家伙真是一个可敬而可怕的对手啊，有他在一日，秦恐无宁日矣。经过此事后，秦昭襄王对赵主父既敬佩又忌惮，一连数日，辗转反侧，顾虑极深。每天想着赵主父的英姿，心中暗暗立下誓言，一定要做个像赵主父那样的盖世国君，建功立业，绝不能再被宣太后等人任意摆弄。

宣太后得知是赵主父微服来访，心中也大泛波澜，一缕情丝萦怀，又有一番余恨未消。她当日几乎就爱上了赵主父，若是那日能宫闱小酌，说不定就成了一份恩爱。如今，赵主父不辞而别，倒是令她心碎，对赵雍又多了几番相思。

难得这宣太后，她既不爱秦惠王，和义渠君苟合也是权宜之计，唯有遇到赵侯雍，才让她难以遣怀。这种感情慢慢在她心底萌生，让她的心难以平静下来。

赵主父靠着自己的机智顺利脱险，可惜另一位巨头楚怀王就没这么幸运了。赵主父来秦国的事很快被看守他的秦军士兵说出来，楚怀王听在耳中，记在心里，他开始谋划逃离秦国，去找赵主父寻求帮助，他知道赵主父一定会助他重新赢得楚王之位的。

楚怀王的身边还有千余名随从，姒无玉也在其中，这位号称"天下第一剑"的楚国少年郎如今已是中年人。其剑术更加精湛，火候更加老道。滞留在秦国期间，每日找他比剑的人络绎不绝。姒无玉始终克制自己，从不拔剑，也不回应，任凭大秦锐士叫骂就是闭眼静修。即便剑架在脖子上，姒无玉也不出手。

姒无玉的世界无人能懂。

这之后，秦国与齐魏楚宋之间再次爆发战争，赵主父没有去掺和，因为他决定趁这个绝佳的历史机会彻底搞定"三胡"，一劳永逸。

第二十三章　肥义之忧

　　公元前 297 年，赵主父又率领"虎狼骑"来到代地巡视刚刚设郡的云中、雁门二郡，结果在西河遇到楼烦王的部队。

　　楼烦王的部下敖燎统辖有两万兵马，他极力主张与赵军开战，以免草场被赵国吞并。然而以庄耳为首的势力极力反对，双方剑拔弩张，眼看就要发生内乱。楼烦王喝止了双方的争斗，亲率大军前往边境迎接赵主父。

　　在见到赵主父的"虎狼骑"和其身后跟随的两万铁骑后，楼烦人都说不要和赵军硬拼。敖燎见赵军甚众，又是赵主父亲自领军，而自己部下都怯战，心里十分恼火，但也无可奈何。赵主父见楼烦军队犹犹豫豫，庄耳和山樵的卫队又警备着他们，知道楼烦军队已经分化为两派，畏惧自己，不敢与自己交战，于是派胡貉请楼烦王讲话。

　　楼烦王硬着头皮来见赵主父，没想到赵主父很客气。

　　赵主父说："楼烦王一向可好！赵国实不愿与楼烦发生战争！"

　　楼烦王道："自从我们退到阴山以北后，当地气候不好，水草也不及河套地区，生活得很不如意。现在骏马少了，粮食也不够用，幸亏庄耳、山樵将军多次请求赵主父送来粮食，才度过危机。楼烦愿意与赵国和平相处，还望赵主父念及旧日的情谊！"

　　赵主父惊讶道："赵国开疆裂土，一路向北，也属无奈之举，寡人不知楼烦生活如此之艰难，今后汝可率部回归河套故地，放马牧羊均可，但要服从赵国的命令。此外，不许再劫掠赵国的边境，楼烦人也可以加入赵国的军队和政府，赵国不会歧视任何一个楼烦人。"

楼烦王见可以回归水草丰美的河套地区，而且没有什么损失，便同意了。在场的楼烦人纵声欢呼，热泪盈眶。楼烦部众知道赵国骑兵的待遇很优厚，远胜于逐水草而居的漂泊生活，而骑马打仗又是他们非常乐意的职业，此前他们的许多朋友已经在赵军服役，令他们很羡慕，他们很乐于归附赵国。

赵主父当晚设宴，宴请楼烦王和他的将士。席间，赵主父重赏了庄耳和山樵，他们早已在楼烦娶妻生子，见到楼烦和平融入赵国，他们异常开心。当晚就有大量的楼烦骑士脱离楼烦王而投入到赵主父的骑兵军队中。赵国骑兵军团的实力，又一次大增。敖燎表明上臣服赵主父，内心却极为不满。

赵主父与楼烦王相聚了半月有余，才率大军返回代地。

忽然间，子藩从邯郸城传来消息："楚怀王已逃离秦国，正在赵国边境处的东亭驿站停留。大王不纳楚怀王，欲驱之！"

赵主父立刻察觉到这是一个联楚灭秦的良机，他立刻亲率五百"虎狼骑"前去相见。

令赵主父想不到的是，对于楚怀王来赵求救一事，邯郸的朝堂里已经热议到沸腾的程度了。肥义身为国相，认为赵国应该接纳楚怀王，楚王必定心怀感激，共同抗秦，他态度决然地建议赵王何接纳楚怀王。公子成、李兑等人主张赵国应该置身于事外，不参与楚怀王与秦国之间的纠纷。朝中大臣众口一词，几乎都赞成驱逐楚怀王。

赵王何虽然只有十三岁，却非常聪明，他知道这是母亲临死前为自己争取到的机会，如果表现不好很有可能被赵主父废掉。因此，他每天勤于朝政，善于纳谏，触类旁通，兢兢业业，将赵国治理得非常好，深得众臣子的爱戴。在肥义、李兑等大臣的督促下，赵王何成长得很快，即便是公子成这样的宗族长老，也挑不出他的毛病。赵主父桀骜不驯，公子成一直担心自己不为赵雍信任，前途未卜。如今赵王何对他很友善，因此，他极力讨好赵王何，所以赵王何对他很信任。

赵王何采纳了朝中绝大多数臣子的建议，拒绝楚怀王入赵。肥义势单力孤，无力扭转局面。子藩一直追随公子成，积累军功，也获得了

赵主父赏赐的封地，统管兼并的原中山国的一块领地。子藩当时也在朝堂，退朝后他立即给赵主父发出密信。

赵主父一边派人带手令径返邯郸，命令赵王何收回命令，一边快马加鞭直奔秦赵边境。

五百"虎狼骑"呼啸而过，赵主父第一次有了不畅快的感觉：楚怀王这样的大事，邯郸城里的赵王何等人竟然不征求自己的意见，擅自做出决定。待接到楚怀王，返回邯郸之后，定要重重责罚群臣。

事与愿违，待赵主父率"虎狼骑"赶到边境处的驿站时，楚怀王已经被驱赶出境了。边境守军描述：守候在边境的秦国追兵与楚怀王的百十个随从发生了激烈的战斗，最后一个叫妠无玉的剑客与数百大秦锐士血战两个时辰，杀人无数，最后倒在血泊中。楚怀王再次被抓获，押赴咸阳。

秦国境内，地面上干涸的血迹依然可见，生死之战的痕迹处处都是。远处，秦国边境中一座向阳坡，可见一堆新坟，最高处有一座大坟，坟后一棵巨树，已被削去树皮，上面三个漆黑的大字——妠无玉。

赵主父一剑砍断驿站的旗杆，怒发冲冠，不发一言，"虎狼骑"都知道妠无玉之名，无不心中愤然。

许久，赵主父命人拿来香案和烛台，搬着数坛美酒，和子奴、胡貉等十几人步入秦国边境，走到妠无玉坟前祭拜。在场的秦国士兵也没有阻拦，只是默默地伫立。

祭奠完毕，赵主父返回赵国境内，率队直奔邯郸而去。

晓行夜宿，数日后，赵主父回到邯郸城。赵主父率领"虎狼骑"进入央宫时，守卫央宫的士兵犹豫了一下，没敢阻拦。

朝堂上，赵王何正与群臣议政，忽然见赵主父一身戎装进入大殿，众人连忙下跪迎接，赵王何也不例外，待群臣都跪下后，他也跟着跪倒，迎接赵主父。

赵主父坐到龙台上，在外面奔波久了，这个位置他几乎有点陌生了，下面跪着的群臣也有点疏远了。他压抑着怒火，道："各位爱卿，平身吧！"

赵王何坐在赵主父的左手边，躬身说："主父，儿臣正和大臣们商议在代地增收赋税和对楼烦归顺臣民的安置问题，请主父明鉴！"

赵主父道："所议的结果如何？"

赵王何道："回主父，代地赋税之事可以循例办理，考虑到移民增多，公子成建议增加一成赋税；为了巩固边陲，楼烦归顺的臣民就原地安置，不准内迁。"

赵侯雍面露不悦，他忽然在人群里看到了赵固，心里纳闷，赵固不在代地，怎么回到邯郸了。他高声说："赵固，你怎么擅自离开代地？"

赵固走出来，跪倒施礼，道："主父，赵固是前些日子接到大王之令返回邯郸的。代地的事务已经交由周棠。"

赵主父疑惑地看着赵王何。赵王何道："主父，儿臣们商议，赵固能平衡各方力量，因此调回赵固主管对齐国的事务；周棠擅于农事，精于组织农夫开荒，可以变林胡、楼烦草场为赵国粮仓。如此一来，我赵国可以不再为粮食发愁。"

赵主父眉头紧锁，赵固管控代地，卓有成效，每年贡献骏马数万匹，对"三胡"恩威并施，几年来深得赵主父的信任。虽然"三胡"地区每年消耗粮食甚多，但是得来的战马无数，是赵国对抗其他诸侯国的根基，怎么可以胡来？把草场辟为良田，战马吃什么？数年后，赵国哪里还有骏马可以征召？

赵主父越想越生气，喝问赵王何："这就是你们商议的结果吗？'三胡'之地草场繁多，饲养的战马无数，我赵国现在国力蒸蒸日上，靠的就是数万铁骑大军。如今你们却要毁草场，开荒地，没有了战马，我赵国靠什么与秦国抗衡？"

"肥义！这也是你出的主意吗？"赵主父高声喝问。

"回主父，臣对此事保留意见！"肥义回答。

"胡闹！赵固，你即刻返回代地，养马的事情绝对不可以终止，让那个周棠到收复的中山之地去上任。"赵主父命令道。

赵固立刻磕头，却迟迟不起身离去。

赵主父疑惑："赵固，你为何不动身？"

赵固尴尬地回答："主父，大王派人持圣旨召臣回朝，如今臣要返回林胡，不敢不请示大王示下。"

赵主父恍然，冷眼看着赵王何。

赵王何也回过神来，说道："赵固，你可即刻返程回代地，并传寡人口谕，让周棠赴中山之地就任，相关的公文稍后由肥义派发。"

赵固松了一口气，施礼后离开央宫。

望着赵固远去的背影，赵主父顿时觉得朝堂之上有了两个国君。虽然赵何一切都要听命于自己，但是很显然，这些臣子们不得不同时兼顾他和赵王何的命令，谁也不敢得罪。毕竟赵王何掌管赵国的具体事务，也是名副其实的国君，更是未来的赵王。

赵主父想到了楚怀王之事，本想在朝堂上责难一番，又觉得有失赵王何颜面，便忍住不发，让众人退朝，只留下肥义、李兑、公子成三人。

赵主父问赵王何："楚怀王来赵国求救，为何不救？"

赵王何有点颤栗，忐忑地说："主父，儿臣顾虑秦国，担心收留楚怀王会遭致秦国报复，因此，将他驱逐出境。"

公子成也进言："主父，大王所言极是，想那秦国虎狼之师，屡次想要犯我赵国，都找不到借口，如果我们收留楚怀王，不恰好给了他们出兵的理由了吗？现在赵国国力虽然有所增强，但是尚不能与秦国相抗……"

赵主父打断公子成的话："秦国不顾外交之礼，竟然私自扣留楚国国君，这种行为令天下人不齿。如果赵国收留楚怀王，借此良机号召天下诸侯共同讨伐秦国，不仅楚国会举全国之力，那韩国、魏国、齐国等更会鼎力拥护，数国联合，彻底解决了秦国。我赵国会吞并秦国北部大片土地，西进可以入陇、南进可以入巴蜀，那函谷关无论哪国占据，都对我赵国再无险可守。如此一来，赵国彻底解决西部胡人问题和秦人困扰，再有巴蜀粮仓，试问今后，哪个国家敢与我赵国抗衡？"

肥义深知赵主父心中所想，这三年辅佐赵王何，他是尽心尽力，只为对得住赵肃侯和赵主父的重托。当赵主父说出这番话时，他内心的纠结达到了顶点。

李兑进言："主父，我等臣子三年来很少与您畅谈天下大势，不知道主父的谋划。大王虽然年幼，但颇有主父当年继位时的少年国君风采。主父一心用在骑射上，粮草供应、战马饲养、召集骑兵、训练作战、边防哨卡等等花费甚巨，大王生怕耽误了主父的大业，早起晚睡，勤于政务，挪东补西，厉行节俭，方能维持赵国数万骑兵的开销。请主父明鉴！"

公子成也皱着眉头奏请："主父，这几年赵国获地无数，拓疆万里，降服和依附百姓越来越多，矛盾和隐患也颇多，赵国的步兵四处驻防、巡查、镇压；官吏忙于大小事务，都疲惫至极，可是他们的待遇远远不如骑兵，这在军中和官员中都有很大的怨言。大王与臣等想暂缓兵戈，与民休养生息，待稳定个两三年再与秦国计较，这样也可以缓解国内的诸多矛盾。"

赵主父以前也想到过这些问题，也听到过一些步兵和骑兵不和的消息，但是他忙于征战，无暇理会这些琐事。现在公子成郑重提出来，他才觉得，这确实是一个隐患。

步兵、战车兵向来是赵国军队的主体，"胡服骑射"之后，骑兵突起，许多普通士兵因为素质好，被选拔为骑兵，待遇极优，这引起了步兵和战车兵的不满。

赵主父静下心来思索了一会儿，觉得公子成等人说的事情也不是没有道理。如此看来，赵何发布的一些命令也是调和矛盾，增加国力，只是将重心放在农业上了，这有点背离了自己的宏图伟业。赵何坐上王位的这三年来，在肥义等人的辅佐下，表现得还是可圈可点的，王者之威逐渐显露，身边也有了一些赤心肝胆的臣子，看来自己当年的决定还是正确的。

"何儿，'胡服骑射'是赵国争霸天下的大略，骑兵是关键，草场则是骏马的家园，绝不可以废止。你需谨记！"赵主父对赵何耳提面命。

赵何磕了个头："主父教训得是，孩儿记住了！"

赵主父摆摆手，起身回自己的寝宫。

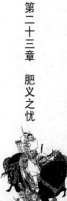

晚饭后，子奴走进来，说："肥义大人来了！"

赵主父摆酒请肥义畅饮。酒过三巡，肥义起身走到案前，跪倒磕头："主父，臣有几句心里话要讲，不知道当不当讲？"

赵主父从未见肥义如此谨慎，道："肥义大人，有话尽管说！"

肥义看了看服侍的人，欲言又止，赵主父便让身边的人都退出大殿。

肥义走到案前，坐下，小声道："臣蒙赵肃侯托孤，尽心辅佐主父，不曾有二心。如今赵国有大王总理朝政，主父行兵马军阵，时有三年余，未曾有隙缝。然天无二日，国无二主，主父应该看到现在大王智慧明达，身边羽翼渐丰，开始从容治国。臣思虑终有一日，大王会统管赵国军政大权，若有意见相左，主父届时何去何从？老臣今日前来，既为大王考虑，实也为主父权衡。臣建议暂时收回大王的权力，仍由主父行赵国国君之权，待百年之后再行传位，才不至于出现来日危机。"

说完这番话，肥义长长地松了一口气，"臣本不该违逆主父原意，但现在朝堂与地方已经出现逆流，拥护主父的人和支持大王的人渐渐水火不容。主父常年在外征战，不可不防！"

看着肥义，赵主父心生疑惑，这位三朝老臣，三年前就阻拦我立赵何为大王，如今又来劝我废赵王，究竟何意？说到官职，肥义已经是百官之首了，国君再怎么变他也不会有更多的利益了。除非肥义察觉到了什么？难道赵何有不二之心？

赵主父问肥义："肥义，莫非朝堂有异变？"

肥义摇摇头："没有，但是暗流涌动，朝堂上已经分成了多派，针锋相对，臣本应该尽心为大王服务，可是老臣也不愿看到主父陷入危机。出此下策，既可以让大王再以太子身份监国，又可以重新树立主父在赵国的权威，让那些投机之臣早早熄灭不轨之心。如果主父不改前衷，臣依然会尽心辅佐大王，可是臣已老迈，恐怕不能陪主父走得太远了。如今公子章身边也聚拢了一些能干之臣，如果处置不当，易生变化。"

公子章，原本是赵国的太子、赵主父的接班人，但是自从赵主父迷上吴娃之后，一切就变了，他的母亲郁郁而终，他的储君之位也被自己的弟弟公子何夺走。现如今，弟弟当上了赵国之王，自己这个大哥每日还要去给他朝拜，这让他情何以堪。

要知道，这些年来赵章跟着赵主父南征北讨，立下了无数汗马功劳，可是那个赵何干过什么，他仗着自己有个漂亮的娘亲就把这赵国江山给夺走了。

对于赵章的这些怨言，赵主父不是不知道，但是赵国的国君只有一个，手心手背都是肉，可手心毕竟跟自己更亲些，因为他永远无法忘怀他一生挚爱的吴娃，而小儿子赵何，与他的母亲吴娃长得越来越像。

可是，赵章这些年一直跟在自己身边锻炼，军事能力强，且胆识过人，除了行事有些骄横，其他方面与自己是一般无二。他是一个人才，也是一个好儿子，把他的太子位给生生夺走，如今又传位给赵何，似乎对他很不公平。

于是，赵主父为了补偿自己对赵章的愧疚，他将公子章的仪仗用度升级到与赵王何的几乎一样，还封公子章到代郡为"安阳君"，并派田不礼为相前去辅佐他。朝中的许多大臣们见公子章受到了赵主父的厚爱，以为赵主父又有什么新的打算，便暗中与公子章来往。公子章对权力本不陌生，见朝中大臣又都向自己示好，胸中的理想和抱负止不住地向外涌。

赵王何虽然不满，但却不便明言。肥义觉得此事不妥，但他了解赵主父的心情，公子章被无辜废掉太子位，失去为王的机会，赵主父对公子章的厚待也算是他的弥补之意吧。

赵主父这么做其实也不完全是感情用事，赵何精于文治，赵章精于武功，他们俩一个在赵国的政治中心邯郸主管政治，合纵五国；一个在赵国的军事中心代郡主管军事，防备胡人；自己则可专心去谋夺秦国。一旦秦国到手，自己在咸阳坐镇，与两个儿子东西呼应，从西从北两个方向步步蚕食五国，如此，天下可定矣。

一旦大业告成，自己就可以安然退休，游山玩水，巡游天下，岂不快哉！

有时候，人生的高潮常常以一种出人意料的方式到来，而又以另一种更出人意料的方式结束。赵主父筹谋天下，不察觉危机正日日逼近。这一场危机，与其说是赵主父的个人悲剧，不如说是赵国保守派势力的一次大反攻。

赵主父太过于相信自己对赵国的掌控力了。他完全没有发现，在他让出王位之后，赵国的内部早已是暗流汹涌，无数个野心家摩拳擦掌，就等着好戏上演了。

权力，一切都是权力在作怪，赵主父在位的时候用权力得罪了很多人，现在大部分权力归于赵王何，许多趋炎附势的臣子纷纷讨好赵王，这就预示着赵国的基石已经松动了。

此外，封赵章为代地"安阳君"也是一个败笔，这让赵章的势力不断膨胀，代地以及其附近的胡地就是源源不断生产骑兵的基地，也就是说，赵国最强横的军事力量就掌控在赵章的手中。中山王自然不会错过这个良机，他很快与田不礼勾结在一起，并影响到赵章。赵章时常牢骚满腹，田不礼更不是什么好家伙。田不礼原先是齐国的贵族，后因家族内乱逃到了赵国，他心心念念，就是想重新出人头地，现在机会来了。

田不礼开始日夜在赵章面前挑唆他造反，鼓噪："赵何是个无能之辈，怎么斗的过您呢？代郡这里胡人勇士一大堆，我去帮你物色一些来，保证帮你夺来那本该属于您的赵国王位。"

赵章心动了，不说话，表示默许。

赵章在田不礼的怂恿下，对邯郸城里那个发号施令的赵王日渐不满，恨不得杀了赵何。同时，赵章对自己的父亲也有怨言，他积极在骑兵军队中培植自己的亲信，期待有朝一日掌控这支无敌的力量，助自己夺回王位。

赵主父察觉到了这些事态的萌芽，也得到相国肥义之前的提示，但是他相信自己的掌控力量，不认为自己会阴沟里翻船。面对日渐爆发的危机，他视而不见，听而不闻，这也许是一切改革者的宿命，改革者一旦失去判断力，离死就不远了。

赵主父没能当场给肥义明确的答复。肥义叹了口气，告辞离去。

这番超越了君臣关系的对话让赵主父坐立不安，肥义说的一点没错，随着赵何年岁的增长，理政的时间越来越长，发布的命令也越来越多，越来越有大王的样子了。

赵主父也察觉，三年来，自己调兵遣将也开始有些不便，以前一句话，一个命令就可以调动全国兵马和征调地方兵力，现在却需要把命令先传到邯郸，由赵何发布命令，才能调动兵马和指挥地方事务。先前为了表示自己遵守赵国法令，一直按照这个程序走，如今经肥义的提醒他才猛然看到，自己的权力变小了！

赵主父又喝了会儿酒才睡去。这一夜，他梦到了吴娃责问他为何换掉何儿，梦到了螳虞对他怒目而立，梦到了子藩让他当心公子成，还梦到战场厮杀，最后竟然梦到有个婀娜多姿的女子泪眼婆娑地看着他。赵主父提着剑走近这个女子，发现竟然是宣太后。宣太后扑到他怀里，无限温柔地说了很多话，可惜一句也听不清楚。他很焦急，大声喝问宣太后。宣太后竟然哭泣不止……

赵主父一身冷汗惊醒了，外面天还没有亮，守夜的卫士在院子里巡逻，马靴踩在石板上的声音隐隐传来。咸阳和宣太后一别，今日却梦中相见，不知是福是祸？

赵主父躺在卧榻上思虑了很久，起身洗漱更衣，提着剑走出屋门。操练了一会儿格斗，他渐渐静下心来，

是否依肥义的意思，收回赵何的大王之位，重建赵国上下对自己的信仰，赵主父一时拿不定主意，最后他决定再等等看，反正自己手中掌管着代地的数万铁骑，还有"虎狼骑"护驾，想要扭转赵国的命数，还不是顷刻间的事情。

早朝时，赵主父来到朝堂，接受赵王何和臣子的跪拜，看到赵何这样恭顺，他心里稍有些安慰。当赵何坐在王位上后，众臣子又需给他跪拜。

这一次，赵主父看到了群臣中跟着跪拜的赵章。只见身材高大的赵章伏在地上跪拜，那身形和自己真的很像，就彷佛另一个自己在跪拜赵何一样。如果不是当年改立太子，此时在下面跪拜的应该是赵何，而不

是赵章。

赵主父又犹豫了，以前做事那么果断，现在却优柔寡断，他拿不准是否换掉赵何。他认为这赵国的大王，还不是自己想立谁就立谁？肥义有些多虑了，一来自己还活着，赵何胆子再大也不敢弑父篡位吧？何况赵何的胆子还很小！二来自己手中掌管数万忠心耿耿的铁骑和死心塌地的代地军民，即便赵何有异变，那些步兵、战车兵也不是对手。此外，自己还有一个强有力的后援，那就是楼烦和燕国。有庄耳和山樵坐镇的楼烦，随时可以出动上万精于骑射的牧民。燕昭王仁义，自己如有危险，他也会鼎力相助。

即便想到最坏处，赵主父依然认为，赵国的一切都掌控在自己的手里。

这么一犹豫，赵主父就没提起撤换赵王何的事。肥义连连叹气。

第二十四章　相约之奴溪

公元前 296 年夏，赵国扶植的傀儡中山王隐忍了一年后，积攒了一定的力量，开始联合齐国、魏国，谋求复国，真是贼心不死。

朝堂上，赵主父要彻底歼灭中山国，拔出这个隐患。公子成极力反对，说中山国已经割地给赵国，又没有冒犯的地方，轻易发兵会遭人耻笑。肥义赞成发兵。其他臣子各有表达。

赵主父于是问赵章，赵章表示中山不灭，赵国永远不是一个整体，他愿意追随父王，带兵进攻中山，俘获中山王。

又讨论了一番，赵主父拍板，重兵进攻中山。

相关的兵马要调动，少不了又要走一番程序，兵书和虎符纷纷送出邯郸，各处的兵马陆续集结到位。在赵主父的照会下，燕国大军集结于齐燕边境处，给想要援助中山国的齐国以强大的压力，不敢轻举妄动。

其他诸侯国都知道赵主父这次要连根拔除中山国了，大家都乐得看热闹，谁敢多事？单不说赵国横行无忌的数万铁骑，就是他的"虎狼贲"卫队也足以让人头疼了。

八月，赵主父率领十万大军包围了中山国，其中竟然有六万铁骑。赵军在中山国国土上纵横驰骋，几乎没有遇到抵抗。看来中山军民早已吓得魂不附体，失去了抵抗的勇气。赵军兵不血刃就围困了中山国的国都灵寿城。中山国国王表示投降，愿意归顺赵国，永远做赵国的子民。赵主父便将中山王连同他的部分子民一起迁往肤施（今陕西榆林）居住。

赵章怀疑中山王是假投降，目的是为了保存实力，否则，中山怎么会一点都不抵抗。赵主父不以为意。在占领中山国后，赵主父便整理

代郡和邯郸之间的道路，广修驰道。不久，赵国境内的道路就通畅无阻了，各地的交流方便多了，境内各民族间的交流也更多了。心脏里的一颗铁钉被彻底拔除，赵主父终于可以松了一口气，至此，赵国的千里沃土终于连成一片，赵地的游牧文明与农耕文明开始了大规模的融合，赵国的实力，也开始倍增。

史书载："昔者中山之国地方五百里，赵独吞之，功成名立而利附焉。"

是啊，对于赵国上下而言，这一个里程碑般的胜利，确实可喜可贺。赵主父凯旋回都，行赏，大赦，设酒，邯郸全城狂欢五日。

这是自从吴娃死后，赵主父最快乐的五日，他大口喝酒，大块吃肉，大声欢笑，赵国在他的手里达到了强盛状态，还有什么事儿比这还开心呢？

赵主父喃喃自语："父亲、吴娃，你们在天有灵，看到赵雍为你们打下的千里河山了么？看到赵雍为你们创立的不世功业了么？再有十年，赵雍要将天下收入怀中，赵氏的子孙将坐上天子的宝座，赵氏的列祖列宗会为赵雍感到无比骄傲！"

赵主父睡了，他心满意足地沉睡在甜蜜的梦乡里。他在邯郸暧昧的夜色中彻底沉醉了，他的思绪飞到了千里之外的秦国山河，那是多么富饶的一片土地啊。早晚有一天，他会在咸阳的宫殿里搂着宣太后开怀畅饮，那该是多么美妙的一件事儿！

为什么会梦见宣太后？也许是赵主父想要征服这个时代里最有权势、声望最高的女人吧！

就在赵主父纵情畅饮、酣睡之际，被迁往异域的中山王并不甘心自己失去权势，他不断派出手下四处联络旧部和齐国力量，时刻准备谋反。

最令中山王寄予希望的则是赵国内部的势力，他用齐国赞助的重金疏通关节，和公子成取得了联系，允诺一旦赵主父势力衰退，就逼其退隐，然后力推公子成继赵王位。公子成虽然年纪已高，但是没有失去做赵王之心，他不得不为自己的儿孙考虑。如今赵主父随时可以废掉赵王何，改立赵章，而自己与赵章不和，那样自己的儿孙就会彻底失去权势。为了自己这一脉的未来，公子成答应了中山王的请求。

此外，中山王还联络上了楼烦部落的敖燎。敖燎一直对归顺赵国心怀不满，很快达成一致。中山王会助敖燎杀死楼烦王，然后拥立敖燎为楼烦王，共抗赵军，再相扶重新建国。

魏国、楚国也不希望看到赵国独大，私下里也积极扶持中山王复国行动。

唯有秦国，在宣太后的主持下，对中山王派来的秘密使者的游说置之不理。相反，宣太后一反常态地对赵国大肆赞赏，称赵主父为罕世之才。

当晚，宣太后派出亲信卫愚，怀揣密信前往赵国，她有一件非常重要的事情要和赵主父相商。虽然她拿不准赵主父的想法，但是她从赵主父的眼中，看到了他内心的热火，那团火早已将宣太后的心烧得蠢蠢欲动。

公元前 295 年二月，新年刚过不久。赵主父最近时日里心情舒畅，拔除了中山国这个大钉子之后，赵国完成了从精神到实质的统一，而且楼烦、林胡两个游牧民族也基本融入到赵国体系中，东北方向又击退了东胡，融合了万里牧场，战略纵深极为广阔，便于赵国组织大兵团作战。

赵主父北联燕国，东抗强齐，南拒魏、韩，西向与秦国争雄，并与楚国眉目传情，一时间赵国的势力和影响力达到顶峰，诸国列强争相示好赵主父，希望与赵国达成联盟。秦国虽然对韩魏等国气势汹汹，但是对赵国却彬彬有礼。

从赵主父身后的六万铁骑身上，所有的诸侯国都看到了恐惧。虽然有些国家也在组建骑兵部队，但是一支部队形成战斗力可不是那么容易的。单说军马的养成，骑兵的训练，整个骑兵部队的后勤保障那都不是一朝一夕就能实现的，即便各国全力以赴筹建骑兵部队，与赵国的骑兵力量也是相差悬殊。赵国早已遥遥领先，六万训练有素、忠心耿耿的铁骑随时可以兵临任何一个诸侯的国都下。按照赵国国力增强的能力

和速度，五年内组建起二十万铁骑也不是难事，而强大的秦国只有组建三万铁骑的能力，这种差距越来越明显。赵国在赵主父的带领下，就像骑上了汗血宝马，将老牛拉破车的其他国家远远甩在后面。

一个月来，赵主父都住在邯郸附近的沙丘宫（今河北广宗西北）里思考天下大事。

这座位于邯郸城东北一百多里外，气势雄伟、绿树成荫、嗷嗷鹿鸣的宫殿，占地极广。沙丘宫周边还有诸多别苑，比如附近还有个附属宫殿叫离宫。

为了宣示自己的权威和赫赫武功，赵主父对沙丘宫给予了很大的心血。整个建筑依山傍水，易守难攻，院落连着院落。沙丘宫内服侍人员极多，宫女、宦人、杂役足有两千余人。沙丘宫由从邯郸调来的两千士兵守卫，宫内是由赵主父最信任的五百"虎狼骑"贴身保护。此外，赵主父身边还有众多后宫陪伴，这些来自赵国和其他诸侯国的美女都争相示爱，希望与赵主父同床共寝，如果能生得公子，母凭子贵，未来的荣华富贵就指日可待了。

沙丘宫周边，万木葱茏，百鸟争鸣，奇花异木芬芳竞艳，珍禽异兽奔走其间。尤其是仲春百花盛开时节，来自四面八方的少男少女，聚集在沙丘宫外的山野间追逐嬉戏，相互之间赠之以芍药，报之于琼瑶，同当时齐国的桑林、郑国溱水一样，成为少男少女们的爱情欢乐谷，不知这里成全了多少世俗男女们的美好姻缘。

赵主父每天站在城墙高处看着如画的江山，欣赏着赵国百姓朴实安稳的生活，他同样钟情于这里的如画美景，万千生灵。如果能扫灭秦国，再征服其他诸侯国，赵国就要一统天下了。赵主父的谋划已经成型，代地又有四万铁骑正在加紧时间训练，用不了多久就可以投入作战了。到那时，赵主父将率领十万骑兵自北而南，以迅雷不及掩耳之势横扫秦国，只要歼灭秦军主力，剩下的事情就简单了。

赵主父心里盘算，用一年的时间灭秦，再囊括秦国巴蜀之地，携黄河、长江雷霆之势，赵国将成为周天子之下最强大的诸侯国，到那时这周天子的江山就要易主了。

这一天傍晚，子奴引着一个面色清秀的男子来见，此人自报名字卫愚，向赵主父呈上一封密函，拆开密函，是一块绢。

赵主父打开一看，上面写道："五月二十日，之奴溪边，煮酒待君！"

赵主父问卫愚。卫愚道："我家主人宣太后，邀主父相见，有些重要的话要与主父说。"

赵主父命子奴带他到宫里偏殿里住下，等候回信。

赵主父未曾忘记那个热情似火的宣太后，心中一直有这个女人的影子。随后，赵主父又想到了螭虞。后来，螭虞去世，赵主父又把吴娃立为后宫之主。吴娃在短暂的一生里为自己带来了无限的快乐。这些年来，身边的女人无数，但是真正让他念念不忘的只有螭虞、吴娃和宣太后了。如今宣太后派人前来送信，相约见面，到底意欲何为？见还是不见？

想了一夜，天亮后，赵主父召来卫愚，让他回话："赵雍准时前往！"

卫愚谢绝了赵主父赏赐的黄金，悄悄离去。赵主父也准备过些时日赴宣太后之约。

之奴溪位于秦赵两国边境处，附近有一个小村落，这里地势平坦，无险可守，进退自如。宣太后选这个地点，显然是为赵主父考虑的。

赵主父欣然前往之奴溪，他带着五百"虎狼骑"策马疾奔，铁蹄踏踏，兵器雪亮，旗帜飘扬，所到之处百姓欢呼，哨卡的士兵雀跃。在赵国人心里，赵主父就是他们的信仰。

为了防备不测，赵主父除了派人先去之奴溪侦查，还派人持手令到秦赵边境处的狸金漠军营调集五千步兵和兵车前往接应。

之奴溪是天然形成的一条美丽的溪流，因两百年前周天子曾放逐三千奴隶至此耕地而得名。之奴溪溪水弯弯曲曲自西向东流去，即使久旱，也不会断流。

榛魁回报，之奴溪处可见百余秦国人，周边无异常。

赵主父放心来到之奴溪，五百"虎狼骑"没有下马，都手持武器警

惕地望着四周。

秦国人群中有两人远远迎过来，正是卫愚和一个年近四旬的宫女，他们恭请赵主父往侧旁走去。子奴等人想要跟随，赵主父一摆手，自行前往。

赵主父走近之奴溪，满目青翠，连衣服都映成了淡淡的绿色。卫愚侧身一旁，施礼告退。宫女前面引路，赵主父只听见流水潺潺，伴着声声鸟语。转过一棵大树，宫女也施礼告退。走着走着，赵主父忽然感到一阵清凉，才觉察有微风习习吹过，阵阵袭来的芬芳使他不由得心旷神怡。清澈见底、纤尘不染的碧水中，鱼儿欢快地游动，红、绿、白各色卵石在水中闪亮。阳光透过林隙在水面洒落斑驳的影子，给人一种安谧静美的享受。

之奴溪深处，一个风姿绰约的女子悄然站立，她面容俊美，眉如远黛，唇若朱丹，双手抚在腰间，盈盈施礼，正是换作普通女子服饰的宣太后芈月。

赵主父手按剑柄，昂首走来。宣太后心"怦怦"直跳，脸红得和丹唇一样。两个人站立相视，赵主父一把将宣太后抱在怀中。宣太后紧紧地搂住赵主父的腰，将头埋在他的怀里啜泣。

两个令天下诸侯心惊胆寒的人就如一对久未逢面、饱受相思之苦的情侣一样拥抱在一起，互相倾诉着爱慕之情。

没有见到宣太后之前，赵主父还保持着克制，此时美人在怀，他竟然难以压制情感，亲吻着宣太后。赵主父多年来东征西讨，虽然有蠃虞和吴娃这样的美人，但是都不能理解他的雄心壮志，也不能为他的大业助一臂之力。可是宣太后却是一位女中豪杰，不让须眉，赵主父对她产生了浓厚的征服欲望。

赵主父身材魁伟，戴盔披甲，腰佩长剑，似从远地归来，腰略躬，头微俯，正在慰藉宣太后。宣太后身段匀称，体态丰盈，蓄长发，富风韵，左手挽着赵主父的腰，面微仰，两人含情脉脉，紧相依偎似窃窃私语，倾诉离情，俨然千里相会的一对久别夫妻。

深壑幽谷之间，之奴溪的两边千峰耸立，高入云天，树木繁茂，浓荫蔽日，这儿溪水潺潺、琉璃飞瀑，奇花异草与珍禽异兽同生共荣，构成极为秀丽、清幽、自然的环境。

宣太后说道："今日能与君相见，此生无憾！芈月愿一生追随！"

赵主父温柔地说："那秦国你就放弃了吗？"

宣太后道："赵主父有并吞天下之意，秦国焉能阻住赵国铁骑，秦国并入赵国也是早晚的事。只是秦人血性，不会束手就擒，这一场厮杀是少不了的了。芈月一来不想看赢氏灭绝，期待以秦国太后身份嫁入赵国，有生之年求得秦国平安，也愿秦赵两国融为一体；二来了此余生辅佐主父伐灭齐国，帮助主父建立一个纵横东西、空前强大的国家。若是时机顺畅，顺手灭了韩魏楚也不是难事。"

赵主父惊问："你可以这样想，那秦王是否同意？"

宣太后道："秦国朝政尽掌控在我手中，哀家要这么做，他听着便是。只要君不负我，芈月绝不负君。有我在，秦国的兵马以后尽可听从主父的调遣。"

赵主父想象不到宣太后为了这份"迟到的爱"竟然要下嫁赵国，而且"嫁妆雄厚"。他并不担心秦军有诈，他知道怎样控制秦军作战。如果秦赵真能相安，不起兵戈，相信五年后，秦国慢慢融入赵国并不是难事，就像楼烦和林胡人一样，短短的几年，他们已经和赵人没什么区别了。

赵主父激动地对宣太后说："芈月，寡人若能得你相助，必成大业！"

宣太后温柔一笑，道："此生能与你在一起，虽死无憾。"

宣太后请求赵主父派使臣到咸阳提亲，她要光明正大地嫁到咸阳。

两个人坐在之奴溪边一边饮酒，一边商议了许久，定下日后的一些安排。

时近午后，两个人割腕明誓，此生永不相负。赵主父与宣太后携手走出溪谷，宣太后的随从依旧站立在原处，"虎狼骑"仍是在附近逡巡。

这一对情侣从溪谷中走来，真是男的英俊潇洒，女的温婉可亲。

"虎狼骑"顿时发出震天的欢啸，他们策马围着两个人疾奔。都是

一群血性的男人，自然知道他们的主人赵主父已经收服宣太后。虽然不关他们什么事，但是他们的主人这种行为让他们开心。

宣太后红着脸躲在赵主父的怀中，这太平的世界，如果没有了纷争该有多么美好。

两个人还是恋恋不舍地道别了。忽然，宣太后靠近赵主父的耳朵，小声道："中山王暗中联络了齐、魏、楚，要对赵国不利，那楼烦和林胡也蠢蠢欲动，还有赵国的权臣都包藏祸心，请谨慎为之。"

赵主父心惊如雷，不由得点了点头。

宣太后的车马渐渐远去。荒原古道，满是离别之情。赵主父想不到的是，这之后两个人竟然再也没能见面，连商定好的使臣求亲之事也无法进行了。

时局变幻，有些事情赵主父已经无法控制了。就在他准备返回邯郸时，派去狸金漠军营调兵的子犹回来了。子犹告诉主父，因为没有赵王的命令和虎符，虽然守将赵方杵接到赵主父的手令，但是不愿派兵。

赵主父眯着眼想了一会儿，他觉得最近宗族出身的将领越来越不听从自己的命令了，显然倒向赵何了。看来，自己必须采取动作了，否则宣太后说的危机注定会发生。他便命子犹去代地传赵章到邯郸议事，一边直返邯郸。

对于中山王之事，赵主父觉得池塘里的青蛙任凭它蹦跶，还能跳出池子去吗？索性任由他闹起来，然后彻底剿灭中山国余孽。

第二十五章　来日大难

公元前 295 年五月底，就在赵主父返回邯郸的第五天，赵章也带着五千卫队赶到了国都。在田不礼的怂恿下，赵章也觉察到自己处于一种微妙的处境中，既处于赵主父的阴影下，又处于赵王何不信任的行列。这次来邯郸，赵章就感觉会有什么事情发生，因此，不顾赵国军令，私自率领五千卫队奔赴邯郸。

赵章带兵前来，这让公子成、李兑等人顿感不安。

公子成和李兑都是死硬的保守派，两人表面上对赵主父服服帖帖，实际上早就对他受不了了。赵主父是赵氏家族的异类，不遵循礼法，反而自降尊荣，让世人耻笑，公子成心里一直反对赵主父。李兑是个聪明的文人，最喜欢被人奉承，享受高高在上的样子，而且李兑还是个爱美的男子，胡服是他极度厌恶的服饰。在赵主父的威压下，李兑非常巧妙地表现自己的乖巧，实际上这都是演戏，目的还是为了自己的荣华富贵。

李兑和公子成都在朝堂共事，两个人很快走到一起，他们以赵氏宗族为纽带，都期待赵王何早日掌管军政大权，革除"胡服骑射"，否则难消心头之恨。公子成和李兑就是最突出的代表，他们发现赵章的实力越来越大，而赵主父掌控的骑兵也越来越有战斗力，一旦赵主父废掉赵何，另立赵章，他们这些保守派全部都得玩完。

在朝堂上，肥义是最坚决支持赵主父"胡服骑射"的核心人物，身边聚拢了一堆重臣，是赵主父在朝堂上的倚靠。

当赵章带兵前来的消息传到邯郸时，公子成、李兑等人坐不住了。

于是，李兑找到肥义，说："赵章强横而志骄，党众而欲大，田不礼刚狠好杀，二人相得，必有阴谋。子任重而位尊，祸必先及，何不称疾，传政于公子成，可以免祸！"

肥义何尝不知道眼前的危险，但他也明白，这个李兑也没安什么好心，他要是把相国之位让给公子成，赵国只会更加危险，于是他断然拒绝道："昔者主父以王托吾，尊为相国，荣恩浩荡，何其厚矣。今未见祸形而自避，吾何其愧也！若真有祸，吾一死而已，死而无愧！"

肥义的意思是，就算自己豁出一条命去，也要保住赵国的改革成果，绝对不能妥协。

李兑见肥义不肯就范，只好挤出几滴鳄鱼的眼泪，说："诺，子勉之矣！吾见子已今年耳。"意思是说：好吧，你自己好自为之吧，我看你呀，活不过今年了。

肥义看着李兑的背影，摇头叹息："唉，主父呀主父，你为何要让位呢？现在你叔叔公子成和你儿子公子章都想要对付你，老臣又要对得住大王赵何，我一个外人，跟你说你又不信。你要我怎么办！唉，实在没办法，我就拼上我这条老命来报答你吧！"

肥义送走赵主父后，就把整个事情的来龙去脉向赵王何讲了。赵王何明白了事情的严重性，与肥义商议对策。肥义建议赵王何不要轻易离开央宫，同时命令可靠的胡人卫士日夜守护赵王何。

公子成等一些宗室重臣也来见赵王何，提醒赵王何早做准备，防止赵章有不轨。赵王何尽管不相信赵章对他不利，但是担心主父有变。

公子成不无卑鄙地挑拨说："肥义是主父的心腹，这些年辅佐大王，心思却还是在主父身上。大王切不可完全相信肥义，臣打听到肥义可是暗中支持赵章的人啊。可见肥义与大王不是一心的。"

公子成的话还是产生了作用，赵王何担心自己被肥义出卖，便私下授予公子成兵符。如果公子章有异动，就准备随时起兵勤王。

公子成拿到兵符的事肥义并不知晓，如果知道，肥义一定会阻拦，殊不知，在生死关头，赵王何选择了相信公子成。

赵国的局势，之所以弄到如此地步，归根结底，还是赵主父改革不彻底造成的。"胡服骑射"的改革虽然伟大，但只能算是一次军事改革，而不是像商鞅、吴起那样的全面变法。

赵国旧贵族势力根深蒂固，它找到机会就会反咬一口。公子成和公子章都是赵主父的至亲，又握有极大的权力，这就是一个国家一切内乱的根源。所以说，赵主父什么都好，就是太爱家人、太宠信亲贵了，这对一个男人是优点，可对一个政治家而言，却是最大的缺点。

当初立赵何为大王，自己退位的时候，赵主父是希望自己的儿子与自己分别负责国内的政治和军事，自己可以全心专注于赵国激烈的对外军事斗争。他的本意是在赵国构建二元政治，自己和儿子都是国中的君主，只是自己不再使用国王的称号，而是使用有着太上皇意思的"主父"称号。但是赵主父的这番设想却严重违背了政权构建的基本规律，最终造成了赵国的内乱。尽管赵王何是赵主父亲自立为王的，但权力与名位远去的痛苦让赵主父十分失落，一生追求荣誉的他有些不甘寂寞了。

公子章在无辜被废后，毫无怨言，一如既往地孝敬自己。赵主父潜意识中重新扶植公子章，和赵王何争权的思路越来越明晰，说到底，就是要夺回自己曾经放手的权力。他想到了一个釜底抽薪的办法——立赵章为"代王"。

赵主父把要立公子章为代王的想法同肥义说了，肥义不同意。起初，肥义以为立公子章为"代王"是赵主父的过分溺爱。但慢慢的，肥义明白了赵主父的真实用意。肥义是个忠厚能干的胡人后裔，他的想法是，自己是国家的相，那么就要为国家负责，自己是赵王何的丞相，那就要对赵王何负责。

在过去的四年里，肥义精心辅佐赵王何，使赵王何已经很得王的精髓。肥义为赵王何建立了一个可靠的势力范围，赵王何的羽翼已成。根据肥义的观察，赵王何是个与他父亲一样渴望荣耀的人，如果赵国再出现一个王的话，不管是谁，赵王何都不会容许，赵国必然要有一场血战。事实上，肥义也正是以铁血来教育赵王何对待王权的态度，决不允许任何人对王权有所觊觎。王权不稳，国家必乱，这里不只是一个个人荣辱的问题。

肥义对赵主父虽然很有感情，也曾经恳请他换掉赵王何，但是被赵主父拒绝后，他就一心一意地辅佐赵王何了，把赵王何当作赵国的国君，国家大义不允许他支持赵主父的悖逆。如果肥义支持赵主父的想法就等于将赵国分成了两部分。公子章的能力，肥义是深深知道的，对于公子章暗借羽翼，肥义也是了解的。公子章一旦为"代王"，立即就会有大批的臣民归附他。肥义对赵主父的拒绝也采用了冠冕堂皇之词，以国无二日、百姓方宁来明说立公子章为"代王"的不可，同时暗示赵主父重新执政这个想法的危险性。

赵主父不置可否，当即言明，把代郡分给公子章，让公子章也称"王"之事就这么办了。

见肥义久久不语，赵主父清了一下嗓子，又说了一个爆炸性的消息："那秦国宣太后将要嫁给寡人，寡人也钟情与她，不知肥义爱卿意下如何？"

肥义愣在当场，然后跪倒说："主父不可，赵氏宗族历来尊周礼，行谨信，未敢有不端之举。那宣太后放浪形骸，声名狼藉，怎可嫁入赵国，又高居太后之位，这岂不让赵国丧尽脸面。臣以为此事万万不可！"

肥义激动起来，胡须飞扬，顾不得年迈，老泪纵横道："主父，赵国与秦国宿怨颇深，新仇旧恨连续数代。世人都知道，那宣太后为了保住自己的权势，不顾廉耻，与义渠君秽乱宫闱，伤风败德，难以母仪天下。臣认为宣太后一定怀着不可告人的目的结交主父，如果嫁入赵国，必是我赵国的祸患之源。"

肥义极力反对此事，赵主父微笑着倾听，待肥义发表完意见之后，他才开口："肥义爱卿，今日寡人与你说几句心里话。如今我赵国兵强马壮，再有六个月，代地又可训练出四万铁骑，这样一来，我赵国十万铁骑雄视天下，谁敢不服？那秦国朝夕之间都是赵国口中的鹿肉，想吃掉就吃掉。宣太后以秦国太后身份嫁入赵国，秦兵可供我赵国驱使征伐诸侯，秦地之民力、财力可供赵国支取。无需几年，秦赵两国便融为一体，我赵国国势大增，一统天下为时不远矣！"

肥义思虑半天，叹了口气道："主父目光超然，看得比老臣远，赵秦联姻显然更有利于赵国；老臣虽然不赞成主父迎娶宣太后，但是也不反对。如此一来，秦军便是我赵国的兄弟部队，为我赵国东征西讨，我们可获渔翁之利。主父英明！"

赵主父坦然道："正是，赵秦联姻之后，秦国便如我左臂，赵国如我右臂，用不了几年，秦国优秀的士兵就会融入到赵国军队中，就如同现在楼烦、林胡勇士编入赵国骑兵部队中一样，秦国也就不战而胜了。"

肥义感慨："肥义老矣，追不上主父的步子了。希望主父多选用一些有魄力的年轻人进入朝堂，不要让这大好的局面破碎。"

赵主父道："寡人自有主意，有些事需要一步步做，不知哪位大臣最宜出使秦国提亲？"

肥义捏着胡须想了一会："还是陆琊吧！没有比他更合适的人选了。陆琊明事理，识大体，难能可贵！"

赵主父立刻命人宣陆琊觐见。

肥义告知陆琊赵主父要迎娶宣太后的事，陆琊苦笑着说："臣就不劝主父收回成命了，臣会尽力听从主父的差遣。"

赵主父大喜："爱卿果然可堪重任！寡人命你为赵国特使，携重礼及国书前去秦国下聘，并商议成婚的时间和迎亲细节。"

"陆琊遵命！"陆琊跪倒施礼，接过了这个重任。

"肥义爱卿，寡人恳请您与陆琊先生谋划此事，需要准备哪些礼物，你等斟酌便是。十日后，陆琊务必出使秦国，完成秦赵合流之重任。"

肥义跪倒领旨，高声道："主父放心，迎娶宣太后乃国之大事，臣肥义一定会与陆琊大人周全合计，不会影响主父大业。只是此事还需报予大王批准。"

赵主父想了一会儿道："寡人明日会宣布赵章为'代王'一事；与宣太后的婚事缓几天再宣布，这样比较合适。这件事先不要外传！"

肥义和陆琊也很赞成，立赵章为"代王"已经是朝堂地震了，再宣布迎娶宣太后岂不是火上浇油，这样不但会让朝堂臣子陷入混乱，也会

让臣子们认为赵主父老糊涂了。

公元前295年，六月四日，成竹在胸的赵主父召集赵国群臣和分封在各地的赵氏宗族，宣布了赵章为代地之主，让其称"代王"的决定。臣子们无人敢反对，都噤若寒蝉。

这么一来，实际上赵国上层集团无形中就分成了三个派系：一个是以邯郸为中心赵王何为首的一派；一个是以代地为根据地的赵章一派；还有就是统帅六万铁骑，掌控着楼烦、林胡之地以赵主父为首的改革派。

三派综合实力比较起来还是赵主父最强，他不仅兵强马壮，而且还有牢固的群众基础，威望和呼声最高。不知是炎热的天气助长了赵主父的兴奋和激动，还是赵国节节胜利的热浪烘托了邯郸城的炎热。朝堂上，赵主父一言九鼎，立赵章为"代王"。尽管公子成、李兑等人极不情愿，赵主父还是凭借至高无上的威慑力量强行通过了这个命令。

赵章欣喜若狂，跪倒在朝堂，向赵主父连磕三个响头。从他站起身那一刻起，他和赵王何就平起平坐了，再也不用卑躬屈膝了。虽然名义上赵章要听命于赵何，但实际上赵章已经是独立王国的国君了。赵国从此时起，有了两个"赵王"，一南一北，各自发号自己的施令。赵主父一心想创造一个统一的赵国，为了制衡赵何，也为了一步步收回自己的权力，他刻意提拔赵章，不惜冒着赵国分裂的危险，一意孤行。

赵王何一脸颓唐，他没有胆量和赵主父争论，更无法与比他强横百倍的赵章对抗，但是，公子成等人却不甘心失败。朝堂上，他们被赵主父压制得灰头土脸，没人敢冒死觐见。但是背地里，他们是不会任人宰割的，只需耐心等待良机！

现在赵主父和赵章的势力加在一起，已经远远超出了赵王何的实力。许多臣子见风使舵，在朝堂上大肆恭贺赵章，围拢在赵章身边，极力讨好。许多臣子认为，也许用不了多久赵王何就会被主父废掉，改立赵章，现在就投怀送抱，为赵章出点力，到时候岂不就成立功臣了。

赵主父很了解这些臣子的心态，只要赵章牵制住赵何，自己就可以重登赵王国君之位。目前来看，赵何还是很听话的，也没有必要废掉他，以后赵国的国土面积会越来越大，自己作为赵国的大王，下面还是需要诸多的"邯郸地赵王"、"代地赵王"、"齐地赵王"、"魏地赵王"……

朝政结束后，为了安抚赵王何，也为了对赵章耳提面命，赵主父鬼使神差般地决定去沙丘宫避暑休养。在赵章、赵王何以及诸多大臣的陪同下，赵主父午饭后便移驾风情万种的沙丘宫，为赵国下一步的重大行动养精蓄锐，他要与两个儿子一起研究布署赵国下一步逐鹿群雄的战略规划布署。

赵主父立赵章为代王引发了激变，一夜之间潘多拉的魔盒被无意打开。

第二十六章　公子成的阴谋

来沙丘宫的路上，公子成对李兑道："赵章带五千兵马随行，大王只带一千护卫，一旦赵章反目，我等都危矣。"

李兑道："大人，咱们不能束手待毙，中山王那边传来消息，这几日便要群起复国，赵国会大乱。中山死士已经潜伏至邯郸，正是千载难逢的良机，您看？"

公子成咬着牙道："他不仁，别怪我不义。沙丘宫远离邯郸，主父只有五百'虎狼骑'，真是天赐良机，只要灭了赵章，剩下的事情就好办了。李兑，这是大王赐予的虎符，凭此符可以调赵文的两万军兵。你速返回邯郸调兵，小心行事，不要引起赵袑怀疑。"

李兑拿着虎符悄悄离去。公子成想了片刻，又换来心腹赵禄，命他持手令回自己的封地，将自己的私家兵全部连夜调来。赵禄领命离去。

主父、赵章、赵王何无暇顾及这些小动作，他们根本不知道自己正走向深渊。一百多里路，大队人马走到天黑才抵达。

六月的邯郸，天气闷热，位于郊外的沙丘宫却处处阴凉。赵章因为带着五千兵马，就在沙丘宫外扎营。赵王何和大臣们则住进了沙丘宫附近的离宫里。

赵王何下榻的离宫里的油灯，被宫人们一盏一盏地点亮，空气中渐渐弥漫出了油灯香料奇谲的味道。

公子成盯着赵王何，巧言令色道："大王，难道您看不出来，主父要废掉你，改立赵章吗？生死危机，大王竟然还不做防备，真是气死我了。"

赵王何木然道："主父要怎么做，寡人都如了他的意吧！寡人虽然驽钝，但是不会做那让世人唾骂的恶事。叔公就不要再说了。"

"不可以，大王，我们绝不能任由赵章胡来。没有大王旨意，赵军不能随意调动，即便主父纵横赵国大地，也是仅带着他的五百"虎狼骑"卫队而行，除此之外难以调令超过五十人的士兵。然而，这次赵章来邯郸竟然带来五千兵马，一路上多次与沿途哨发生摩擦，牛翦大将率军拦截，赵章竟然摆出作战军阵。幸好牛翦克制，原地设防，飞报邯郸，才避免一场血战。赵章显然是有备而来。大王寝宫与赵章仅有十里之隔，护卫的士兵只有千余人，那赵章若是突袭，大王危矣。"公子成不依不挠地说道。

赵王何依然摇摇头："叔公的意思我都明白，主父乃黄帝以来最伟大的国君，是我赵国的顶梁柱，赵何不才，只要主父一句话，大王之位我愿意拱手送出。"

公子成黑下脸来，他还要再说，肥义走了进来，他只好悻悻而去。

肥义疑惑地看着公子成的背影，犹豫了一会道："大王，当心公子成的挑拨，会致大王于不义。这老贼心怀叵测，李兑忽然不知去向，老臣怀疑他们有什么阴谋。"

"刚才公子成一再劝寡人做防备，寡人前些时日曾将虎符交给了公子成。"赵王何说道。

"大王，应该立刻派人拿回虎符，以防不测。此外，老臣发现邯郸城内外出现许多形迹可疑的人，大王应该通知主父，并派邯郸守军逐一清查乡野网点，抓捕可疑之人。"肥义道。

赵王何站起来："左相，谁在幕后主使这些事？是赵章，还是公子成，还是——主父？"

肥义道："乱象四起，看不出谁是主谋，但绝不会是主父。齐国边境处也有动向。大王须当号令邯郸守军来离宫护驾。只要大王掌控着十八万邯郸军队，谁闹事就收拾谁！"

肥义的话很有道理，赵王何点头，他忽然觉得肥义更加可靠。两个人又商议着一些要紧之事，如何采取主动，防备邯郸军队被公子成

控制。

可是，一道来自齐赵边境的紧急军情送到了宫门外，还没等送信的士兵解下背上的竹筒，又一道来自赵韩边境的紧急军情也到了。随后的半个时辰里，紧急军情接连送到，赵国边境上几乎处处预警，国内也频频出现乱象。

这一切，都是中山王与他的"盟友"商议好的"复国之战"的开始，所有军事进攻都按部就班地爆发了。或者早几天，或者晚几天，总之，所有的紧急军情都在同一时间送到邯郸。又转送至离宫赵王何处。

公子成离开赵王何寝宫后，一个亲信正在等候他。一见面，亲信就说："中山国的庞厉大人带着千名死士赶到了。"

亲信引着公子成走到离宫外的一个僻静处，有几个陌生的人正等着他。

亲信小声说："大人，这位便是庞厉将军。"

为首的一个陌生人体态魁梧，满脸胡须，施礼后道："吾叫庞厉，中山王有密信在此。"说完曾上一个锦囊。

亲信拿刀拆开锦囊，取出一块绢。公子成就着灯光一看，猛然一惊："先生，这就要动手了吗？"

庞厉点了点头，道："中山王已经起兵兴复国之战，此时各路大军应该已经进攻代地之边了。齐国、魏国、韩国、楼烦、林胡、东胡、义渠都可以仗义相助；赵氏宗族将领大都反对赵雍，而赵雍自行不义，立赵章为代王，激起公怒，此时孤悬沙丘宫，正是天赐良机。只要逼得赵雍退位，齐王愿出面平息各国之怒，只要求恢复中山国半壁江山即心满意足。齐王和中山王信守承诺，废掉赵何，迎立您为赵王。"

公子成非常满意地点着头，接受了庞厉的观点。他们凑在一起商议着下一步行动，首要环节就是狙杀赵章，让赵主父失去依靠力量。如何狙杀赵章，公子成想到了赵王何。他当即定下一箭双雕的毒计。

六月五日晚十时许，赵主父被子奴唤醒。赵王何求见。

睡眼惺忪的赵主父披衣坐在塌前，他对有些惊慌的赵王何很不满："何事如此慌张？"

赵王何稳了稳神，道："刚才连续接到十二个边防警报，齐国二十万大军突然犯边，魏、韩两国十五万军队也在边境处扎营；东胡、林胡、楼烦三地有十万部众反叛；西有五万义渠人进犯；中山王忽然集合起十几万部众，正在进攻代地。赵国多处境内都有身份不明之人四下杀人放火。事态紧急，儿臣特来请主父定夺。"

赵主父心头一紧，暗说不妙，中山王的准备超过了他的想象，看来宣太后的提醒并不为过，既然中山王动手了，就彻底消灭他，让中山国的余孽永远消失。

赵主父看着赵王何，只见赵何神色之间充满忧虑，满是关怀地望着自己，心中一软：何儿心地善良，从小得我宠爱最多，如今我为了夺回王位，真有点亏欠他了，更对不住吴娃了。

"何儿，不要担心，父王今日便教你如何处理军政，各国既然犯边，咱们赵国有的是勇士，和他们大战一场便是。"赵主父安抚着赵何。

赵何镇定下来，恢复了往日的威严："主父教训的是，孩儿记在心里了。"

赵主父紧急召来陪驾的臣子，肥义、公子成、赵章、田不礼、仇液、赵造等数十位大臣均到沙丘宫听政。他们都知道赵国陷入了空前的危机，都义愤填膺，摩拳擦掌。

赵主父训示一番后，便发出一道道军令：齐赵边境的军队加强戒备，不要主动开战，只要齐国不进攻赵国，就严阵以待，同时邯郸派出六万军队，由牛翦将军率领紧急增援；韩、魏边境的驻军也是加强戒备，同时各派出两万邯郸守军赴两地增援，并派出尚赪、孙徜出使两国，质问其国君为何不遵守盟约；对于楼烦、林胡之叛乱部众，命令庄耳和山樵率所部并会同两万骑兵征剿并安抚；对于东胡，派使臣仇液请燕昭王出兵征伐，并请燕军陈兵燕齐边境，配合赵军作战；对于义渠人犯边，派人飞鸽传书楼缓，请宣太后出面召回义渠人。至于中山王叛乱，赵主父则命令赵章即刻率部北归，率代地剩余四万骑兵进行剿灭，务必彻底绞杀中山国的余孽。对于赵国境内的暴徒作乱，则命令各地分封的小诸侯率私家兵捕杀，查出幕后主谋。最后，赵主父命令邯郸剩余

八万守军继续由赵袑统领，防止敌人偷袭国都。

赵主父道："何儿，天亮后，你带着大臣们都返回邯郸吧！国都要加强戒备，绝不可失守，否则我赵国军心民心则会不稳。"

赵王何道："主父放心，儿臣定会守住邯郸，决不让主父担忧。"

"章儿，你弟弟的护卫不多，你可率部护送他和大臣们安全返回邯郸，然后再奔代地，不得有误。"

"儿臣明白，请主父放心！儿臣会尽心护送弟弟返回邯郸。"赵章跪倒，坦诚地说。

一时间，赵国又依稀回到了赵侯雍当年为父亲赵肃侯发丧时"五国联军"入赵的情景，朝堂上下无不斗志昂扬，热血沸腾。

赵主父豪爽地说道："待剿灭中山，击退齐国，魏国、韩国，抚平楼烦等地之后，寡人将在沙丘宫摆下大宴，与众爱卿不醉不休。我赵国扬威之日就在这一战，我们不仅有足以应对齐国的力量，更有强大的骑兵突击部队，即便是再来个'五国联军'，赵国也可以再次'水淹联军'。各位爱卿自勉吧！寡人备下烈酒，各位饮了这碗酒，我赵国的好男儿就上战场杀敌去！"

沙丘宫内，吼声震天，众臣子相互激励，相互举碗，浓烈的酒一饮而尽，豪气冲天。放下酒碗，十多位肩负传令重任的年轻军官带着赵王何的圣旨接连离去；出使魏国、韩国、燕国的使臣也紧急出发。

赵主父看着他们离去的背影，心里说不出的情感，似乎此生与他们再也不能相见一样。公子成忽然走上前道："主父，沙丘宫远离邯郸，为防不测，是否从邯郸城调些兵马过来，防备万一？"

赵主父道："沙丘宫易守难攻，寡人还有五百'虎狼骑'护卫，又有两千名护宫士兵，足以自保，不需调兵。即便有危险，寡人可随时撤离沙丘宫，邯郸城的守军也须臾之间便可前来救援。以狼烟为讯，如果沙丘宫有狼烟升起，尔等便来相救。"

公子成笑着应承："老臣领命，回到邯郸城后自然知会赵袑，如果沙丘宫有险，就派军队前来救驾。"

赵王何、赵章、肥义、公子成、田不礼等臣子一起向赵主父跪倒施礼，然后离去，喧闹了半夜的沙丘宫终于静了下来。

　　赵王何等人回到离宫后，已是后半夜，只能小憩，准备天亮后汇合赵章的大队人马返回邯郸。

第二十六章　公子成的阴谋

第二十七章　连环计

离宫外的黑影里，李兑正守候在那里。公子成见到他，忙过来相见。

李兑说："从邯郸城调来的两万军队已经来到，悄悄埋伏在了山后，赵文将军随时听候大人安排。"

公子成大喜，赵文的两万军队大都来自赵氏宗族子弟的封地，便于挟制。邯郸统帅赵袑并不知道是公子成私自调兵，以为是赵王何下达的调令，见到虎符，便派出了赵文的军队。公子成正得意时，派往自己封地的赵禄回来了，带来了一万从公子成封地赶来的私家兵。公子成把庞厉引荐给李兑和赵文，很快，庞厉和他的人都换上了赵国军队的服装。赵文的两万军队和公子成的一万私家兵合在一处，庞厉成为这支三万大军的总指挥。

由于是赵氏宗族，公子成有自己的封地，可以养军队，平时在自己的封地里负责防务，战时即响应国君号召出兵，这是很寻常的现象。公子成此前一直与中山王秘密联络，筹备这次大举，他调来自己封地的一万军队就是为了应付局面。

赵章得到赵主父的授命，称了"代王"，心中十分高兴，从此之后，他便可以与赵王何平起平坐了。如今赵主父让他护送赵王何返回邯郸，更表明自己才是赵国真正有能力的大王。他只待天明后召集人马，护送赵王何至邯郸，然后就可以北返代地，指挥四万铁骑歼灭中山王叛乱大军。赵章很清楚，这可是赵主父让他树立威信而任命的平叛中山之战。一定要干净利落地剿灭中山王余孽，让赵人都知道自己的赫赫武功。

公子成、李兑和庞厉掐着手指估算着邯郸城的军情，他们在计算时间。邯郸城的赵袑接到赵王何的旨意后，便会派出十万大军增援，忠于主父的大将牛翦等人就会离开，这样动起手来就没有后顾之忧了。

按照既定计划，只待邯郸十万增援边境的大军出发之后，庞厉等人便展开行动。

天色渐明，各路传令特使都已经远去，到邯郸传令的特使也该早到了，派到齐、魏、韩边境的十万大军应该也急行军离开了，邯郸城里只剩六万守军。

赵王何和肥义晨起后，在一起商议着返回邯郸之后要着手做的事情，忽然一位宦者幽灵般慌报："主父身体忽然不适，头疼欲裂，请大王速来看望。"

年仅十五岁的赵王何一脸紧张，慌忙起身欲往，被高度警觉的肥义拦住。

肥义道："此事需谨慎，主父春秋正盛，素来无病，怎么忽然就大病，须防有诈。"

"相国之意是？"

"不如由臣先行，一探究竟，俟无他故，王乃可行。须加强戒备，紧闭宫门，慎勿轻启。"

赵王何满脸焦急，道："如此也好！"

肥义指着几案上的一碗稀粥道："大王不可轻易出宫，如果老臣平安返回或者有口信'鹿肉粥'传回，即可上路；如果老臣迟迟不归，大王就火速易装只带亲信返回邯郸，不要顾及那些大臣。"

此时的赵王何与肥义根本不知道公子成已经调派来两万军士，他们担心赵章，殊不知背后的黑手却是公子成、李兑和庞厉。

一生忠勇、极力支持改革的老相国肥义，此时挺身而出，乘着赵王何的辇匆匆直奔沙丘宫，为他所拥戴的赵王何身先士卒、义无反顾地步入了公子成和庞厉为赵何精心布下的地雷阵！这个时候，肥义早已有了杀身成仁的觉悟，自己这一去，恐怕凶多吉少。但身为三代老臣，他绝不能辜负赵主父的重托，也决不能眼睁睁地看着赵国陷入可怕的内乱之中！唉，如果自己这一条老命，能将这场政变控制在流血最少的范围内，那也就值了！

赵章一大早就集合着人马，整理行囊，还未就绪，忽然有人来报，说是赵王何等不及已经来与他汇合。赵章远远看到百余人护着赵王何的辇急匆匆赶过来，便准备过去迎接。还未走到近前，忽然黑暗中涌出数百人扑向赵王辇，刀光闪烁，赵王何身边的人来不及反应，就被砍翻十几个。护卫士兵一边大喊"护驾"，一边投入战斗，双方厮杀在一起。

赵章大惊，连忙号令身后的士兵速去营救。顷刻间，大群士兵蜂拥而上，朝着刺客冲上去。刺客撤退得极快，待赵章的士兵护住赵王辇时，发现辇已经破裂，里面的人浑身是血，早已呜呼！可敬又可叹的老相国肥义，永远地倒在了沙丘野道的血泊中。

赵章暗说不妙，近前一看，惊觉里面的人竟然是肥义，那么赵王何去哪了？

田不礼忽然道："代王，大事不妙，咱们恐怕中了别人的圈套了。"虽然田不礼一直怂恿赵章争夺王位，如今成功在即，但是他发现似乎有点形势不妙。肥义不明不白地死在赵章的军营外，而且乘坐的是赵王何的辇，这里面显然藏着巨人的阴谋——有人在设计陷害赵章。

赵章呆立了半晌，和田不礼商议了一会，便命令五千兵马紧急集合，他要尽快赶到赵王何所在的离宫，看看究竟怎么回事？赵王何的生死才是关键。

一场轰轰烈烈、金戈铮鸣的恶战就此开锣，赵章的五千军士战马嘶鸣，兵车隆隆，一齐向离宫所在狂奔而去。

刺杀赵王何的人正是庞厉带来的中山国死士，他们杀死辇中的人之后，才发现是一个老者，根本不是赵王何。中山国死士突围之后，回报庞厉。肥义的死打乱了公子成、庞厉精心导演的剧情布局，他们剧本中的主角应该是赵王何，而不是老朽肥义。公子成顿时连说不妙，如果赵王何死了他们也就如意了，可是死去的竟然是肥义，局势顿时变得微妙起来。

李兑反应极快，他脑筋一转，说道："既然肥义死了，咱们就把赵章拖下水，到大王那告他一个谋反刺王的罪名，利用大王剿灭赵章，只是大王就必须存活了。"

公子成道："事已至此，只好行此险棋了，反正大王即便活着也是被咱们掌控在手心里了，就让他做个傀儡吧！现在我去赵何那请旨，你们速调集兵马，务必斩杀赵章。"

公子成匆匆离去，出营门之前，他特意喊过来子藩同往离宫，路上公子成忍不住说："子藩，今晚叔父本来想除掉赵何，可惜肥义做了替死鬼，那赵章也活不过今晚；现在你随我去赵何那，他若识相便罢了，如果不听从，到时候看我眼色行事。"

子藩大惊："叔父，这是什么时候的事情，我怎么一点也不知晓。"

公子成得意地说："子藩，这件事叔父一直刻意瞒着你；此事有中山王参与，李兑前后沟通，到目前为止非常顺利。如今叔父集结了三万军兵，顷刻间就可以取赵章的狗命。至于赵雍，他不碍事的话还可以做他的主父，如果碍事就顺手除了他。"

子藩心中懊悔，怎么这么大意，竟然没有察觉公子成的阴谋，其实他也发现了些不寻常的事情，只是近来一直太平，公子成又掩饰得好，他完全想象不到他们设了这么大的一个局。子藩在公子成面前向来顺从，所以很得其信任，但是子藩心中最敬重的是赵雍，他不想看到赵雍多年的辛苦付之流水。

两个人很快来到离宫外。趁公子成匆匆往里走的当口，子藩唤过亲信醪庖，小声道："速去沙丘宫报主父，公子成谋反，肥义已死，大王堪忧，公子章命在旦夕！"

醪庖听着直点头，却不挪步。子藩使了个眼色，醪庖还是站在原处不动。子藩大急，推了醪庖一把，道："速去！"

醪庖却嘿嘿一笑："赵藩，想不到你竟敢背叛右相大人！"

子藩顿时傻眼，醪庖一把扯住子藩衣领，将其拎起狠狠摔在地上。公子成听见身后的动静，回过头看，子藩已经摔得半昏迷状态。

公子成忙问究竟。

醪庖道："主人，赵藩要属下去主父那告您谋反。"

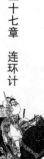

公子成看着子藩，拍了拍额头："真是险之又险，幸好有你成全，醪庖，事后去管事那领赏吧。"

醪庖喜上眉梢，十年前他就被公子成安插在子藩身边，如今真的救了公子成一命。小人欺主，最是可恨，子藩向来谨慎，从未露出破绽，如今危机时刻，却被自己的亲信所害。公子成大踏步闯进离宫，不一会就索要到"剿灭叛党"的圣旨。

肥义之死让赵王何失去了主张，他听信了公子成的述说，认为是赵章在设计杀害他，立刻就颁发了圣旨，让公子成调集军队，清剿叛党。

公子成出了离宫，立刻命人将子藩斩首，叫人提着子藩的头颅，他们直奔庞厉大军汇合。

赵章率队直奔离宫，在离宫外叫门，让赵王何出来见上一面。

赵王何没出来，三万军士忽地从四面八方围拢过来，将赵章的五千人马截住，他们高喊着："赵章谋逆，格杀勿论！"向赵章的兵马发动了猛烈进攻。

赵章的士兵迅速结成军阵对抗，但是敌军箭如飞蝗，矛戈如雹，原本宁静凉爽的早晨顿时美景失色，百兽远遁，鬼哭狼嚎，瞬间变成了血腥的杀人屠场。刀枪剑戟的铿锵碰撞声、哭爹叫娘的厮杀救命声，年轻士兵的鲜血肆意流淌。

赵章大怒，痛骂赵王何不顾兄弟情谊，誓死血战；赵王何却在离宫里痛骂赵章，以为赵章前来逼宫。生命和手足之情，此时比鸿毛还轻；权力和王冠在历朝历代都比泰山重上千倍、万倍！

为了活命，火光交织着刀光中的赵章已杀红了眼，离宫外的花草已被鲜血浇灌、浸染。沙丘宫里，赵主父正在吃早餐，听到外面惊天动地的厮杀声非常惊讶，他命人速去查看，是否齐军来袭。

十几名"虎狼骑"呼啸而去，赵主父披上战衣，集合起"虎狼骑"，登上宫墙瞭望。远处山峦起伏，晨雾中杀声震天。

按时间推算，章儿与何儿应该在返回邯郸的路上了，究竟是谁在那边厮杀？

肉搏战就是这样残酷，三万对五千，结果毫无悬念，厮杀很快就到了最后的时刻，赵章的五千兵马越战越少。赵章浑身是血，田不礼也身受箭伤，他们几次想要突围都没冲出去，身边仅剩下千余人。

田不礼道："事已不可为矣，公子可速奔韩求助韩王，再图后事。"

赵章长叹一口气，点头表示同意。事已至此，他们也只能这么办了，总不能耗在这里等死好。

田不礼对赵章道："吾当在前面开路，公子跟随吾后，如果不能摆脱追兵，请速往主父处，涕泣哀求，主父必然相庇。"别看田不礼是个文人，但也是个血性男子，他率队猛冲敌军，杀进重围。

庞厉忽然骑马从侧旁闪过，一剑将田不礼斩于马下。

赵章顾不得回头查看，策马疾奔，从重围中冲出来，身后仅剩四百多个骑兵。庞厉带人在后面紧追不舍。赵章看到远处十几匹战马咆哮而来，十几位战神般的勇士端坐马上，手持利器迎面冲了过来。

"虎狼骑，快来助我！"赵章大喊，身后的士兵也跟着大叫。

带队的正是胡貉，他见赵章危险，大吼一声，身边的人立刻拉成一个横排，摆出冲锋的阵势，迎着赵章呼啸而来。

胡貉看得很清楚，追赶赵章的人也是赵军，而且是邯郸守军的服饰，为什么会发生这种情况，他很纳闷，但是作为看着赵章长大的叔叔来说，他们之间的感情是非常深厚的。他紧握战戟，双腿夹紧马肚子，一边冲锋，一边呐喊："追赶的赵军听令，我乃是'虎狼骑'胡貉，尔等速速退下，不可伤害公子章！"

庞厉打了个冷战，胡貉的大名早就勇冠三军，闻名天下，他怎会不知道胡貉。庞厉一边大声命令身旁的人死追赵章，务必杀死赵章，一边放慢马的速度。

胡貉终于迎到赵章，大声喊道："公子章速去，吾等为你殿后。"

赵章拱了一下手，带着残余的四百余人落荒而去。

蜂拥追赶的赵军足有五千余人，他们有的骑马，有的步行，还有的驾着兵车，眼看着赵章穿过"虎狼骑"而去，打头阵的追兵收不住脚，冲着"虎狼骑"就冲了上来。

胡貉铁戟一横，大声喊道："再不住手，休怪'虎狼骑'不客气

了。"

追兵气馁，打头阵的骑兵和兵车很快放慢速度，收拢阵型，在胡貉面前停下追赶的脚步。后面的追兵收不住脚步，撞在前面士兵的身上，一时间乱作一团。

胡貉大声喊："何人带队？出来说话！"

时间不久，庞厉出现在队伍前列，他手持虎符，高声喊道："我乃庞厉，奉大王令，统管三军，畏缩不前者，斩！"

"放你娘的屁，你是什么东西？老子怎么没见过你？"胡貉骂道。

"大胆，尔等竟敢蔑视大王，来人，把他给我拿下。"庞厉大喝。

赵军士兵面面相觑，没有人动手，都发呆地看着庞厉。先前他们得知大王被赵章"刺杀"，才狂暴报复赵章，与其血战；如今赵章逃去，面对"虎狼骑"，这可是他们心中的神，竟然没人肯动手，而且他们也不认可这个叫庞厉的将官。

庞厉连喊三声无人应答，不由得恼羞成怒，正待发作，公子成和李兑率着三千多士兵扑了过来，远处还有许多士兵正在打扫战场，对伤兵逐个刺死。

公子成阴沉着脸，手中提着一颗人头，他将人头抛在地上，大声道："子藩勾结赵章谋反，已被斩头；现奉大王旨意，捉拿反贼，所有敢反抗的人一律视为谋反的同党，格杀勿论！杀死赵章者，大王赏黄金百镒！畏缩不前者，斩！"

胡貉须发飞扬，戟指公子成："大王何在？子藩谋反，可有证据？赵章身为代王，与大王平起平坐，何来谋反？你等原地待命，休要聒噪，待我请示了主父再做计较。"

李兑道："胡将军，子藩谋反证据确凿；赵章适才刺杀大王，不料误杀肥义，不知悔改，竟然率兵冲击离宫，意图谋害大王，证据确凿，将军不必多言，让开道路，大王令我们务必取了赵章的狗命。"

胡貉思量着耽搁了这么一会儿，赵章已经远去，即便此时追赶也追不上了，他不知其中利害，不敢私下做主，便顺势道："既然这样，那我就回报主父，请主父定夺，告辞了！"说完，率队离去。

庞厉在公子成耳旁说了几句话，公子成点了点头，道："刚才追赶赵章的骑兵、车兵何在？出列！"

四百多士兵出列站在前面，公子成道："不听军令，畏缩不前，按赵国军令，当斩！来人，将这些不听军令的士兵斩了。"

在场的士兵呆住了，都是一个军营的人，都很熟悉，因此没人听令。庞厉一挥手，从其身后上来千余名死士，手持利剑，按住出列的四百多名军士，挥剑就砍。

这四百多名士兵根本不敢反抗，只能眼睁睁看着利剑落下，头颅滑落。在场的士兵发出惊呼，胡貉等人听到身后轰然发出的喊声，回头一看，只见数百名军士的头颅已经落地，当即勒住战马，回头观望。

庞厉斩人立威，号令士兵集合，很快，打扫战场的士兵也赶了过来。他们与赵章血战，三万赵军虽然绞杀了赵章的五千人马，自身也损失了数量几乎相等的兵马。

大约两万五千士兵排列起整齐的军阵，在他们面前，是刚刚被斩首的兄弟。

庞厉高叫："赵章意图谋害大王，杀死肥义，罪不可恕；大王有令，凡是参与谋反者，一律格杀勿论！"

士兵们鸦雀无声，内心充满愤怒，他们怒火中烧，盯着庞厉。

公子成知道这支队伍还有些抗命，便大喊道："尔等都是赵氏宗族封地的子弟兵，是赵国的基石，护卫大王是尔等的使命；听好了，畏缩不前者，斩；同情谋反者，灭三族！刚才斩头的这些士兵都是哪个？把他们的名字给我记好了，待剿灭叛党之后，灭他们三族。"

在场的士兵噤若寒蝉，这个残酷的灭三族暴行让他们熄了内心的怒火，谁敢对抗军令？谁敢违抗大王的命令？

庞厉一声令下，两万五千多士兵变成四路纵队，踏着兄弟们的热血和残躯，直奔胡貉等人而来。他们自以为是效忠赵王何，殊不知他们才是真正的叛军。

"他娘的，回宫！"胡貉骂了一句，策马回宫，随行的"虎狼骑"也困惑地离去。

在庞厉的策划下，公子成终于聚拢起一支力量强大、忠诚度高的队伍，他们的行动是蓄谋已久、精心策划过的。他们一登场，今夜的剧情便急转直下。

公子成终于出了一口恶气，胡服骑射时的托病不朝未能阻挡年轻少壮的赵侯雍，这次他要用手中寒光闪闪的屠刀，霍霍地挥向曾三番五次耐心以礼奉劝他穿胡服的中年赵侯雍。

曾经缔造并指挥了赵国千军万马的赵侯雍，此时已指挥不动他沙丘宫外的四邑军队，他们已经成了效忠公子成、李兑、庞厉的私家军队；曾经救赵国黎民百姓于水火的伟大君王，此时连自己的亲生长子、一郡之王赵章的小命也挽救不了，何况他还涉嫌犯有弑君杀主的滔天罪行；曾经修筑巍巍长城，挡住了剽悍的匈奴侵扰的大国之君，此时已挡不住沙丘宫墙外翻脸不认人的铁血部下！他高估了这些王亲国戚们的政治素养和道德良心；他过于自信赵简子和赵襄子先人的优良遗传基因，低估了权力魔杖的巨大诱惑力！

赵章、田不礼的五千卫队无论武艺如何高强，作战如何骁勇剽悍，但在公子成、李兑、庞厉所率领的三万军人面前，根本不堪一击。赵章没有逃去韩国，他担心主父安危，要面见主父后，再一起撤离。赵章狼狈地逃进沙丘宫，述说着发生的一切。

赵主父顿时大怒，原来赵何隐藏得竟然这么深！一直以为他是个好儿子，好国君，好弟弟，没想到竟然设计套取赵章。很显然，赵章的五千兵马被三万突然冒出的赵军几乎全歼，预示着赵何早已调集了军队，做好了击杀赵章的准备。

最令主父痛心的是，肥义竟然成了兄弟俩争位的牺牲品，这让他爆发了雷霆之怒。

赵主父命令子奴立刻做好准备，待胡貉等人返回后，便落下吊桥，关闭沙丘宫大门。子奴担心形势失控，对赵主父道："主父，肥义死得不明不白，大王年幼，如果没有恶人谋划，他不会有此谋略；那三万军队从何而来，我等竟然一点消息都不知道，可见他们策划得谨慎；如今邯郸守军是敌是友难以揣测，不如先撤离沙丘宫，直返代地，再做计较。"

赵主父冷笑，道："赵何小儿，胆敢如此，寡人就在此等着他，难道他敢逼宫不成？"正说着，胡貉返回了，述说了公子成斩杀士兵的事。

赵主父又是一惊："公子成竟敢如此？那个庞厉又是何人？"

胡貉忧虑道："主父，公子成等人正率大队人马赶过来，咱们是不是撤离沙丘宫？"

赵主父摆摆手，对子奴道："落吊桥，关宫门，沙丘宫易守难攻，他们进不来！"

子奴道："主父放心，吾已经安排妥当！'虎狼骑'大都在沙丘宫城墙上巡视，他们的军队进不来。"

忽然，有名"虎狼骑"士兵跑进来报告："沙丘宫外来了两万多士兵，摆开了进攻的阵势！"

赵主父道："走，一起去看看，这赵何小儿长本事了。"

城外的空地上，密密麻麻站着许多赵国士兵，其中一部分穿的不是正规军服，赵主父细看，原来是公子成封地私家兵的服侍。他们面色凝重，一声不响，如同木偶。在队伍的前列有百余辆战车，为首的正是公子成、李兑等人。

赵主父站立城墙门楼上，看了半天，不作声。

子奴高喊："公子成，李兑，主父在此，尔等竟敢带兵围宫吗？"

李兑不敢应答，小声对公子成道："我等奉大王命令，号令军队捉拿赵章，名正言顺；可是大王并没宣布主父谋反，咱们围宫难以服众，咱们是不是请示大王，再做计较？"

庞厉道："一旦请示大王，此事必定前功尽弃；中山王复国事小，诸位到时可要当心主父报复啊！"

公子成也犹豫地说："以目前之势，如果请示大王，大王很难下达赶尽杀绝的命令，亲口诛杀主父。可恨刚才没能杀了赵章，让他逃进沙丘宫，如此一来，围主父宫，赶杀公子章就难上加难，到头来逼宫就会成为咱们的罪过。这可如何是好？"

李兑道："我等意在诛杀赵章，造成既定事实，大王没有了赵章，

也就只好认可现实了，大王既稳定了王位，也让主父无可奈何，只能依靠大王了。可是，主父庇护赵章，这事难办！"

公子成想了一会道："如果我们不请示大王，自己处置，大王也一定会接受我们给他的结果。不如就此和主父撕破面皮，先诛杀了赵章再说。如果主父愿意让出军权，不做计较，咱们就此作罢，否则，咱们就与他死扛到底吧！"

庞厉大赞："好主意，咱们有两万多兵马，还怕拿不住赵章。"

李兑咬牙切齿地说："成败在此一举，咱们就赌上一次，看看老天眷顾哪一方！"

公子成道："庞厉，强攻是否可以奏效！"

庞厉摇了摇头："沙丘宫城墙高耸，易守难攻，又有河流绕城，咱们没有攻城武器，很难啊！大人可否从邯郸城调集攻城器械？"

李兑道："主父在里面，如果消息走漏，邯郸城守军定会来救援，这次赵袑留守邯郸，给我们带来很大的不便啊！"

公子成道："既然如此，咱们就让他去死！"

公子成、李兑、庞厉等人商议了一下，便命令大军在沙丘宫外扎营。放出士兵把守所有通道，严禁闲杂人等靠近，严密封锁沙丘宫。然后，李兑带着圣旨离去，直奔邯郸城。

下午三时，邯郸军营中，李兑求见赵袑。

赵袑看了圣旨后，问道："公子章已经身为代王，为何谋反？"

李兑道："不清楚，如今主父被赵章囚禁在沙丘宫内，危在旦夕，大王命将军速至沙丘宫指挥攻城。"

赵袑觉得奇怪："赵文带队而去，难道不足以平乱吗？"

李兑道："赵文身负重伤，大军无人指挥，赵将军请速去，营救主父，解大王之忧。"随后，李兑命人抬上肥义的尸体，道："肥义为了保护大王，已经被害，将军还要犹豫到何时？再不去主父危矣。"

赵袑立即将邯郸城的防务交于副将，然后率领十几个卫士骑马直奔沙丘宫。临行前，他一再叮嘱副将关闭邯郸所有城门，不得有任何闪失。

数个时辰之后，他们来到沙丘宫，此时天色已黑，公子成帐外迎接。

赵袑问公子成："大王在哪里？"

公子成道："大王一直在军帐中等候。"

赵袑带着卫士走进大帐，只见一个陌生的将官坐在大帐里，大帐内还有数十个佩剑的士兵。赵袑刚要发问，那个陌生的将官一挥手，几十个佩剑士兵猛然拔剑就斩。赵袑等人立刻反应过来，拔剑回击，大帐里顿时杀声震天。

大帐外，公子成和李兑满脸奸笑，赵袑太好骗了，这么快就进了圈套。

大帐裂开，几个血人冲了出来，赵袑浑身是血，铁甲绽裂，他们并肩外冲，其中一个血人怒吼着直奔李兑冲来，其他人护着赵袑往军营外冲去。

公子成、李兑转身就逃，那个血人不依不饶，顷刻间杀死阻拦的士兵，吓得公子成大喊救命。数百名中山死士围拢过来，矛刺剑砍，赵袑等人虽然奋力厮杀，但是寡不敌众，顿时被砍翻在地。

赵主父在沙丘宫里听到厮杀的声音，便赶往宫墙上查看。只见外面火光冲天，人声鼎沸，地上躺着十几个尸体，不知道是谁。远处传来笑声，那是公子成、李兑、庞厉等人阴谋得逞后心花怒放般狰狞的得意狂笑声。

子奴在城墙上高呼："众士兵听令，主父在此，你等休要听公子成号令，立刻返回邯郸，主父恕你们无罪！"

庞厉手持虎符，道："大王有令，凡包庇赵章者，一律死罪；主父如果交出赵章，大王不会怪罪主父，依然听从主父吩咐。请主父不要违抗大王命令。"

"你他娘的是从哪冒出来的？"胡貉怒吼。

"大王派我来的！奉命捉拿反贼赵章。"庞厉道。

"赵何在哪里？让他来见寡人！"主父道。

"白天已经说过很多次了，大王不想见你们，主父包庇赵章，让大

王心冷，大王不忍对主父不孝，一直以礼相待，请主父勿要袒护赵章，以致父子失和。"公子成冷言道。

公子成、李兑和庞厉把"靖难、定乱"的号令大旗高高地插在了沙丘宫外的军营中，那面由无数"胡服骑射"武装起来的士兵鲜血染红的旗帜，在狂风中猎猎撕扯飘舞，"哗叭"作响。邯郸城的士兵大多是步兵，车兵，整日守护赵王何，对主父只是敬仰，感情并不深厚。这就造成邯郸守军完全靠向赵王何一侧，天平发生了倾斜。

第二十八章　虎狼贲的荣誉

　　赵主父站在漆黑色的城墙之上，黑袍滚动，黑夜之下，他脸色是天然的苍白。他不相信赵国士兵敢对他动手，事实也就是如此，这些叛军只敢围困，确实不敢进攻。

　　李兑大声喊："主父，再不交出赵章，休怪我等不客气了。"

　　"放肆！大逆不道！"赵主父听到这话，顿时气得发抖，他那双目冒火，盯着李兑道："你曾与我共赴楼烦，何等豪爽，寡人一直认为你是国之栋梁，想不到你竟然和妖魔为伍！你对得起寡人么！"

　　李兑惭愧，退到一旁。公子成大喊："赵雍，我念你曾是国君，一直尊重你，想不到你竟然和叛党赵章混在一起，再不交出赵章，后果自负。宫里的人你们听着，都给我出来，你们来自何地？家里有什么亲人？朝堂都知道，谁若是与赵章为伍，不出来，夷灭三族！"

　　那些长期在赵主父身边享受荣华富贵、锦衣肉食的达官贵人、宫娥彩女、勤杂奴仆们顿时发出哀号痛哭声，沙丘宫内一片凄惨景象。也有一些人毫不在意，怒目而视。

　　赵主父回身怒喝："寡人一生东征西讨，身边都是勇士，你们这些奴仆，怎么如此没有血性，都给我闭嘴！"

　　赵主父不喝骂还好，越是喝骂哭的人越多。城外，公子成，庞厉等人哈哈大笑。

　　赵主父终于静下心来，过了一会，他喊过子奴等人商议午夜突围。

　　午夜之后，赵主父吩咐"虎狼骑"和赵章的卫队集合，又命令守卫的两千士兵也集合。然后他命杂役拿来食物让士兵们吃饱，对众人道：

"诸位，公子成图谋不轨，赵王迟迟不露面，显然受到了挟制，我等务必要突围出去，远赴代地，召唤六万铁骑再回来复仇。尔等若是想要求生，可到宫门处等候，稍后宫门打开后可先行离去，我不强求。"

五百多"虎狼骑"热血沸腾，高声怒吼，无一离开，守卫沙丘宫的两千士兵也没人出列，赵章的卫士也无人应答。赵主父骑上战马，"虎狼骑"也纷纷上马。赵章率领着他残存的四百余名骑兵跟随其后，再其后就是两千名守卫沙丘宫的士兵和数百不愿意背叛主父的忠心臣子和奴仆。

赵主父命令打开宫门，落下吊桥，放那些达官显贵、杂役、宫女等人离开。这些人像躲地震一样，疯了似地全部逃出了离宫，偌大的离宫瞬时变得空荡荡，只剩下一支准备突围的军队。

寂静了一会，赵主父的"虎狼骑"出现在宫门处。庞厉一挥手，军鼓擂响，两万五千叛军和一千多中山死士依次前进，密密麻麻地守候在吊桥前面。

庞厉大声命令说："赵章胆敢突围，彻底绞杀，放走赵章同党者灭三族！"

在一阵紧过一阵的战鼓声中，一队队身披战甲、斜绾发髻、手持利剑的赵军开始大步向前，紧随其后的才是担当中坚力量的盾甲兵以及长戟兵，然后又是肩负飞矛的掷矛手，最后才是长弓手。

赵主父的红血宝马站在队伍的最前面，他全身戎装，手持一个铁戟，腰悬佩剑，马鞍处悬挂着弓箭，一副标准的赵国骑兵装备。

宫门外，无数只火把照亮夜空，站在最前列的数千名叛军正虎视眈眈地看着赵主父。

赵主父举起手中的长戟，长戟刺破天空，"虎狼骑"纷纷高举武器，准备冲锋。忽然，赵章纵马跃出，其身后四百余名骑兵紧随，他边冲上吊桥边大喊："主父，儿臣打头阵！"

冲过吊桥之后，赵章的四百余名骑兵便结成了冲锋的军阵，叛军一边挥舞手中的兵器，一边冲着赵章等人嗷嗷直叫。

赵章手持一支铁矛，挥舞的风雨不透，砸开阻拦的兵器丛林，率先冲入叛军中。他的卫队也紧随其后，杀进赵军中。

前列的几十个"虎狼骑"骤然突击，冲上吊桥，也杀入阻拦的赵军中，事实上，每一名"虎狼骑"将士心里都是这么想的，自打成为一名虎狼骑，他们无时无刻不梦想着有朝一日能够杀敌建功、拜爵封侯！如今为了赵主父，他们甘愿赴死。

望着士气高昂的虎狼骑，赵主父嘴角不禁绽起了一丝微笑，心里一热，策马跟随其后。对于两千余名守卫沙丘宫的士兵和那些忠心耿耿的臣子、奴仆来说，这还是他们第一次和赵主父并肩作战，紧张是难免的，更多的是却是激动。

两支军队对撞再一起，顿时血肉横飞，密密麻麻犹如蚁群的叛军，那重重叠叠、翻翻卷卷的旌旗更犹似汪洋，两耳所闻，除了悠远绵长的号角，便是绵绵无尽、铿铿锵锵的兵甲撞击声。

赵章冲击的力量狠狠地撞上了叛军所摆出的军阵的腰部，霎那间，两军的接合部便响起了猛烈的兵器撞击声、刀剑入肉声以及两军将士临死前所发出的惨烈哀嚎声……

"滚开！"赵章手中长矛以雷霆万钧猛然下劈，他面前的一名叛军顿时被他劈成了两半。随后，赵章撞入了密集的军阵中。

几乎是同时，"虎狼骑"士兵已经猛龙出水般刺向了叛军中军，护卫在赵章身后的"虎狼骑"将手中大盾往前一挡，剑锋一抹，数名赵兵顿时被斩杀当场。

凌厉的冲击瞬间将叛军撕开一个口子，

赵主父部士气如虹、攻势如潮，叛军与之相比，无论是士气、单兵素质，还是装备水平，都要明显逊色许多，两军甫一接触，叛军顿时便连连后退，尤其是"虎狼骑"冲击的箭头，更是锐不可当，只片刻功夫，便已经向前突进了数百步！

赵主父的兵锋的确不是叛军能抵挡的，两军交战不一会儿，庞厉的军阵就有被突破的迹象，只要撕开一个口子，赵主父等人便可突围而去。

虽然叛军拼命抵抗，可这些虎狼之兵根本就无惧生死，前面的人战死了，后面的士卒踩着同伴的尸体嗷嗷叫着继续往前冲，很快，叛军的重甲营也被冲垮了。

第二十八章　虎狼贲的荣誉

赵主父正催马飞奔时，一股天生的预感猛然出现，凭着多年征战沙场养成的天性，他猛然一缩脖子，一枝箭几乎是贴着他的头顶疾射而过。

　　赵主父勃然大怒，当下用戟将接踵而至的几枝箭给磕飞了。

　　几乎是同时，稠密如蝗的羽箭已经从弓箭营里飞射而出，"虎狼骑"士兵反应奇快，纷纷涌上前来，护在了赵主父周围。这五百多"虎狼骑"全都是身经百战的老兵，无论剑法，还是骑术，都是百里挑一的健儿，身上又挎着圆盾，他们纷纷舞动长剑圆盾，拼命遮挡着稠密如蝗的箭雨。突击的力量刺入弓箭营，弓箭兵四散而逃。

　　赵章等人从侧面兜过来汇合，守卫沙丘宫的士兵和臣子们断后。眼看着赵主父等人聚合在一起，冲破了弓箭营的阻拦，撞入庞厉后军中。后军是来自公子成封地的士兵，原本就不善战，双方刚一接触就被杀得人仰马翻。几乎是赵主父冲入后军的同时，千余名中山死士潮水般抢了出来，这些死士都着赵军军服，唯有头上戴着黑巾，一个个挥舞着雪亮的长剑，前来截杀"虎狼骑"。

　　赵主父也吃了一惊，看这架势，这些戴着黑巾的死士早就等候他们光临了。

　　潮水般的呐喊声中，"虎狼骑"抖擞精神，再次虎狼般迎向了汹涌而来的死士。这千余名死士抱着鱼死网破的决心，完全不顾防御，都抱着一命换一命的做法，宁可挨上一剑，也要给对方一剑。幸好"虎狼骑"士兵格斗术超群，才不致于以命换命。

　　血雾弥漫，铁血横飞，这一场死亡和勇气的敌我较量达到了残酷的顶峰。"虎狼骑"士兵倒下一片，中山死士也死伤无数。只一会儿功夫，千余名死士便已经被"虎狼骑"斩杀殆尽，然而，仅这片刻耽搁，叛军右军及时赶到，再次挡住了赵主父等人的去路。

　　经过刚才的厮杀，赵主父的眸子里浮起了一丝阴霾，"虎狼骑"倒下去足有七八十人，赵章的卫队和殿后的士兵也损失很大。那些跟随突围的臣子们几乎全部阵亡，宦者令丁骞刚冲过吊桥不远就被乱箭射死。在赵主父的身后，有一些落单的"虎狼骑"士兵和其他军士在与赵军血战，牵制追兵。公孙欢右手持剑，左手一面圆盾，他早已杀红了眼，战马死掉了，就徒步作战。钱车持两柄短斧，他冲入弓箭营中，兀自死战，让弓箭兵无法远射。姜懋跟在钱车的身后，飞刀频出，将弓箭营的指挥官射杀；飞刀尽后，就持剑和突击。这些格斗高手，相互照应，背靠背厮杀，身边倒下的赵军无数。这股杀神气魄不仅让赵军恐惧，也让远处观战的公子成等人心惊肉跳。

庞厉命令手下人将战鼓敲得震天响，叛军不敢怠慢，纷纷按照指令往返兜截。适才几乎就冲出重围的赵主父由于被中山死士拦截，如今又被围在中间了。

赵主父率先冲入叛军中，众人继续突围，奈何四周的叛军越来越多，赵主父知道面对眼前重重包围，想突围不是那么容易。他们在一处高地上集合，身边已不足两千人。众人适才厮杀了两个多时辰，体力已经消耗过半。他们守住高地，弓箭齐射，将追击的叛军射死无数。庞厉变换军令，叛军不再进攻，而是层层围住赵主父。

远处的赵军军阵里，可见多处惨叫呼号的叛军士兵，那是落单的"虎狼骑"士兵在奋力厮杀，赵主父不禁热泪盈眶。

曾经叱咤风云、权倾天下的赵侯雍无可奈何、一筹莫展！曾经策划五国合纵伐秦的少年英雄；曾经孤身勇闯秦国巍巍朝堂，一身是胆的赵侯雍；曾经惊世骇俗、"胡服骑射"的大改革家；商周以来灭中国北方胡人之患、黄帝之后的第一人，此时遇到了他一生中最艰难的时刻！

此时天已大亮，庞厉骑着马来到阵前，他大声命令所有的弓箭手集合，准备万箭齐发。

赵章浑身是血，多处受伤，他在马上摇摇欲坠。他策马走进赵主父，悲切地道："主父，儿臣不孝，连累主父，今儿臣愿意俯首就擒，希望主父可以平安北归。"说完，不待主父发话，就骑马直奔叛军。

赵章大喊："我乃赵章，大王要杀的人是我，尔等可拿着我的人头去请赏！"他连喊三遍，声音高亢，在场的赵军都听到了他的声音。

赵主父大喊："章儿不可！"他想要骑马追赶，被子奴和子犹紧紧拉住缰绳。

第二十八章 虎狼贲的荣誉

赵章距离赵军十余步时停下战马，扔掉长矛，跳下战马。

公子成大喜，当即命令斩杀赵章。

公子成的一个亲信持剑走上前，刚要抢剑，赵章已抽出腰间的佩剑，一剑将其头颅斩去，傲然而立。又一个猛士冲过来，一招未过，咽喉中剑。连续上来数十人，皆被赵章一剑毙命。

庞厉手下闪出几十个中山死士，一起抢上来进攻。赵章左挪右闪，每一剑递出，必定有一个死士倒下。剑法精妙无比，片刻之间，几十个死士全部横尸当场。

再也无人敢过来，赵章哈哈大笑，利剑指向叛军："还有谁？"

叛军面色如灰，无人敢直视赵章。

赵章手一抖，剑飞出，插在叛军的战鼓上，回头望着主父。

庞厉纵马上前，长剑一挥。赵主父眼睁睁看着赵章被庞厉斩头，"哎呦"一声，从马上跌落。

子奴策马而出，他飞奔百余米后，弯弓搭箭，一支愤怒的箭射出，庞厉从马上栽下，一支箭从其咽喉处穿过。公子成吓得从马上跌落，这样也算运气，躲过了子奴的第二箭。李兑也躲进大军之中，不敢露面。叛军惊恐，再次后撤数十丈。

子奴策马跑上高坡，赵主父醒来后。他痛苦地悲鸣，长啸。在这凶恶的环境之下，赵章的死让主父变得凶戾和仇恨，就如一只凶戾的野兽！

"虎狼骑"士兵更是以最仇恨的目光，凝视着坡下的叛军，他们甚至双眼血红，他们没有任何言语，一场血腥死战，就要爆发。

这些九死一生的士兵，追随赵主父十几年，受过的苦难和磨砺比公子成等人想象的要可怕得多。赵章曾和他们无数次并肩作战，他们对赵章也十分尊敬，如今赵章惨死，赵主父又被逼迫成这样。仇恨的怒火瞬间被点燃。

赵章的卫士虽然所余不多，但是都忠心耿耿，他们得到主人的吩咐，护送赵主父突围，因此没有追随赵章赴难。如今都眼眶欲裂，浑身爆发出骇人的战斗力。

赵主父铁戟横扫，率领"虎狼骑"冲下高坡，身后是赵章的卫队和守卫沙丘宫的士兵。这群战神犹如一炉沸腾的铁浆，所到之处，叛军无不气馁，稍作抵抗就被格杀。由于失去了庞厉的指挥，叛军更是溃不成军，逃命的士兵和前来围堵的士兵挤撞在一起，相互踩踏，惨叫声此起彼伏。

这一场战斗几乎是赵主父和他的"虎狼骑"的表演，他们纵横驰骋，直杀得叛军肝胆欲裂，死伤狼藉。

李兑最先反应过来，他命赵文赶快指挥作战。赵文于是命令叛军擂鼓进军，左路军迎敌，中军压上，右路军包抄，后军防御。公子成的亲信督促着士兵往前冲，叛军重新活了过来。

这场血战直杀到午时，赵主父等人早已数次打穿赵军多个军阵。赵章的卫队和沙丘宫士兵都已战死，身边的士兵也仅剩下百余个"虎狼骑"，虽然毙敌无数，但是依然没能冲出叛军的包围。

子犹已殁，榛魁惨死。子奴负伤，一条腿已经失去知觉，依然骑在马上苦苦作战。

赵主父双手颤抖，众人的体力都达到了极限，再也无力进攻。叛军远远地不敢靠近，他们早已失去了战斗的勇气，只是被军法压制，不敢撤退而已。

赵主父望着四周，忽然道："子奴，咱们厮杀了这一阵，竟然又回到了沙丘宫。看来我们注定难以冲出重围了，咱们就暂回沙丘宫防守，等待援兵吧。"

子奴点头赞成，赵主父等人召集众人，骑马缓缓步入沙丘宫，叛军只是远远望着。

赵主父等人缓慢走过吊桥，进入沙丘宫。

在远离沙丘宫的一个死尸堆里，忽然坐起来一个人，正是钱车，他身上的血迹早已干涸，他摇摇晃晃，挂着一根长戟站起来，他蹒跚地朝着沙丘宫方向走去。没走多远，又有一个人爬起来，同样挂着兵器站起来，和他一起慢慢走。

旭日高升，赵军就这样目瞪口呆地看着一个个血葫芦一样的人从死

尸堆里爬出来，有的步行，有的爬上战马，都是朝着沙丘宫而去，足足有三十余人。

他们都是"虎狼骑"士兵，每个人都遍体鳞伤，还没有死透，拼着一口气也要和赵主父在一起。沙丘宫里，七八辆马车奔驰而出，将这些人一个个扶到马车上，带回宫。

沙丘宫吊桥升起，宫门紧闭，宫墙上出现几个士兵，他们倚靠在墙体上，显然失去了体力，但是如果叛军进攻，他们很快就会"活"过来。

赵主父虽然浑身是血，却没有受伤，这也是个奇迹。幸存的"虎狼骑"只有一百四十余人，几乎个个带伤。他们互相包裹着伤口，饥渴地喝水，吃食，这场大战将他们的体能消耗得干干净净。除了宫墙上瞭望的士兵外，大家都睡着了。

胡貉很幸运，他毫发未损，奉赵主父之命，他一个人搬动着狼粪，在宫墙上堆成一堆，点燃狼烟。一股粗壮的烟直冲云霄，浓而不散。赵主父相信，只要有人看到，就会通知邯郸守军前来相救；其他地方的军队也会知道消息，也会有人前来救援。一天就这样过去了，瞭望的士兵换了数次岗，宫外的叛军一直在打扫战场，收敛尸体，没有发动攻城。胡貉以为公子成在等待晚上进攻，其实赵军已经无力再战了。

经过李兑的核实，除了千余名战死的中山死士之外，叛军损失惨重。原本两万五千的叛军，如今仅剩一万六千余人。赵主父率领的五百余"虎狼骑"、四百多个赵章卫队士兵和守卫沙丘宫的两千士兵给予叛军锐利的杀伤，让所有叛军心生畏惧，吓破了胆。

胡貉期待的夜晚攻城没有发生，双方就这样僵持了五天。期间，"虎狼骑"又死去了四十多个兄弟。沙丘宫里有一处向阳的山坡，赵主父命人将死难的兄弟们葬在那里。

子奴病情恶化，终日发着高烧。沙丘宫内并不缺少医药，但是这些士兵的伤势太重了，即便再好的医药也无济于事了。

赵主父期待的援军没有出现，邯郸城的守军虽然看到了沙丘宫的狼烟，但是他们得到的命令是固守邯郸。又过了两日，其他地方的军队也知道了主父被困沙丘宫之事，但是无人施救，因为公子成早已派人将忠于赵主父的军官抓捕或者格杀了。

牛翦等大将接到赵王何的圣旨，命令他们务必守住边境，不要参与赵章的谋反，更不允许蛊惑部下救助赵主父。牛翦本想带兵勤王，解救赵主父，奈何被公子成的人看破，直接解除了他的军权，和其他想要勤王的将领一起关押了起来。

燕昭王得知赵国内乱，苦于和齐国、东胡对阵，也无法分兵救援。

代地的四万铁骑中有三百多位"虎狼骑"出身的将官，他们接到紧急命令奔赴前线，与中山王作战，仅一日便干净利落地歼灭中山王十万部众，斩杀中山王，尽屠中山国余孽。中山国就此消失在历史长河中。就在胜利的当晚，铁骑中"虎狼骑"出身的将领都被公子成和李兑派人收缴了兵权。当时赵主父被困沙丘宫的消息还没传到骑兵部队中，他们还不知道缘由，就糊里糊涂地被赵王何撤了职，被集中看押起来。

唯有庄耳和山樵率一万部众，又会同两万骑兵，共三万兵力，主动出击，大破敖燎，击杀林胡王，囚禁楼烦王，彻底荡平胡人之地的抵抗力量。他们因为是骑马作战，行踪不定，因此躲过了公子成亲信蓼庖的追查。

蓼庖接管了四万铁骑的指挥权，他担心庄耳得知消息后会前往沙丘宫营救赵主父，便率领大清洗过后的四万铁骑搜捕庄耳大军。

宣太后在得到楼缓的警告后，便派人召回义渠王军队。待五日后，她才得知赵主父被困沙丘宫一事。对于迟迟不到的求亲使者，宣太后很是悲伤。她以为赵主父是敷衍她，得知真相后，她当即召见楼缓。楼缓闻知主父被困，先是不相信，最后才半信半疑说要核实。

宣太后道："楼大人，你便去核实，哀家也要知道真相，赵主父那里到底怎么了？"

就在赵主父被困后的第八日，蓼庖四万大军掌握了庄耳大军胜利班师后的行程。他们严阵以待，命令庄耳前来复命。

山樵有他的情报网，刚一回到楼烦之地，他就接到赵章已死，赵主父被困沙丘宫的消息。庄耳大怒，提兵就要勤王。当庄耳的三万大军行进到代地时，蓼庖出现了。

胡服骑射：
赵武灵王

　　醪庖的队伍中押着许多代地和楼烦的百姓，这些人都是庄耳大军中士兵的家属。醪庖将这些人按倒在阵前，足有近万名百姓，老的老，小的小，个个头上架着利剑，逼迫庄耳的士兵投降。

　　虽然都是热血战士，可是面对自己受到胁迫的亲人，他们再也无法战斗。许多士兵不知道自己的亲人在不在里面，都很担心。当醪庖手一挥，数百个百姓被杀死时，庄耳的军营里哭声一片，许多骑兵扔掉武器，跳下战马就跑过去。庄耳喝止不住，眼看着成群的士兵扔掉武器，奔向醪庖大军，和亲人拥抱在一起。

　　三万军队很快就剩下一万四千人。这些都是生死相随的弟兄，不肯投降。庄耳带着队伍想要绕路而过，可是醪庖不肯放过庄耳，他命令四万骑兵包抄过来。

　　庄耳只好命令士兵准备作战，又是一场实力悬殊的血战，这一场大战血腥程度不亚于赵主父沙丘宫突围之战。庄耳和山樵率部血战，屠戮醪庖大军一万多骑兵后，顽强东进。醪庖穷追不舍，几度惨烈厮杀，一直追到邯郸郡附近，再次爆发血战。

　　庄耳和山樵最终战死，数千余部众无一投降，全部赴难。

　　当醪庖收拢大军，清点人数时，四万铁骑已经死伤三万余人，赵国骑兵部队自此元气大伤。这些醪庖并不在意，他带着残存的骑兵出现在沙丘宫外，高挑着庄耳和山樵的头颅，在宫门外骂阵。

　　胡貉与庄耳感情极深，顿时暴跳如雷，竟要出宫直取醪庖狗命。

　　赵主父死死按住胡貉，庄耳是最后的指望，现在希望也没有了，还害死了山樵。那些忠于自己的部众一定都危在旦夕了。赵主父感到前所未有的寒冷。他能走出这兵戎相见的沙丘宫吗？宫墙外的公子成、李兑能让他走出这尊贵的沙丘宫吗？

　　公子成和李兑此次纵兵的目标针对的就是赵主父，没有了这个太上皇的障碍，他们就可轻而易举地挟持十五岁的赵王何，达到专权朝纲，脱下胡服的终极愿望。赵章和田不礼的出现，恰恰是为他们提供一个发动政变的绝佳时机和借口，他们高举着"靖难、定乱"的煌煌大旗，干着他们自己不可告人的罪恶勾当。赵章和田不礼到头来终究为公子成做了专权的垫脚石和嫁衣裳！

如今，公子成、李兑不敢直接冲进宫内杀死主父而担上弑君的罪名，所以才采用这种更为恶毒的方法，来活活困死赵主父。

沙丘宫的战火渐渐熄灭，硝烟已经四散离去，可这幕历史大剧依然继续着，沙丘宫宫外的围兵依然如铁桶般包围着，没有丝毫撤离的迹象。醪庖被任命为代地骑兵总指挥，带着剩余的一万多骑兵奔赴代地，接管了还在整训中的四万骑兵，又收拢了先前被降服的一万多骑兵，总算又将赵国铁骑恢复到六万大军。

可是，这支失去了赵主父这个灵魂人物的赵国铁骑，已经没有了昔日的战斗力；而且这六万铁骑中有两万是背叛了赵主父的骑兵，他们彻底失去了作为一名骑士的荣誉，从此为赵国百姓所不齿。另外四万骑兵则因为缺少"虎狼骑"将官的调教，都是外表强大内心懦弱的空架子，为以后赵国的沦落埋下伏笔。醪庖曾经招抚关押起来的"虎狼骑"，奈何这些人只是效忠赵主父，誓死不低头。醪庖一怒之下，将这三百名"虎狼骑"将官全部乱箭射杀，埋在荒郊野外。可怜赵主父付出毕生心血选拔、培养的这些军中翘楚就此终结生命，连块墓碑都没有留下。

第二十八章 虎狼贲的荣誉

第二十九章　遗恨沙丘宫

子奴因为伤重离去，赵主父悲伤地孤坐一夜。而赵都邯郸城中的王宫里，锣鼓喧天，群臣大宴，由靖难英雄、老相国公子成、野心家李兑操纵的赵国论功行赏大会，在欢快的庆功乐曲中顺利地进行着。

赵王何呆若木鸡，只有唯唯诺诺。公子成在这次沙丘宫事变中，老将出马，力挽狂澜，救赵国社稷于既倒，功勋卓著，因而接替了以身殉国的国相肥义之职，出任赵国新一任国相，封为"平安君"。鞍前马后紧紧追随赵成出谋划策的李兑，也功不可没，官升司寇之职，执掌了邯郸的守城重任。不久李兑接替公子成为相国，相当长的一段时期独揽赵国朝政。

"虎狼骑"名震天下，为了掩饰叛逆罪行，公子成、李兑极力堵住众人之口，将"虎狼骑"宣布为叛军，并将所有与"虎狼骑"有关的痕迹全部抹杀，任何同情赵章、询问主父下落的人都被以叛党同伙罪名处死。赵国处处弥漫着恐怖的气息。

青山依旧在，几度夕阳红。岁月依旧是日出日落，月缺月圆，夏虫浅唱，萤火摇曳。不一样的是，沙丘宫内的风光已黯然失色，百花不再争艳，百兽在愤怒地低吟，没有了往日的男欢女爱、歌舞升平。

时间飞快，转眼又七八日过去了，赵主父等人已经恢复了体力，他们要再次突围。

这一天夜晚，没有月亮，四周一片漆黑。赵主父集合起"虎狼骑"，稀稀落落的只有七八十人，他们打开宫门，放下吊桥，准备悄悄离开。赵主父要取道燕国，求助燕昭王。

不料，黑暗中，马蹄绊响了地上的铃铛，叛军大营里很快响起战鼓，叛军冲出军营，拦住去路。又是一场厮杀，这一次"虎狼骑"的冲锋更加犀利，他们依旧采取上次突围的路线，突击中军。叛军拼死抵抗，并且在地上遍布绊马索，铁蒺藜，陷马坑，让"虎狼骑"的战马不断地绊倒在地面，或者跌落陷阱里。

赵主父无奈，只好改变路线，突击右路，赵文慌了手脚，擂鼓号令左路军救援。

赵主父等人又陷入死战，身边的兄弟不断倒下，他们苦战到天明，依旧没能冲出重围，反而被压迫得步步后退。

战马都倒下了，赵主父的汗血宝马也折断了双腿，倒地不起。赵主父等人一路且战且退，最后又被压制回沙丘宫吊桥处。身边的士兵仅剩二三十人，无奈只好又退回沙丘宫内。

所有的人筋疲力尽，他们连放下吊桥的力气都没有了，就倒在宫门口大口喘气。

叛军没有人敢格杀赵主父，所以赵主父依旧没有受伤，但是他的卫队却损失惨重。赵主父等人都睡着了，一觉醒来已经是第二天的下午了。赵主父挣扎着站起来，旁边的弟兄们也搀扶着爬起来，有一些人却流尽了血，再也起不来了。

胡貉要去放下吊桥，赵主父摇头道："随便他们吧，要进来便进来，寡人想去饮些酒，各位兄弟，同去吧！"

胡貉道："如此甚妙，各位兄弟，大家一起去。"

颤颤巍巍的十几个人相互搀扶着走进宫里，他们痛饮着美酒，眼睛里满是伤感。酒香四溢，大殿里众人东倒西歪，抱着酒坛痛饮。来自楼烦的勇士奴木杰连饮一坛酒，站在大殿入口处哈哈大笑。笑罢，摔倒在殿外，一动不动。胡貉坐过去扶起他，奴木杰竟已断气，身上数个深可见骨的伤口露出狰狞的血肉。

赵主父叹了口气，命令胡貉等人将死去的兄弟都埋到向阳的山坡处，那里可以远眺整个沙丘宫，甚至可以远眺到沙丘宫外的景色。

第二天，"虎狼贲"士兵又死去四人。随着时间的推移，那些身负

重伤的兄弟们一个个死去，胡貉和赵主父成了埋葬他们的人。向阳山坡的坟越立越多，沙丘宫悲壮的氛围也越来越浓厚。诺大的沙丘宫里人丁日益稀少，虽然还有医药，但是已无力回天，赵主父每日都在逝去兄弟的悲痛里度过。

沙丘宫外，叛军依然每日晨起操练，摆开军阵，各营军士来往逡巡，进退自如。尽管宫外的这支部队看似沉稳，但其实只是表面强大。

"虎狼骑"成员不愧是赵主父千挑万选出来的勇士，他们来自各个诸侯国，每个人都勇冠三军，身经百战，杀人如麻。留在赵主父身边的五百"虎狼骑"可以击破上万敌军，面对政变大军，他们更是迸发出前所未有的骇人战斗力。"虎狼骑"的威力在叛军的心中生成终身的阴影，这些士兵的胆子已经被吓破。

沙丘宫宫门依旧大敞四开，偌大的宫殿，如今只剩下赵主父、胡貉等七人，他们先是暴躁，然后淡定，继而不以为意。

胡貉是一个福将，斩敌无数，身上却不带一点伤。他负责众人的饮食起居，尽管他厨艺不佳，但是众人依旧吃得很开心。沙丘宫占地极广，里面飞禽走兽时有出没，反倒成为主父兄弟们的下酒菜。

赵主父也平生第一次走进了厨房，和胡貉一起侍弄起他们的一日两餐。没有了往日的前呼后拥、锦食玉馔，赵主父却淡定地生活着。也许是感受到了被叛的苦痛，赵国数十万将士竟然都不来相救，全都装作瞎子、聋子，让赵主父感到世态炎凉。

胡貉依旧每日站在宫墙上声嘶力竭地狂吼，外面的叛军没有人理他，他又朝下面的兵士狂骂，也没有人理他。

赵主父对身边的兄弟们说："功名利禄皆如这天上的浮云，倏忽飘来，倏忽飘去，谁也不能左右它；赵雍一生追求争霸大业，杀敌无数，却不料受困在这尺寸沙宫中，真是造化弄人；赵雍别无他求，只想就此归去，到草原上了此一生。"

胡貉等人无不掩面流泪。

赵主父被困沙丘宫之事已经传遍天下，周天子不断派来使臣协调。

燕昭王派来使者要求释放赵主父。宣太后也派魏冉前来施压。

韩王因为赵章遇难，也痛苦万分，和赵军发生了数次摩擦。魏王和齐王坐山观虎斗，陈兵边境，坐看赵国内乱。楚国因为楚怀王逃赵求助不得一事，对赵国很是失望，因此冷嘲热讽。宋国曾想派兵救助赵主父，但是因为齐国和赵国的军事压力，没能如愿。

赵王何心中有苦说不出，他已经失去对赵国朝政的控制，所有的权力都掌控在公子成和李兑的手中。主父在沙丘宫受难，他没有可以依靠的人救援。各地的军队将领不是投靠公子成，就是明哲保身，都对主父被困沙丘宫视而不见，听而不闻。

赵国朝堂里并不是没有忠臣，赵肃侯当年留下的八位托孤重臣，肥义惨死，赵豹早已死去多年。当年的三位左右司过都健在，三位博闻师也依然在朝堂效命。

三位左右司过朝堂怒斥公子成、李兑，请求赵王何撤开沙丘宫外的士兵，让主父回到朝堂。赵王何还未发话，公子成就令殿外武士将三人拖走，以"赵章同党"的罪名，将他们关入牢房，等待处决。孙倜出使韩国回来后，被公子成以办事不利，致使韩赵两军发生战斗为名也投入大牢。尚牒因为家中子弟有多人在赵章卫队中服役，也被革职查办。

陆琊向来寄情与山水，喜爱文章歌赋，在朝堂上交友甚广。李兑很欣赏他的文采，公子成也很给他面子，所以陆琊在这场政变中没有受累。陆琊虽然没有实权，但对这场政变，他看得很清楚，好友肥义遇难，朝堂内有正义感的臣子大多被查办或者革职。他不想做无畏牺牲，只想等待良机，为主父翻盘。

从那一夜沙丘宫政变到现在，各国的使者来了又走，都为赵主父的困境感到无奈。魏冉返回秦国后，宣太后听取了汇报，一言不发。

宣太后要嫁与赵雍的事情还没有公开，她一直在等着赵国派求亲使臣来求亲之后再宣布，这样既保住了秦国颜面，自己也多了矜持。可是，卫愚从赵国回来，民间竟然没有一点赵雍要迎娶她的消息，这让她开始嫉恨赵雍，认为赵雍欺骗了她。每日面对着东方，喝得酩酊大醉。

陆琊这一个月以来依旧游山玩水，不问朝政，他渐渐出现在沙丘宫附近。如果不是赵军把守得严，他早就去见主父了。终于，陆琊等来了

机会，他看到老友楼缓的侄子楼凫在军中效力，还是个五百主，就过去拜访。

楼凫近来饱受公子成亲信的责骂，郁闷不得志，他的士兵在与赵主父的作战中，死伤很多。如今看守沙丘宫，每日看着赵主父在宫墙上日渐憔悴，心中不忍，但是又无可奈何。陆琊与他聊了几句，就发现了楼凫内心的痛苦。

陆琊当即施礼："楼凫，陆琊有事相求！"

楼凫连忙还礼："请陆大人说来。"

陆琊说出想见主父一面，楼凫思量片刻，道："陆叔父，请明日来，小侄自有安排。"

第二日，陆琊如约前来，在军帐里，陆琊换上赵军士兵服装，混在巡逻小队里，前往沙丘宫大门。赵主父和胡貉等人每天上午都会在宫墙或者吊桥上停留一段时间，正是见面的好时机。巡逻小队都是楼凫安排的亲信，他们知道要去见主父，心中既激动又畏惧。

果然，楼凫率队走进吊桥时，赵主父和胡貉等人正在那里射鱼。为了防止赵主父等人从河水中逃走，护城河里满是栅栏，铁钩，竹签等物。因为河水中有鱼，这几日胡貉等人每天都来这里射鱼，然后带回宫里烤着吃。

楼凫的巡逻小队走过来，赵主父他们早就习惯了，既不看他们，也不在意他们，只是盯着河水中的鱼儿。胡貉的箭上系着细绳，这样射中鱼后可以收回来。

胡貉不抬头，忽然道："这群娘们今日怎么走得这么近？"

另一位正在张弓的"虎狼骑"兄弟道："老子正手痒痒，想去揍他们一顿。"

赵主父头也没抬，道："稍安勿躁，这河里的鱼可比他们有趣多了。"

"正是！正是！"众人哈哈笑道。

忽然，一个圆圆的珠子滚了过来，一直滚到吊桥上。众人这才回头观看，只见这队人距离他们只有二三十米，带队的是个年轻将官，为首的士兵面部表情丰富，还打着手势。

赵主父一眼便认出陆琊。他小声道："陆琊！"

赵主父拔剑前行，胡貉等人拔剑跟随，双方距离十余米站立。

楼凫的士兵都双腿打颤，手中端着的兵器不停地抖动。

陆琊道："主父，大王已被公子成、李兑控制，军中将领死的死，撤的撤，朝中臣子人人自危。燕昭王也无力扭转局面。老臣今日前来一见，主父是否还有良策脱身？"

赵主父摇头道："陆琊，寡人已无退路，更无良策。只是挂念一事，还望先生周全。"

陆琊道："主父请讲，陆琊定尽力成全。"

赵主父道："寡人与宣太后原本商定回到赵国便派人求亲，拖延至今，未能迎娶，恐宣太后误会。赵雍恳请先生赴秦，面见宣太后，述说赵雍的思念、愧疚之情，今生不得同床共枕，但愿来生不负佳人。"

陆琊微微颔首："老臣明白！主父保重！"说完，陆琊对楼凫点了点头。

楼凫会意，士兵们端着兵器后撤数步，然后沿着护城河继续巡逻。

当晚，陆琊便返回家中，准备了简单行囊，备好马车，天一亮便带上两个看家护院的奴仆，悄悄出了邯郸城，直奔秦国。

宫墙外的四邑士兵和邯郸赵王城中的公子成和李兑，没有赵主父这般的优雅和潇洒，更没有那份持久的耐心和涵养。在他们看来，他们共同发动政变到现在，已经一个多月了，已显得过于拖泥带水，难以忍受。公子成恼怒地说："赵雍想在里面养老吗？"

李兑建议尽快结束沙丘宫里面的生命，以免夜长梦多。

就在陆琊走后的第三天中午，宫外的士兵出动了，足足两千人摆开阵势，在战鼓声中，迎着吊桥冲来。他们闯进沙丘宫，见人就砍。又是一场血战，

六位硕果仅存的"虎狼骑"士兵挡在前面，他们守住长廊，且战且退，叛军死伤遍地，沙丘宫里尽是惨叫声。"虎狼骑"士兵也不断有人死去。一盏茶过后，赵主父和胡貉退守到向阳坟地处。胡貉已经浑身是

伤，他砍翻一名持戟的士兵后，再也站立不稳，被叛军刺死。

围攻的叛兵见只剩赵主父一人了，便潮水般退去，他们都不愿意杀主父，如今剿杀了其身边的"虎狼骑"，目的就达到了。一个穿着黄色绣金短袍的人出现了，他命令叛军把宫中所有能吃的东西全部席卷一空，甚至不留下一片菜叶和一粒黄粱。死去的叛军尸体也被运出宫去，只剩下六位"虎狼骑"士兵的遗体。

叛军进进出出，搬运着宫里一切可以食用的东西，甚至连草药都拿走了。穿着黄色绣金短袍的人一脸奸笑："主父勿怪！这天气实在太热，宫里的食物怕不干净，吃了坏您的肚子，该拿的就拿走了。主父要是饿了，宫里有什么就吃什么吧！这几位'虎狼骑'的身子就留给您了！哈哈哈……"

赵雍平静地看着眼前发生的这一幕，他用豁达的目光睥睨着这群对食物施暴的冷酷士兵们。他明白了自己最终的悲壮归宿，自古燕赵多慷慨悲壮之士，赵侯雍堪称赵国历史上慷慨悲壮第一人！

宫门被堵死，沙丘宫的世界再次安静了下来。

月光下，主父挖了七个坟，掩埋了死去的兄弟们。

一天过去了，三天过去了，五天过去了，十天过去了，包围还在继续，所有人都在等待，等待赵主父快点去死，早点结束这一切。主父开始变得烦躁不安，时不时对着天空声嘶力竭地大声吼叫。

炼狱般的十天过去了，主父魁梧的身躯开始消瘦，就像从战场上退役的老马一样，常常静静地倚靠在宫墙上，遥望宫墙外蔚蓝自由的天空。他不再思念邯郸城王宫中的纸醉金迷、奢靡腐化；他不再思考秦国渭水平原的土地肥沃，关隘重重；他不再惦记铸箭炉内的炉火温度；不再聆听插箭岭上金戈铁马的铿锵铮鸣声；他更不用再频频登临巍巍丛台，去检阅他倾注了毕生心血的胡服士兵和北胡运来的剽悍战马；他也不再指望赵王何能来救他……

有一天中午，叛军看到主父艰难地爬上一棵高高的大树，在这炼狱般的煎熬中，凭着那棵树杈上鸟窝中的三五只小雏鸟，赵雍伟大的生命又维持了十来天。

饿得不成人形的赵主父矗立在高高的宫墙上，痴痴地望着代地的方向。

　　楼凫已经流下了眼泪，主父，你为什么不直接跳下来呢？跳下来，跳进无边无际的蓝天里，一切的痛苦，就永远结束了。

　　不知道从哪天开始，赵主父就没有再出现在宫墙上……

　　十几天过后，李兑等人认定赵主父肯定死透了，这才小心翼翼地打开宫门，只见那个伟大的生命，已经化作了一具干尸。从沙丘宫政变那一夜到现在，整整一百天的时间过去了，这位曾经少年谋国、金戈铁马、驰骋沙场、破旧图新、雄心勃勃的伟大君王，在他正值年富力强、壮志未酬之际，被活活饿死了！为他的人生划上一个沉重而硕大的惊叹号！

　　赵王何痛哭一番，下令将父亲的尸身安葬在了代郡西南五十公里地方。今天的山西灵丘县，就因这位伟大的赵雍的陵墓而得名。

　　赵武灵王死后谥号为"武灵王"。"武"为褒义，而"灵"为贬义，东汉蔡邕在《独断》中解释："克定祸乱曰武，乱而不损曰灵"。赵君称王，自"武灵王"谥号始。

　　赵侯雍就是这样走的，赵国失去了一位顶天立地的英雄，秦国减少了一位耿耿于怀的强大对手。公子成精心导演的这幕历史悲剧，慢慢地合拢了它那灰色的大幕。从邯郸到代郡，赵国大地一片苍茫，赵国千万百姓双眼迷离，与黄河上下的涛声，一同寂静无语！

　　秋风摇曳，吹散了夏日里的炎热和浮躁，茫茫大地上一望无际的清爽和金黄，邯郸城外灵山上的红叶，格外地火红和耀眼，那是上苍对赵主父英雄业绩的崇高礼赞！

　　赵主父死后，赵国放弃了南下袭秦的伟大战略，极力讨好秦国。

　　遭到围堵的陆琊历尽千辛万苦终于见到了宣太后，当宣太后听到赵雍留给她的话时，泣不成声。出兵相救已经来不及了，她将满腹的仇恨还与赵国，还有趁火打劫的魏国、韩国、齐国。此后不断出兵他国，战火纷飞，致使天下大乱。

　　陆琊见完宣太后之后便告辞而去，最终不知去向。

第二十九章　遗恨沙丘宫

被派遣到秦国为相的楼缓敬重、崇拜主父，他是极少数侥幸存活下来的赵主父的忠实信徒。他痛恨赵王何与公子成，发誓要为主父报仇，从那一刻起，他开始死心塌地为秦国效力，几番损害赵国利益，在其后四十年余生里视赵国为毕生仇敌。

三载之后，秦国一个叫白起的年轻武将在伊阙以少胜多，斩首韩魏联军达二十四万。新的战神降临人世，失去了赵主父的赵国从此被他拉入无底深渊。

白起屹立在赵国边境处，手里拿着一块竹牌，上面的八个大字依然清晰可见。他将竹牌扔进赵国境内，大吼一声："白起来了！"从此，白起率数万骑兵与赵国死磕，不断歼灭赵国军队。赵国却完全丧失了进取心，直到长平之战大败，才恍然梦醒。

赵雍的梦想和伟业，在他死后无人继承，赵国争霸天下的梦想彻底破灭了。

沙丘宫渐渐变成一片废墟，后又成为一处遗址。秦始皇灭六国后，这里又开始成为一方名胜。文人骚客，来此访古探幽，留下不少诗文。有的感叹"武灵遗恨满沙丘，赵氏英名从此休"；有的伤情"鱼分龙臭曾兹台，野寺清钟入夜哀"。

正如诗云："骑射胡服捍北疆，英雄不愧武灵王。邯郸歌舞终消歇，河曲风光旧莽苍。望断云中无鹄起，飞来天外有鹰扬。两千几百年前事，只剩蓬蒿伴土墙。"

如今沙丘宫痕迹皆无，赵雍英魂早已散去，千秋万载只留下后人无限怀念。